那一方土地,
那祖祖辈辈讲给我们的故事,
我们不该忘记。

放缓脚步,
去故事里闻一闻乡土气息,
重拾遗失的美好记忆。

中国民间故事丛书

中国民间文艺家协会　组织编写
总主编/罗杨　本卷主编/王刚

云南 昆明

官渡卷

《中国民间故事丛书》总编委会

总 顾 问 | 冯骥才
总 主 编 | 罗 杨
副 总 主 编 | 周燕屏
执 行 总 主 编 | 王润贵　刘德伟

《中国民间故事丛书》云南省编委会

顾　　　问 | 赵廷光　张文勋　杨知勇　李缵绪　刘辉豪
名 誉 主 编 | 郑 明　黄映玲　左玉堂
主　　　编 | 杨利先
副 主 编 | 张福三　王明达　王四代　杨海涛　罗新元
　　　　　　段炳昌　唐似亮　殷海涛　钱 勇　普学旺
编　　　委 | （以姓氏笔画为序）
　　　　　　王四代　刘 怡　张亚平　普学旺　李 昆
　　　　　　杨羊就　杨利先　杨甫旺　杨海涛　昂自明
　　　　　　罗新元　段炳昌　唐似亮　殷海涛　钱 勇
　　　　　　龚正嘉　谢道辛

《中国民间故事丛书》昆明市编委会

总　策　划	田　文
主　　　任	汪叶菊　梁永实　李永坤
副　主　任	罗新元　周海霞
编　　　委	马成云　苏红文　昂自明　王仲德　白树荣
	钟宽洪　陈子云　蔡蕙萍　唐国亮　钱春林
	彭　磊　高云飞　李飞鸿　潘　劲　罗家柱
	戚进才　汪俊贤　张勇洪　刘　伟　杨正芬
	马春梅　王　刚　徐耀高　许　华　毕惠芳
	李兴华　孙厚斌　管世恭　艾如茂　王文朝
	彭玉泰　杨琼仙　杞　冬　刘　军
主　　　编	罗新元
副　主　编	昂自明　王仲德　钟宽洪　陈子云

 ## 《中国民间故事丛书》官渡区编委会

总　顾　问	杨志华　刘毓新
顾　　　问	刘利升　毕惠芝　梁　衡　顾云顺　张　姝
	丁健琳　杨蔚玲　石玲红
主　　　任	马春梅
编　　　委	马春梅　张云华　徐汇旋　范世平　魏泽明
	王德智　王　刚
主　　　编	王　刚
副　主　编	李琳娅
编　　　辑	王德智　李丹玫　尚惠明　张　瑞　秧维丽
	顾琼花　字新华　盖沂红
摄　　　影	李　伟　王　刚　杨丽萍　许渭龙　曾兰英
	周娴静

↗ 官渡云秀书院
→ 昆明螺蛳湾国际商贸城
↓ 昆明长水国际机场候机楼

中国民间故事丛书 云南昆明 官渡卷

← 古镇盛会
↓ 昆明滇池泛亚国际城市湿地公园

↗ 官渡古镇见闻多
→ 古镇庙会
↓ 古镇滇戏天天唱

中国民间故事丛书 云南昆明 官渡卷

← 官渡全国非遗联展
← 福保乡村文化艺术节
↓ 民间画技艺展示

↗ 官渡土主庙会祈福
→ 官渡土主庙会迎土主
↓ 虫王节庙会祈福

中国民间故事丛书·云南昆明 官渡卷

← 乌铜走银传承人金永才收徒
↓ 官渡滇剧花灯传习馆剧照

↗ 阿乌传习班开班
→ 官渡饵块传习馆
↘ 矣六龙狮彩扎传承人徐仁安

← 罗竹香老艺人传承剪纸技艺
← 传承
↓ 彝族子君人刺绣

↗ 彝族子君人民间乐器阿乌演奏
→ 矣六广卫民间舞龙
↓ 大板桥一朵云民间踩场舞

← 大板桥彝族刺绣
← 彝族撒梅人刺绣
↓ 彝族子君人故事会

人类不能没有故事（序一）

罗 杨

故事，是人类对历史的记忆，它记叙和传播着社会的文化传统与价值观念，引导着社会性格的形成，构建着社会的文化形态。具有五千年文明底蕴的古老中国，是一个充满故事的国度，有着悠久的讲故事的传统。那些"夸父逐日""嫦娥奔月""精卫填海""愚公移山"等神奇的故事，至今仍散发着迷人的魅力，澎湃着感人的生命张力。作为先人创造和遗留下来的宝贵文化财富，民间故事中充满了民族的智慧和生命的记忆，它传承了朴素的文化血脉，是民族文化得以认同的载体。

我们每个人都是听着故事长大的。那些爷爷奶奶、爸爸妈妈讲给孩子们的故事，对于生命尊严的守护和价值观的养成，甚至比上学读书带来的影响力还要绵久和强大。民间故事中蕴含着的历史文化、理想信仰、价值观念、情感道德、生活知识等丰富内容，具有精神娱乐、知识传播和教化启蒙三重作用，不仅给人以知识和智慧，也给人以启迪和力量；不仅传播着社会价值理念，也构建着美好的精神家园。

纵观中华民族的文明文化史，我们的祖先讲着"女娲补天"的故事，开创了华夏民族的创世纪元；伟大领袖毛泽东讲着脍炙人口的故事"愚公移山"，带领中国人民推翻了三座大山；改革开放大潮中，我们又讲着春天的故事，跨入了豪迈的新时代。一个有故事的人生是辉煌的人生，一个有故事的民族是充满希望的民族。故事，始终伴随着我们的民族走向成熟，也伴随着我们的国家走向强大。

伟大的民族不能没有故事，强大的国家不能没有故事，复兴的时代不能没有故事。那些美妙动人的民间故事，在世代的传承中，已经内化为我们的民族精神，融入中华儿女的品格中。然而，在文明更迭、社会转型的年代，很多优秀的民间故事正面临着失传的危险。把祖先留下的精神遗产抢救下来、保存下来，完整地交给后人，是几代民间文艺工作者的责任和使命。为此，中国民间文艺家协会把对民间故事的抢救和传承作为一项长期工作延续了半个多世纪，并将《中国民间故事丛书》列入中国民间文化遗产抢救工程重点项目，常抓不懈。

除了中国，哪个国家还能有如此丰富的故事，并有如此众多的故事传承人和听众！作为一种民间文学样式和娱乐方式，民间故事或许会被人们冷落，但我相信，作为中华文明的血脉，民间文化的基因始终流淌在亿万人民的血液里，它的根不会断。

人类没有故事将会平淡无奇，世界没有故事将会索然无味。随着社会发展和文明进步，我们越来越需要倾听那些本真的、自然的，充满着文化多样性魅力的故事。让我们把祖祖辈辈流传下来的美好故事世世代代地讲下去，让中国的崭新故事向人类倾诉更多的精彩。

2014 年 4 月

（作者系中国民间文艺家协会分党组书记，驻会副主席）

春天永驻　山花烂漫（序二）

罗新元

一

昆明是云南省省会，是云南政治、经济、文化的中心和连接内地与东南亚诸国的交通枢纽。

昆明地处云贵高原中部，海拔1891米，年平均气温14.8℃，冬无严寒，夏无酷暑，四季如春，鲜花烂漫，是一座春天永驻的旅游城市，在世界上享有"春城"的美名。

昆明是全国首批历史文化名城之一，拥有一千二百多年的建城史。远古五万年前，昆明人的祖先就已在滇池地区过着穴居野处的原始生活。四千至七千年前，滇池一带已有了定居的农业民族，从事"刀耕火种"的原始农业和狩猎、饲养畜禽等多种经营活动，并已能纺纱、织布。滇池地区的稻谷种植至今已有数千年的历史。

青铜器时代滇池地区有众多氏族部落。公元前3世纪（前298～前277），楚国大将庄蹻率部入滇，后定居下来，"易服从俗"，与土著部落联盟，建立了"滇国"，其故城在今晋宁县晋城镇。"庄蹻开滇"不仅带来了楚国和中原先进的文化、技术，对促进经济发展发挥了积极作用，而且还实现了民族融合，成为中华民族形成过程中最成功的民族大融合的光辉典范。

西汉王朝建立后，西汉元封二年（前109），汉武帝发巴蜀地区军队征滇，滇王被迫归降。汉王朝以滇池地区为中心设置了益州郡，郡治与滇王驻地同在今晋城附近。中央集权的郡县制度推行到了西南边疆，标志着古代云南接受中央王朝直接统治的开始。蜀汉诸葛亮平定南中后，改益州郡为建宁郡，任用"大姓"为地方官吏，实行促进民族团结的政策。

晋武帝泰始七年（271），晋王朝把南中四郡（建宁、云南、永昌、兴古）从益州（治成都）分划出来，设立宁州，与益州同列，为全国十九州之一。东晋以后，"方土大姓"爨氏势力逐渐强盛，成为滇中地区的统治者。成帝咸和十四年（339），晋王朝封爨琛为宁州刺史，并承认其世袭地位。历经南北朝和隋初的二百多年间，在中原政治动乱、民族纷争的形势下，爨氏对昆川一隅的统治，保持了"力役齐平，教化清静"的较为安定的社会局面，使滇池地区的社会经济有了新的发展。到梁末隋初爨瓒、爨震时代，滇池地区已是"户口殷众，金宝富饶""多骏马、犀象、明珠"，成为当时西南在经济上较为繁荣和富庶的地区。

617年唐王朝建立，先后在云南设置了九十二州。滇池地区为九十二州的主要部分。唐高祖武德元年（618），唐朝任命爨氏子孙爨弘达为昆州刺史，治理属县，治所仍设在晋宁城。唐代中叶，蒙氏势力在洱海地区崛起，建立南诏国。746～747年，蒙氏皮逻阁进兵安宁，攻灭爨氏，于昆川（今昆明城区一带）置拓东城，成为南诏国的东部重镇。拓东城的开辟，为古代昆明的城市发展奠定了基础，并发展成为南诏的第二政治、经济、军事和文化中心，往来广西、贵州和安南（今越南）的重要通道，在当时大西南的社会经济发展和与东南亚的国际交往中占有重要的地位。

937年，大理段氏夺取南诏政权，建立大理国，统一了云南，在拓东城的基础上设鄯阐府，为大理国八府之一。府治沿袭拓东城。到大理国末期，鄯阐城已发展成为滇中一座"商工颇众"的繁华城市。

元宪宗三年（1253），元军攻占云南。元世祖至元十三年（1276），赛典赤主滇后，把军事统治时期所设的万户、千户、百户改为路、府、州、县，正式建立云南行中书省。置昆明县，为中庆路治地（昆明命名即始于此），并把行政中心由大理迁到昆明。自此，昆明正式成为全省政治、经济、文化的中心。洪武十四年（1381）明朝进军云南后，改元代"路"一级行政区划为府，仿内地建制，设置云南承宣布政使司和都指挥使司。

到了清朝后期，自鸦片战争，特别是光绪十一年（1885）中法战争以后，法、英等帝国主义势力迅速侵入云南。光绪三十年（1905），清朝把昆明辟为商埠。宣统二年（1910），滇越铁路修通，进一步加强了昆明作为全省商业、贸易中心的经济地位和交通枢纽地位。光绪十年（1884）创立的云南机器局，成为昆明近代工业的开端。之后，造币厂、制革厂、官印局、电报局、邮政局等官办企业也应时而生。光绪二十六年（1900），昆明开始出现商办企业。光绪三十四年（1908），滇池出现小火轮，市内也开办有"人力车公司"。

到1911年，全市已有火柴、面粉、玻璃、香烟、五金、制茶、皮货加工、西药加工、火腿罐头等十多种行业。此外，还有43处煤、铅、铜、铁、钴等矿产的小规模开采。1937年抗日战争爆发，外地的工厂、学校内迁，大量的资金、设备和人才流入昆明，促进了昆明经济的繁荣。昆明一度成为现代化程度较高的快速发展的城市。

昆明是一座光荣的城市。它是伟大航海家郑和、人民音乐家聂耳的故乡。在这里爆发的"重九护国起义""一二·一运动"等爱国民主运动成为中国革命史上的重要里程碑。一大批仁人志士抛头颅洒热血，为中国民主革命作出了卓越的贡献。1949年12月9日，昆明和平解放，昆明的历史翻开了新的篇章。

昆明市辖五区八县一市，即主城区：五华区、盘龙区、官渡区、西山区、呈贡区、安宁市；南部三县：宜良县、晋宁县、石林彝族自治县；北部五县：东川区、嵩明县、富民县、寻甸回族彝族自治县、禄劝彝族苗族自治县。在这片土地上，世居26个民族，形成聚居村或混居村街的有汉、彝、回、白、苗、哈尼、壮、傣、傈僳等民族。在长期的生产生活中，各民族既相互影响，融会贯通，同时又保持各自的民族传统，延续着许多独特的生活方式、民俗习惯和文化艺术。生活在昆明地区的各民族同胞热情好客，能歌善舞，民风淳朴，无论是其待人接物的礼仪、风味独特的饮食、绚丽多彩的服饰，还是风格各异的民居建筑、妙趣横生的婚嫁，都能使人感受到鲜明的民族特色。

这片神奇美丽富饶的土地，孕育出绚丽多姿的文化，自然景观和人文景观交相辉映，展现着昆明独特的气质。

二

《中国民间故事丛书·云南昆明卷》是由15（市、县、区）卷组成，它们是：宜良卷、石林卷、嵩明卷、晋宁卷、安宁卷、富民卷、禄劝卷、寻甸卷、官渡卷、五华卷、盘龙卷、西山卷、东川卷、呈贡卷、昆明市卷。这套书共四百多万字，近两千个故事，涵盖了昆明所有县市区，是昆明地区民间故事的集大成者，是昆明民间故事最全面、最集中、最权威的体现，堪称昆明的"一千零一夜"。

昆明不仅山川雄奇、江河俊秀、景色宜人，而且民族众多，本土文化内涵丰富、多姿多彩、绚丽灿烂。民间文学则是本土文化的重要组成部分，它在很大程度上影响着历史过程中昆明人的精神世界和性格特征，它是一笔丰厚的文化遗产。昆明民间故事是人民群众口耳相传的生活教科书，通过形象生动的故事，传授着生活经验和人生哲理，发挥着潜移默化的道德教化作用，使人明辨是非，去恶从善，树立积极的人生观和价值观。

昆明民间故事构成了昆明本土文化的重要组成部分，有着不可替代的独特价值和意义。展现了广阔的社会生活场景，反映了各族人民群众的生产、生活、精神、信仰、风俗、趣好和心理。对于历史学、社会学、语言学、民俗学、地理学、生物学、医学等方面的研究都有着重要的价值。

昆明地区的民间故事具有以下显著特点：

——种类齐全，特色鲜明。从类型上看，昆明地区民间故事种类齐全，数量众多，各种基本类型的神话、传说、故事都有。而每种类型的故事中，不乏独具特色的作品。不少故事在故事情节、形式结构、人物塑造、想象力和格调上都极富特色。例如，文明起源神话《找籽种》，它讲述的是：很早以前，一只小谷雀偷吃天上的粮食，啄掉了几粒谷子，落到地上，种子发芽，长成了能结谷子、麦子、荞子的三种大树，人们载歌载舞，庆祝丰收。上天掌管大地的万物之神不愿意让地上人间的生活比天上好，便请来水神用水淹，请来火神用火烧，把谷树、麦树、荞树全部毁灭。人们没有了粮食，生活日渐艰难，到后来已有不少人饿死。这时，神母（日乃西猫）决心想办法解救人类，她派自己心爱的三个女儿去找谷种。后来，三个女儿走遍了天涯海角都没找到谷种，累死在外地。但她们分别化成了谷种、麦种、荞种。三只小雀先后衔着三颗种子回来，神母把谷种撒向大地，人们又有了收获，人类得救了。这个神话通过讲述找籽种的过程，讴歌了伟大的牺牲精神，表现了一种女性的悲壮美、崇高美，分外动人，具有很高的审美价值。关于谷种的起源神话传说很多，大多因彼此相似，形成了一些类型，但《找籽种》的内容和形式却是目前所仅见的。尤其值得注意的是，在这个神话中，主人公全是女性。由此看来，这个神话的源头可以追溯到母系社会，显然早于那些以男性为主人公的神话，具有重要的研究价值。在细节描写上，也多有特色，如神母要三个女儿去找荞种，离别的时候，母亲在三个女儿脸上轻轻吻了一下，故而，"每粒荞子都有个尖角，那就是神母在吻女儿时吻尖的"。这里，出现了在中国神话里少有的"吻"，反映了彝族撒梅人的率真性情。这个神话以其独特性、美学价值和历史价值足以成为昆明地区神话传说的代表作。

另一个文明起源的故事《毕老造字》讲述的是：很早以前，彝族撒梅人没有文字，靠结绳记事，生活极不方便。后来一个姓毕的放牛娃用羊鞭在地上画呀画，画出了一个"个"字，又用木炭记在树叶上。后来树叶揉碎了，他又记在羊皮上；而淋了雨后，字又没了；他又把字刻在砂石片上，当他完成了造字后，头发、胡子都白了。他把文字教给大家后就去世了。这个传说里所说的文字，是流传在彝族撒梅人中的一种文字，现称为撒梅彝文，历史上称"倮文""罗罗文"等，是一种表音文字，它与其他彝族地区流传的"老彝文"在音、形、义方面都有诸多相同之处。《毕老造字》叙述的造字过程，十分生动详细，颇有生活气息。特别值得注意的是，这个故事中发明文字的是普通的放牛娃，说明了文字起源于劳动生活，人民是文明的创造者。质朴的故事中蕴含着如此深刻的道理，这不能不令人惊叹。

彝族撒梅人的传说《粗糠宝》，讲述的是一个贫苦人家深受头人迫害，后来儿子粗糠宝长大后，奋起反抗的故事。这个传说的内容反映了很多现实生活，头人对贫苦人家的迫害和粗糠宝的反抗反映了彝族地区在阶级社会中的阶级压迫和阶级斗争；粗糠宝的父亲是石头变的阿石克则隐约反映了早期处于群婚制下"只知其母，不知其父"的婚姻状况。不同时期的生活内容交织在一起，说明这个传说在历史发展中发生了演变。

——多种民族文化与多种社会形态共存互融。昆明地区聚居着汉族及彝族、苗族、回族、白族等少数民族。由于新中国成立前各民族社会发展水平处在不同阶段，反映到民间文学上来，彝、苗、白等少数民族的民间故事带有农耕文明的色彩。汉族民间故事受中原文化影响，有一部分反映了市井生活。在信仰方面，汉族的民间故事受儒、道、佛教的影响；回族的民间故事受伊斯兰教影响；彝族、苗族等少数民族的民间故事中，有的还留有原始宗教、图腾崇拜的印迹。昆明地区彝族、苗族等少数民族人口比例不大，地处偏远山区，发展相对缓慢，环境相对封闭，使传统社会形态保存相对完整，因而其民间文学资源的保存比较丰富。少数民族的神话传说数量居多。在某些少数民族聚居地区，神话传说受其他文化、其他地域及近现代生活影响较少，因而自身的变异也较少，其原始形态保存比较完整。如文明起源神话《找籽种》，从内容上看，其一，主人公全是女性，反映出母系社会的特征；其二，该神话反映了社会生产方式的转变，进入农业社会的初始阶段，具有很高的审美价值和研究价值。

虽然信仰不同、社会发展水平不同，但各族人民都和睦相处，文化上"和而不同"，互相尊重，情感上和睦相处。既保持着各自独特的文化，互相尊重，互相包容；又相互影响，相互交融。在民间文学上，也是如此。各民族人民群众在长期的生活、生产交往中建立了友好的关系，经济、文化互相影响，互相交融，这在民间故事中也有反映。如在彝族撒梅人的传说《热水龙潭》中，可以看到，汉族的宗教信仰影响到了撒梅人，但他们也不是全盘照搬，而是融入了自身的文化色彩。这里山山有庙，村村有寺，在一座龙王庙里，竟塑着一尊身着撒梅人服饰的龙王娘娘。通婚，在中华各民族大融合的过程中起着非常重要的作用。和任何新生事物的产生一样，通婚的产生和施行是曲折的。撒梅人的故事《鸳鸯坝》，描写了彝汉尚未通婚的时期，一个撒梅姑娘与一个汉族小伙的真挚爱情。彝族姑娘阿南被洪水冲走，一个放牛的汉族小伙子奋不顾身跳下河救起了阿南，两人产生了真挚的爱情。但是，彝族和汉族都有个老规矩，汉族和彝族不能通婚。阿南执意只嫁汉族小伙子，遭到父亲打、村里人骂，她跑去找到小伙子，小伙子也遭到同样的命运。两人逃到一个山洞安身，尽管生活艰苦，但相依为命，日子过得很欢乐。后来，他们被村里人发现了，许多人就来捉拿他俩，在走投无路的情况下，他们决心"生不能在一起，死也要在一起"，便手拉着手跳下了宝象河坝塘。两个寨子的人们打捞了三天三夜，什么也没捞到，这时，坝塘里出现了一对鸳鸯，自由自在地游着。故事歌颂了阿南与汉族小伙的坚贞爱情，这对恋人用自己的生命对不合理的习俗进行了反抗，呼唤消除民族隔阂，相亲相爱，友好和睦，反对陈规陋俗，具有很强的感染力。在《祭虫山》里，则反映出彝族撒梅人与汉族已经进入了通婚的历史阶段。

——蕴含人生哲理，表现出昆明人的性格特征。在昆明地区一些民间故事中蕴含着人生的哲理。在彝族撒梅人神话《换皮》中，经过洪水之灾后，世上只剩下一个撒梅姑娘，她吃了一个鸟蛋一样大的东西，整个身子蜕了一层皮，变得更年轻。几天后，一条大麻蛇告诉她，那蛋是宝物，她吃了就不会死，而大麻蛇就会死了。姑娘听后哭了起来，说："如今只剩下我一人，现在又永远不会死，一个人过日子还有什么意思。"大蛇说："世界上有死才有生，你不会死当然也不会有生……只要你把原先换下的皮给我穿上，我就不会死了。而你老了以后就会死去，不老之前就会有生（生育）。"姑娘说："只要世间人会多起来，我死了也值得。"就照大蛇说的做，不久，她果然生了十二个姑娘，十二个姑娘长大后，分别到了十二个地方，形成十二个民族。这个神话形象地表达了辩证的生死观，姑娘在"长生不老"与"生死交替"中宁愿放弃"长生不老"，选择"生死交替"，这与某些封建统治阶级贪生怕死、追求长生不老的腐朽思想形成了多么鲜明的对比！

彝族撒梅人故事《雄鸡石》中，在雄鸡寺的天井中有一块天生的石，形象如雄鸡，一天午夜，雄鸡石忽然啼鸣，只见石中出现一洞，向外淌米，不管寺中多少人，淌出来的米"刚刚够吃"。有个叫龙庆的绅士贪心，想把洞钻大让米淌得更多，结果非但不能如愿，还把性命送了。这个故事表达了"节欲勿贪"的道理。《吴井水》《雄鸡石》《换皮》《天鹅》《石狮子》等故事都蕴含着这样的思想，表现出昆明人知足常乐的性格。

——表现出昆明人不受封建礼教羁绊、自由浪漫的性情。昆明地处西南边陲的云贵高原，千百年来，山水阻隔，交通不便，远离封建文化较发达的中原地区和全国封建政权中心，一方面经济、文化等发展较为落后；另一方面受中国传统封建礼教的束缚相对薄弱，生活在这方土地上的人们性情纯朴，思想感情较为自由。在民间故事中广泛体现出这一特点。

反映爱情和婚姻的故事为数不少。《孙继鲁的故事》说的是：一个叫孙继鲁的小男孩本来记性不好，后来他认识了一个板栗箐的姐姐，每晚和姐姐玩耍，两人把嘴凑在一起吹一颗珠子，再含上一会儿，记性就变好了。私塾先生见孙继鲁变得过目成诵，觉得奇怪，就追问他。他托盘而出，将一切说了出来。在私塾先生的教唆下，孙继鲁又一次与姐姐相会时把那颗珠咽了下去。这时，姐姐告诉他，自己是一只狐狸变成的，经千年修炼方炼成这颗珠子。姐姐表示，即使献出性命，也愿帮助他。姐姐嘱咐他："十年后你成了大器，要是还记得我，就到板栗箐来看我，晚了就不行了。"说完，姐姐就走了。后来，孙继鲁轻而易举地考上了状元，在京城做了翰林学士。十年后，他想起了姐姐的话，总算下了回去的决心，可是，回到拓东城后，为应酬又耽误了十多天，完了后，他来到了板栗箐，却只见到一只眼里噙满了泪水的小狐狸，他伸手想抚它一下，小狐狸后退着，转身钻进了灌木丛。此后，孙继鲁回到了京城，可他的文才却没有了，名气一落千丈。这是一个动人的爱情故事，人物形象十分鲜明，"姐姐"虽然是狐狸变的，却美丽、善良、重感情，富于牺牲精神；孙继鲁天真、纯洁，做官后变得有些薄情；而私塾先生则是一个阴险使坏的人，他是封建黑暗势力的代表。《孙继鲁的故事》表现了美好纯洁的爱情，其内容冲破封建礼教，大胆率真地表现了男女青年间的感情。故事通过"姐姐"的悲剧性结局，抨击了封建社会的罪恶，具有一定的认识和教育功能。在封建文化高度发达、封建礼教束缚相对严重的中原地区，不大可能产生这样的故事；受封建礼教影响的文人，也绝想不出这样的细节。

《秤砣仙人》从一个侧面反映出一种对婚姻关系的豁达态度，故事中的张霞虚偶然发现妻子有外遇，并未大吵大闹或大打出手，只说："既然你两个这样，我成全你们，愿你二人把日子过好，这个家我也不要了。"说完就空着手出门去了。张霞虚这种对婚姻破裂的豁达态度在中国封建社会中是罕见的。《王翰林考倒江西举子》将封建科举制狠狠地捉弄了一番，在嘲笑中对封建文化进行了猛烈的抨击。

——不信邪，不畏神，充满乐观精神。彝族撒梅人的故事《鱼王庙》是一个颇有深意的故事：一个老人路过一座山，无意中发现猎人布下的扣子上吊着一只野鸡，他就把野鸡取下来，要带回去，但又一想，布扣子的猎人不是白辛苦了？恰好自己背篓里有鱼，就将一条鱼拴在扣子上，带着野鸡走了。后来，猎人来了，见扣子上吊着一条鱼，百思不解，村里人听说了，都认为是不吉利的事，一个巫婆说，是鱼王遭难了，必须在支扣子的地方盖庙焚香祈祷，超度鱼王。于是人们捐募银钱，盖起了庙，取名鱼王庙，远近几十里的人都来烧香祈祷，一天天热闹起来。很多年后，那个用鱼换野鸡的老人来到这里，见有了鱼王庙，一打听，人们告诉他是由于得罪了鱼王，才盖起了庙。老人听后，摇头叹道："世间无鬼神，全是人工造。"这个故事，嘲讽了对神灵的崇拜，比起《熏蚊子》等故事来，对神的否定更加彻底。这个撒梅人的故事表达了一种先进的无神论世界观，令人叹服。

龙是中国神话中的一种善变化，能兴云雨、利万物的神异动物，传说能隐能显，春分时登天，秋分时潜渊。又能兴云布雨，为众鳞虫之长，四灵（龙、凤、麒麟、龟）之首，后成为皇权象征。《聊斋》中讲述了一个龙的故事："房生与友人登牛山，入寺游瞩。忽椽间一黄砖堕，上盘一小蛇，细裁如蚓。忽旋一周如指，又一周已如带。共惊，知为龙，群趋而下。方至山半，闻寺中霹雳一声，天上黑云如盖，一巨龙夭矫其中，移时而没。"两个游人在寺庙的椽子上看见一条小蛇，逐渐变大，两人慌忙向山下逃去，跑到半山，忽听寺庙中霹雳一声，一条巨龙出现在空中黑云之中。这个故事代表了一种普遍的集体意识：龙的形象是可怕的怪物，人对其充满无上敬畏和恐惧心理。再来看看流传于昆明各个县区的《阿咋哩的传说》，则是另外一种心态：阿咋哩得知秧田被搅烂的原因是龙王在这里点名时，"不由火冒三丈，眼睛瞪得像铜铃"，当龙王点名点到黄龙的时候，"阿咋哩就跃起身，双手高举锄头奔向龙王，高声道：'我蓑衣龙也到了！'话音刚落，一锄头就挖到龙王脚前……一时把龙王的魂都吓飞了，扔了点名簿就跑。"随后，阿咋哩拾起了点名簿，取代了龙王，将众龙一一点名而来，化为黄鳝般大小，收进了箄笼里，制服了群龙。然后走村串寨，将这些龙送给各地的群众，化为一塘塘泉水，为百姓造福。阿咋哩并没有任何神法，只挥动一把锄头就把龙制服，一个充满着大无畏英雄气概的农民形象呼之欲出，大快人心。不仅如此，这个传说还体现了化害为益的辩证思想：龙虽然造成旱涝灾害，但只要人能控制住它，就能化害为益，形成源泉，造福人间。在细节描写上，也十分生动，农民现实生活的色彩十分浓郁。这个传说具有很强的人民性，表现了人民群众不畏鬼神、人定胜天的理想，通篇洋溢着乐观向上的精神。可称得上是昆明地区有特色的传说代表作之一。

——蔑视皇权，勇于抗争。中央集权的君主专制制度下，皇权是至高无上的绝对权威。昆明在历史上曾是流放之地，离京都越远，中央政府的统治力便越弱，正所谓"山高皇帝远"。与中原地区相比，云南人民群众所受皇权压迫相对较轻，人民群众敢于蔑视皇权。在《张三丰逸事》中，皇帝成为被嘲弄的对象，甚至干脆把皇帝称作"呆皇帝"。在《杨天官》的故事中，杨天官预先捉了一只苍蝇，夹在手指缝里，等到皇帝临朝之时，他走到皇帝面前，"啪"地打皇帝一耳光。大臣们见杨天官如此欺君犯上，个个吓得面如土色。皇帝也觉得他实在胆大妄为，怒火冲天，正要治他罪时，杨天官说道："陛下恕罪！我不是有意这样做，我是想帮你打掉脸上那只苍蝇。我想你是一国之君，怎能让苍蝇在你脸上拉屎，污染你的面容。"说罢，把手中苍蝇，献到皇帝面前。皇帝见他手中果然有只死苍蝇，怒火就压下来了。皇帝心想：对呀！我是一国之君，苍蝇在我的脸上拉屎，别的大臣都不敢管，只有杨天官敢于为我打掉，可见他对我的忠心。皇帝当着大臣们大大地夸奖了杨天官一番……故事中体现出的这种蔑视皇权的思想和气概，在封建主义思想根深蒂固的中国古代社会中，是极其可贵的。

三

在此，我们简略地概述一下昆明民间故事采录整理工作的历程。抗日战争期间，国内不少著名大学迁入昆明，后又成立了西南联大。不少著名学者、教授倡导民间文化考察，李霖灿、江应樑、马子华、马学良、徐嘉瑞等人深入村镇，采录民间文学作品，成为昆明地区采录民间文学的先行者。新中国成立后，党和政府部门对民间文学工作极为重视，省、市文化教育部门多次组织队伍对民间文学进行普查和收集整理。

大规模地收集整理民间文学的工作始于20世纪50年代，80年代是个高潮。改革开放后，中国民间文艺家协会在国家有关部门的支持下，于1984年发起编纂《中国民间文学三套集成》工作，掀起了民间文学普查、采录的高潮。1985年4月，昆明成立了市民间文学集成领导小组，1986年下半年，各县区民间文学集成机构相继建立。1987年1月，经过充分准备，昆明市民间文艺家协会正式成立，我市有了一支民间文学的专业队伍。队伍建设和组织发展更加有力地促进了民间文学的收集整理工作。经过十多年的努力，昆明市90%以上的县区已完成了民间文学集成编写出版任务。在市民协赵自庄、王定明、钟宽洪等老领导带领下，广大民间文艺工作者辛勤努力，团结奋斗，取得了丰硕的成果。昆明市一级先后出版了《昆明民间故事》第一集、第二集，《昆明山川风物传说》《昆明人物传说》《昆明风景名胜传说》《老昆明的故事》等书。官渡区、呈贡区、禄劝县、寻甸县、五华区、盘龙区、西山区、石林县等地区都出版了民间故事集成书籍。昆明市的民间文学集成工作取得了可观的成绩。

2006年6月26日，云南省民间文艺家协会下发了《关于编纂中国民间故事丛书的通知》，由此，掀起了昆明地区新一轮收集整理民间故事热潮。昆明市民间文艺家协会积极行动，提出了贯彻落实的具体措施和要求，各县区有关部门高度重视，成立了县卷编委会，积极开展工作。按照省市的要求，在原来民间文学集成成果的基础上，进一步丰富充实新采录的民间故事，修正原来的缺憾和不足，注重规范性和科学性，全面提升质量。经过多年来的努力，全市14县区都完成了县分卷。各县区的分卷汇集到市里后，市民间文艺家协会组织有关学者专家进行审阅，并作了部分修订。修订工作主要包括两个方面：一是统一分类标准。按照中国民间文艺家协会下发的《中国民间文学集成工作手册》的标准进行分类，在原稿上作了调整，使分类更科学、更规范；二是增强社会责任感，注重民族团结，对少量稿件进行了筛选。之后，书稿报送省民协和中国民协审核，得到了中国民协杨亮才、王锦强、刘德伟等领导专家和省文联黄映玲，省民协杨利先、杨海涛、刘怡等领导专家的热情关心和业务指导，使该书质量进一步提升，得以顺利出版，在此我们谨表示深深的感谢和崇高的敬意！

《中国民间故事丛书·云南昆明卷》（共15卷）这套书的出版，标志着昆明民间文学工作取得的最新成果，是三十多年来昆明市民间文学工作的一个总结，是昆明民间文学工作者为广大读者奉献的一份丰盛的文化系列大餐！产生于人民群众的民间文学是永恒的经典作品，必将子子孙孙、世世代代流传下去！

2009年12月20日

序三

马春梅

官渡区是昆明主城区之一，濒临滇池，东邻宜良县，南接呈贡区，东北与嵩明县交界，西北、西南与盘龙区、五华区、西山区接壤，2004年昆明市行政区划调整后，全区总面积552.21平方公里，城市建成区面积约80平方公里。区位优势得天独厚，境内八方街市，人群汇流，路网密布，交通便捷。昆明长水国际机场、昆明火车站、昆明国际会展中心、国家AAAA级旅游景区昆明螺蛳湾国际商贸城和官渡古镇、五甲塘湿地公园、昆明滇池泛亚国际城市湿地公园等均坐落在官渡区。全区辖关上、金马、太和、吴井、官渡、小板桥、六甲、矣六、大板桥九个街道办事处。区委、区政府驻关上。据2010年统计，全区总人口54.1万人，其中非农业人口36.76万人，农业人口17.34万人。全区城镇居民人均可支配收入20646元，农民人均纯收入8920元。官渡区自1956年建区以来，特别是改革开放三十多年来，经济发展，社会和谐进步，人民生活步入小康。作为现代新昆明建设的领跑区，全区经济实力名列全省前茅。2010年全区地区生产总值471亿元。荣获"云南省县域经济发展十强县""云南省工业十强县"称号。2000年、2008年、2011年三次荣获文化部命名的"中国民间文化艺术之乡（绘画）"称号。官渡区海拔1886.6～2731.1米，属低纬高原温凉气候带，年平均气温14.67℃，年降水量为1011毫米左右，全年无霜期285天，年平均日照2448小时，冬无严寒，夏无酷暑，四季花香，气候宜人。境内金马山、凤凰山、祭虫山、跑马山逶迤排列，盘龙江、宝象河、金汁河、枧槽河蜿蜒流入滇池。官渡区历史悠长，是历史文化名城昆明的一部分。1971年东郊小石坝野猫洞旧石器遗址出土的石器，1989年在大板桥仙人洞发现的旧石器遗址，出土的人类臼齿和头盖骨碎片，证明距今一万多年以前这里就有人类生息繁衍。分布于滇池东岸的新石器时期文化遗址，出土的陶器、骨器和石器，表明四千年前官渡先民已从事原始农业，捕捞和打猎，纺织和饲养家畜。官渡古镇螺峰村等六处堆积如山的螺蛳贝壳，历史上曾称此地为"蜗洞"。宋大理国时，高氏于"蜗洞"置治所，设渡口，"官渡"由此得名。

　　民间故事是流传于民间口头创作的叙事作品的总称。民间故事具有一定的传奇、幻想色彩。按其题材，内容可分为神话、传说、故事、笑话、寓言、童话等。民间故事有悠久的历史，早在原始社会即已有了神话。当时人们分不清人与自然的关系，认为世间万物都有生命，与人一样。因而创造了许多关于动物的故事，这就是最原始的神话。当人类在与大自然的斗争中出现了英雄人物，人便成了神话的主人公，英雄人物被赋予了神的色彩。随着人类社会的进步，故事的现实性取代了更多的幻想色彩。故事主人公的神性被淡化，于是神话逐渐被传说、故事所代替，传说的主人公多为有名有姓的历史人物。当人们在讲说这些故事时，是作为真正发生过的事情来叙说的。而讲说者不同，同一个故事都会有不同的情节。所以，民间故事具有很强的口头文学特性。本书选编的110多篇民间故事，是官渡区各民族民间流传至今的优秀传说故事，从不同侧面反映了各民族对祖先崇拜，对英雄人物的推崇，对生产、生活生动有趣的讲述。表达了各族人民崇尚真、善、美，痛斥假、丑、恶的心声。撒梅人神话故事《龙女造人》叙述撒梅人是龙女和老虎的后裔，反映了早期撒梅人的图腾崇拜；《祭山》叙述洪水过后是大山使撒梅人幸存并繁衍后代，表现出撒梅人对大自然的崇拜；而《粗糠宝》《松毛席的来历》《撒梅人过端午节》则反映了撒梅人不畏强暴、敢于斗争的精神；《毕摩纂字》反映了彝族西波经文源于老子，这与历史上记载的"朵西薄"是汉族道教传入彝族地区与彝族宗教结合相符。由于各民族长期杂居，很多传说故事出现交叉流传、变异又相互融合的现象，如《烧饵块的来历》在汉、彝（撒梅、子君）族中均有流传。《中国民间故事丛书·云南昆明·官渡卷》的出版，是我区文化工作者在各级党委、政府领导及广大群众的支持下辛勤工作的结晶，它展示了官渡区民族民间文化的丰富多彩，为人民提供了认识和了解官渡区人文传统文化的精彩读本。

2011 年 11 月

中国民间故事丛书
云南昆明·官渡卷 | 目录 |

神 话

洪水神话

003　龙女造人（彝族撒梅人）
005　换皮（彝族撒梅人）
007　祭山（彝族撒梅人）

文化起源神话

008　毕摩篆字（彝族子君人）
009　毕老造字（彝族撒梅人）
011　找种子（彝族撒梅人）

传 说

人物传说

015　阿咋哩的传说（彝族子君人）
019　荞子先生（彝族子君人）
021　毕摩故事二则（彝族撒梅人）
　　　惩治土官
　　　赊路救人
　　　花箩打水
025　粗糠宝（彝族撒梅人）
036　彩云姑娘（彝族撒梅人）
040　保大力士（彝族撒梅人）
041　王思训
043　王翰林考倒江西举子
044　王思训贬癞龙

046　京城带来的一支笔　　　　　　048　罗太监和罗衙
047　官渡街子搬迁的事

史事传说

049　没有土地的传说（苗族）　　　050　芦笙的发明（苗族）

风物传说

051　土主的传说（彝族撒梅人）　　　076　金马寺的传说（二）（彝族撒梅人）
053　热水龙潭（彝族撒梅人）
054　神龙降雨（彝族撒梅人）　　　076　蛟龙戏金汁
056　撒梅山看五个海（彝族撒梅人）　077　古幢
057　阿拉村（彝族撒梅人）　　　079　吴井水
058　青龙村（彝族撒梅人）　　　083　滇池的传说
059　老崔桥（彝族撒梅人）　　　084　老龙河的传说
060　金盆龙潭（彝族撒梅人）　　　086　灶神爷
061　祭虫山（彝族撒梅人）　　　087　金刚塔的传说
063　草鞋龙潭（彝族撒梅人）　　　088　万寿楼的传说
064　干海子的传说（彝族撒梅人）　090　照西娘娘的传说
065　响水坝（彝族撒梅人）　　　093　放光寺龙须马的传说
068　金洞银洞的传说（彝族撒梅人）094　天子庙的传说
068　独眼龙（彝族子君人）　　　095　宝象河（彝族撒梅人）
069　马王和小白龙（彝族子君人）　097　雄鸡石（彝族撒梅人）
071　跑马山的由来（彝族子君人）　098　彩凤吴郎石（彝族撒梅人）
072　双墩和单墩（彝族子君人）　　099　红泥沟（彝族撒梅人）
074　金马寺的传说（一）　　　　099　阮家村白龙娘娘

100 后山门的来历　　　　　101 洗布龙潭

动植物传说

103 鸡的传说（彝族撒梅人）　　110 猫和狗
104 老鸦、喜鹊和箐鸡（彝族撒梅人）　111 五谷的来历（彝族子君人）
105 "叫工"鸟（彝族撒梅人）　　112 十里茶
106 希波草（彝族子君人）　　113 一朵云牛鞭（彝族撒梅人）
107 醒谷雀（彝族子君人）　　114 云雀（彝族撒梅人）
107 稻谷的传说　　　　　115 松树与棕树（彝族子君人）
108 麻雀的传说　　　　　116 鸡的来历（苗族）
109 猫的传说　　　　　　117 马尿河

土特产传说

119 烧饵块的来历（彝族撒梅人）　120 子君饵块（彝族子君人）

民间工艺传说

121 荞山龙潭与阿乌（彝族子君人）

风俗传说

123 撒梅人过端午节（彝族撒梅人）　129 松毛蕨的来历（彝族撒梅人）
124 花场的传说（苗族）　　130 斗牛会（苗族）
128 高鬏（苗族）　　　　131 蒙心帕

故事

动物故事

137　猫头鹰（彝族撒梅人）
138　天鹅（彝族撒梅人）
139　"等等，哥哥"鸟（彝族撒梅人）
141　老鼠说猫（彝族子君人）
141　狐狸和野兔（彝族子君人）
142　白鱼与钉螺（彝族子君人）
143　虾公公与草龙鱼（彝族子君人）
144　狗与人（苗族）
144　打野猫（苗族）
146　老鹰和母鸡（苗族）
146　熏蚊子

鬼狐精怪故事

149　孙继鲁的故事（彝族撒梅人）

生活故事

153　青苔（彝族撒梅人）
154　贪财的老大（彝族撒梅人）
156　兄弟俩（彝族撒梅人）
157　十个哑巴打老虎（彝族子君人）
158　着卜卯赤彩喔（苗族）
160　蒜姑的故事（苗族）
162　本分人和狡猾人（苗族）
164　豆腐当腊肉（苗族）
165　鱼王庙
166　荠菜
167　大石头
168　怕出汗的故事
170　鸡圾
171　问路
172　鸡饥盗稻童筒打

机智人物故事

173　燕子

笑 话

177　姑爷　　　　　179　耳朵在这里
177　大憨包的故事　　180　狗与青蛙

中国民间故事丛书

云南 昆明

官渡卷 神话

洪水神话

龙女造人（彝族撒梅人）

讲述：李启龙 彝族撒梅人 78岁 农民 初小
记录：李光荣 彝族撒梅人 33岁 干部 初中
1985年2月采录于昆明市官渡区阿拉乡大石坝村

撒梅人[①]自称为罗腊帕（撒梅语，即龙虎人），对龙神虎神非常崇拜。人们为什么有这种风习呢？话还得从头说起。

在很早的年代，大地上人类富足兴旺，大家和睦相处，过着无忧无虑的生活。在节日里，人们欢乐地跳起舞，唱起歌，歌声、笑声、琴声、欢闹声响成一片。

一天，天神到宫外游逛，忽然听到大地上锣鼓喧天，把宫殿的瓦片都震下来了，一时大怒，决心下到地上看个究竟。

他下来一看，大为吃惊。原来大地上的生活已经超过了天上。这还了得！我非把你们毁灭了不可。他派了太阳神去烘烤大地，很快树木被烧光，土地被烤焦，来不及躲进山洞的人们都被烧死了。天神还不罢休，又派看管天池的雷神把闸门打开，一时雷声大作，洪水滚滚，淹没了整个大地，幸存下来的人都被淹死了。

东海龙王看到天神这样毁灭人类，实在痛心，心想：人本来就是大地的主人，现在都死光了，这怎么行呢？龙王决心把人再造出来。

---

① 撒梅人：彝族的一个支系，主要居住在昆明市官渡区阿拉乡、大板桥镇、双龙乡，人口约1.5万。

龙王叫出自己心爱的小龙女，要她到大地上去造人，什么时候造出来，什么时候回龙宫。

龙女来到大地上，找来胶泥土，捏出一男一女两个胖娃娃，眼睛会动，但就是不会说话。龙女很苦恼，就去问土地神。土地神告诉她，世上只有老虎才留有人的仙气，你要把真人造出来，一定要让他们吃到老虎的奶汁。

龙女到处找，终于在一个山洞里找到一个虎窝，窝里还有两只小老虎。她把两只小老虎悄悄地藏起来，把两个胖娃娃打扮成小老虎的样子，抱进虎窝后，自己躲在一边偷偷地看着。过了一会儿，老虎娘回来了，喂了一会儿奶，又出去了。龙女跑过去一看，两个娃娃都成了真人。他们长大后，龙女讲述了他俩的身世，并做媒给他俩完了婚，就回龙宫去了。

从此以后，他们就自称为罗腊帕。过了几年，他们生了十二对孩子，长大后，把他们分到了十二个地方，成为现在的十二个民族。

附　记

撒梅人自称为"罗腊帕"（罗是龙，腊是虎，帕是人）。据说战国时期庄蹻入滇，罗腊帕被迫离开滇池地区，年轻力壮的跑到很远的地方，老弱病残则跑不远就在附近的山林中居住下来，称为"撒尼帕"（撒是跑，尼是剩余，即跑剩留下之意）。汉文献载为撒弥，撒尼，现改称为撒梅。

历尽千载，撒梅人对龙虎很崇拜。只要会出泉水的地方，就认为有龙神。把住房称为龙窝，把村旁最高大茂盛的树称为龙树，把水质最好的池塘称为龙潭。下大雨时，老人们还会告诉子女，不准出门，看见龙上天会得罪龙神，此时更不能抓脚底板和修剪指甲，否则祖先就升不了天。对虎的崇拜也是如此。把猫视为小老虎，允许猫在桌子上和人同吃饭，有些年轻人嫌不卫生把猫赶下桌，老人就会说，你们泥娃娃不懂事，它是我们祖先，是吃它的奶成人的。有些老人冷天还要把猫叫到自己床上去，拉被子给它盖，意思是不能让祖先挨饿受冻。直到如今，撒梅人聚居地区还不同程度地保留着这种习俗。

换皮（彝族撒梅人）

讲述：张崇美 女 67岁 彝族撒梅人 农民
记录：李维梅 女 13岁 彝族撒梅人 学生
1988年8月16日采录于官渡区阿拉乡普照村

很早以前，一个名叫阿困的撒梅姑娘在打鹰山（一朵云村旁边的一座高山）上拾柴火，看到一大堵乌云黑沉沉地从山顶上压下来，过了一会儿就下起了大雨。阿困赶紧跑进一个山洞里躲了起来。大雨一连下了七天七夜，还是下个不停，她又冷又饿，实在等不得了。走出洞外一看，整个大地成了一片汪洋，山顶变成一些小岛。她躲雨的这座山，水已淹到了半山坡，再过一会儿就要淹到洞口。她冒着大雨向山顶上爬，爬到山顶，大水已淹到了她的脚底板，再过一会儿水又淹到了膝盖骨，水把她冲得站立不稳。正在她走投无路的时候，身边传来"赶紧上来、赶紧上来"的声音。她抬头一看，原来旁边一棵大树上缠着一条碗口粗的大麻蛇。她使劲往大树上爬，爬了几次都滑下来，最后掉进水里，大水快要把她卷走了。这时，大麻蛇赶忙用尾巴卷住阿困的身子，拖上去放在一枝树杈上。过了几天，大水才慢慢地退下去。

阿困从大树上爬下来，谢过大麻蛇，向村子走去。来到村口，哪里还有什么村子，早已被泥沙覆盖了！阿困只好又来到她原来躲雨的那个山洞，在里面铺上石片垫上茅草，居住下来。从那以后，一个人孤孤单单地过了几十年。慢慢地头发已白，人也老了。

有一天，她到外边去找山野菜，在草丛里拾到一个拳头般大的鸟蛋，她肚子饿，就把蛋吃了。转回洞里，头疼得难以忍受。她在地上疼得打滚，两只手在头上乱抓，抓下了一大撮头发。用手一摸，头皮已翻起来一大块。她巴不得赶快死去，免得活受罪。用力抓住头皮一扯，头皮被扯到脖子根，再往下用力一抹，整个身子的皮都抹光了，全身变成血红血红的。过了几天，全身长出一层新皮，使她又变成了一个年轻姑娘。

几天后，原先救过她的那条大麻蛇来到洞口，一见到阿困，就问她可见过一个像大鸟蛋一样的东西。阿困回答："见过，我拾到后已经把它吃了。"大麻蛇说："糟糕，那是我的长生不老蛋，只要我睡觉时把它含在嘴里,就永远不会死。"阿困说:"我不知道呀,还以为是一只大鸟下的蛋呢。"大麻蛇说:"这不能怪你,因为你原先不知道是我的宝物。但我现在告诉你,你吃了这个蛋后就永远不会死了,而我不要多长时间就会死去。"阿困听到大麻蛇这么一说,想到上次要不是它救了自己,自己早已被大水卷走了。想着想着,便伤心地哭了起来,一边哭,一边对大麻蛇说:"原先世上人很多,有说有笑的,如今剩下我一人,现在又永远不会死,一个人过日子还有什么意思!"大麻蛇说:"世界上有死才有生,你不会死当然也不会有生。我倒有个办法,不知你愿意不愿意。现在你只要把原先换下来的那层皮给我穿上,我就不会死了。而你老了以后就会死去,不老之前就会有生。"阿困说:"事到如今,只要世间人会多起来,我死了也值得。"说完,就找了她蜕下来的那层皮给大麻蛇穿上,大麻蛇谢过阿困,依依不舍地离开了山洞。

过了一段时间,阿困果然生了十二个姑娘。十二个姑娘长大后,分别到了十二个地方,形成了十二个民族。从此,世界上的人类就慢慢地多起来了。

从那以后,人老了就再也不会变年轻了,而大麻蛇快要老的时候,只要蜕去一层皮就会变年轻。当它睡觉(冬眠)时习惯地在嘴里含着一块像长生不老蛋一样的石头,到第二年打春雷醒来时,这个石头就成了椭圆形的,像鸟蛋一样。

附 记

撒梅人居住的山区,蛇比较多,对蛇有各种各样的传说。据说,蛇是天神派到大地上来当王子的,不管大大小小的蛇,每个蛇头上都有一个"王"字。因为人把天神赐给它的长生不老蛋吃了,所以,人就成了大地的主人,而蛇也不好意思回天上去,只好躲在草丛里和山洞里。人们一般在山路上遇到蛇,它就会远而避之,赶紧钻进草里。但到了蛇蜕皮的时候,它就会想起人吃了它的仙蛋,它不但不让你,还会咕咕咕地骂人,此时人就只能绕道而行,否则,看到蛇蜕皮,人也就会蜕一层皮。这种忌讳心理,在撒梅地区普遍存在。

祭山（彝族撒梅人）

讲述：鲁明
记录：许凤祥 22岁 学生 大专
1986年7月采录

每年农历十月初十，撒梅人都要举行祭祀神山（即金宝密植山）的活动。

传说很久以前，有兄弟三人在一起耕作，各自劳动，贫富不同。一天，他们三人挖了一大块地，天黑回家休息了，可第二天来到这里，都不禁愣住了，昨天挖过的地又长满了荒草，跟没挖过的一样。他们疑惑不解，重新开始挖，又挖出一大块，第二天又复原了。兄弟三人商量一阵，决定挖出一块，等到天黑藏起来，看到底是怎么回事。

天黑后，三人躲在石头后，看见一个须发皆白的老倌拄着拐杖从山上走下来，走到兄弟三人挖好的地里，用拐杖倒拖着耙平土，顷刻间地里冒出青草来，又恢复了原样。在老倌转身要走的时候，三兄弟一齐跃上去抓住老倌，指责他为什么要破坏别人的劳动。老倌叫三兄弟坐在石头上，告诉他们："小伙子们，你们的大难来临了，这几天要涨水了，我是来救你们的。"三兄弟急忙请求老人搭救，老人告诉他们说："你们假如要活命，就必须为自己打一口棺材，大水来时，你们就躺在棺材里，然后每人再带上一个孵小鸡的鸡蛋，待到小鸡孵出来那一天，大水就退了，但注意不能乱动，否则就会被大水冲翻棺材。"说完，老人化成一缕白烟飞走了。三兄弟赶快跑回家。大哥很有钱，为了把家财带走，打造了一口银棺材；二哥稍富一点，打造了一口铁棺材，把家财装了一些；三弟很穷，上山砍了一棵树，打造了一口木棺材。三兄弟各带上一个鸡蛋，然后躺在棺材里。过了不大一会儿，天霎时黑下来，一阵阵雷电闪过后，下起了瓢泼大雨。大水上涨了，兄弟三人的棺材漂浮起来，随着水流向山下冲去，大哥、二哥的棺材很重，没漂多久就沉入水底，只剩下三弟的木棺材还在水面上。就这样不知漂了多少时间，三弟的小鸡破壳而出，三弟掀开顶盖，伸手抓住头上的一棵栗树，爬了出来，只见大水已落。

三弟就在山上居住下来，以后繁衍子孙，才重新保留了撒梅人的后代。后世子孙把祖先停留居住的山奉为神山，保护神山的树木旺盛，不准随意跨入神山禁地，并每年进行祭祀。

文化起源神话

毕摩篡字（彝族子君人）

讲述：毕世荣 85岁 彝族子君人 农民 高小
记录：郭春泉 38岁 彝族子君人 干部 初中
1988年采录于官渡区矣六乡大耳村

很早以前，子君的老祖先就已经学会说话。有了语言，却没有文字。他们用细藤打结记事，时间长了，细藤疙瘩越结越多，反而把人弄糊涂了。

后来，在撒摩都①的先民中，出了一位绝顶聪明的人叫毕摩。毕摩从小下了篡字的决心，到处拜师访友。一天他在回家的路上，遇上了一个好心的老倌，老倌指给他一个很远很远的地方，告诉他那里住着一个学识渊博、广收徒弟的老道士。

毕摩要去很远很远的地方拜师，寨子里的乡亲送来了很多苦荞粑粑，让他路上吃，盼望他早日学成归来。

毕摩走啊走，爬呀爬，苦荞粑粑吃完了，鞋子穿烂了，衣服穿破了，头发胡子长得有几尺长。他一共走了三年零三天，终于到达了目的地，找到了那位学识渊博的道士。这位道士就是太上老君②，毕摩毕恭毕敬地跪在太上老君面前，老君开口说："毕摩，你已经翻了九千九百九十九座山，过了七千七百七十七条河，走完了九千里路程，念你心诚意坚，我决定收你

---

① 撒摩都：彝族子君人的自称。
② 太上老君：道教对老子的尊称。《老子内传》："太上老君，姓李名耳，字伯阳，一名重耳，生而白首，故号老子，耳有三漏，又号老聃。"

为徒。"

原来，太上老君就是毕摩三年前半路上遇见的那个老倌。毕摩累极了，一觉睡去，睡了三天三夜。从此毕摩就在老君门下做了徒弟。他早起打扫庭院，挑水劈柴，白天到后山放牧青牛，晚上听老君讲经说道。做活时他勤勤恳恳，听讲时他入痴入迷。

毕摩勤奋地学习了十年，在他放牛的山坡上，到处可见他画写的字迹，形象的文字终于在毕摩手下学纂出来了。有一天老君邀他到山上去，问了他好多话，毕摩谦虚地一一作了回答，老君说："你拜师学经纂字已整整十年，你要走的路没有尽头，但你该回家了，你的乡亲们等着你去传授文字呢。"毕摩苦求师父多留他学几年，老君说："学问要靠自修、自学、自纂。所学之道法传内不传外，但所纂文字要广传凡人，造福子孙，好生牢记。"

第二天，毕摩去跟师父辞行时，老君已于头天晚上周游天下去了。毕摩只好依依不舍地往山下走，但他走了一天，天快黑时仍在他放过牛的山坡上徘徊，满地是他平日间所写所画的字。毕摩觉得很奇怪，这时从树林里传来一阵笛声，于是他在黑夜中顺着笛声寻找而去。在一片栗树林深处有一间草房，里面亮着灯，他到了草屋前笛声就止住了，屋里空无一人，毕摩不敢擅自进去，靠在柴门边慢慢地睡着了。

毕摩一觉醒来，眼前空荡荡一片荒山，没有了树林草屋，他自己睡在一块青石板上，那头他放养了十年的青牛拴在他脚杆上，旁边放着蓑衣、篾帽和一支竹笛。毕摩明白，这是老君师父送给他的法宝。

毕摩回到了家乡，教会了撒摩都人使用文字，一代传给一代直到如今。人们为了纪念毕摩，就把这种文字称为毕摩文。

毕老造字（彝族撒梅人）

讲述：张福彩 74岁 彝族撒梅人 农民 高小
记录：李光荣
1980年3月采录于官渡区阿拉乡大麻苴村

传说毕摩文[①]是毕老创造的。很早以前，撒梅人在门口放一块小石头为

---

① 毕摩文：彝族文字。

一日，麻线上结一个疙瘩为一月，家里挂一个羊头为一年。天长日久，石头一大堆，疙瘩一大串，羊头挂满屋。到底过了几年几月几日，数也数不清，分也分不明。

当时野乃出（宝象河上游的一个村子）有一个姓毕的放牛娃，从小聪明灵活，他看到撒梅人因没有文字而痛苦，决心要为撒梅人创造出文字来。他告别了乡亲父老，赶着一群牛羊，独自来到高山上，用羊鞭在地上画呀画，画出一个字，又用木炭记在一片树叶上。不知画了几年几月，树叶装满了羊皮口袋。他高高兴兴地回到村里，准备教大家识字，打开口袋一看，树叶揉碎了，字也全忘了。

他又赶着牛羊来到高山上，用牛鞭在地上画呀画，画出一个字来，用紫土①把字记在羊皮上。不知过了多少年，满满记了两驮子，他又回家了，来到半路上，下了场大雨，回村打开看，字又全完了。

他又来到高山上，找来一片片砂石，磨呀磨，磨平了。找来一堆羊肝石（一种很坚硬的石头），磨呀磨，磨尖了。用鞭子在地上画呀画，画出一个字，就用羊肝石刻在砂片上。又不知过了多少年，头发胡子都白了，每头牛都驮了一驮子，他又回家了。

他把字一个一个地教大家，大家学会后，他就去世了。人们为了纪念他，把他创造的这种字称为毕摩（撒梅语，摩是老或祖的意思）文。因为有些字的形状像羊肠子，有的又像牛角弯，所以人们还把这种字称为羊肠文和牛角文。

附 记

毕老创造的这种文字是流传在撒梅人当中的一种文字，历史上称为"韪书""倮文""罗罗文""蝌蚪文"等，现统称为撒梅彝文或者老彝文。撒梅彝文是一种表示撒梅语言的音节符号，一个字代表一个音节，书写方式一般从左到右直书，也有从左到右横书。撒梅彝文主要记载历史、文学、天文、地理、医学、生产、民俗、宗教以及伦理道德等内容。笔者经过对比，它和四川凉山，楚雄永仁、大姚、元谋，昆明禄劝、路南等地的老彝文在字形、语音、意义方面都有很多相同之处，这证明最早的彝文是统一的，后来，因彝族居住分散，古代交通不便，互相交往少，加之汉文化的影响，各地使用时不断增添创造了

---

① 紫土：一种红色黏土。

新的文字,所以越古老的词汇相同的越多,越往后相同的越少。

到目前为止,撒梅人当中保存的彝文单字还有一千六百字左右,能熟读这种文字的还有六位老人,他们年龄都在六十到八十岁之间,经调查访问,都说这种文字是他们从先辈居住的大小普连村(阿拉乡)毕老的故乡学来的。

找种子(彝族撒梅人)

讲述:张崇美
记录:李光荣
1988年9月12日采录于官渡区阿拉乡普照村

很早以前,人们没有粮食吃,全靠采野果、打野兽度日。有一天,一只小谷雀偷吃天上的粮食,啄掉了几粒谷子、麦子、荞子,落到大地上。几年以后,种子发芽,慢慢地长成了一棵棵大树,这三种树每月开一次花,结一次果。一到月底,金灿灿的谷子挂满树枝,黄爽爽的麦子结满树梢,黑悠悠堆得像一座座小山包,大家围着谷堆、麦堆、荞堆敲锣打鼓,载歌载舞,庆贺丰收。

一次,乃帕猫日奈(掌管大地万物的天神)到天边视察,忽然听到大地上传来一阵阵锣鼓声和欢笑声,不知发生了什么事,赶紧下去看个究竟。一到大地,使他大吃一惊,原来三千年前被小谷雀啄掉了的几粒粮种落在大地上,现在已经长成了一大片的树林,棵棵果实累累,人们哪里吃得完。再像这样下去,天上的日子哪里还会有人间好过?乃帕猫日奈使用法术,把几种树木收回去了。可是到了第二年春天,又从原来那些树木的须根上发出一些小苗,过了几年,又长成了大树。

乃帕猫日奈看到这些树木已经落地生根,无法收完,最后请来水神用大水来淹,山顶上淹不到的地方又请火神来烧,把谷树、麦树、荞树全部淹死、烧死才罢休。

人们没有粮食,又只好去打野兽、摘野果、刨树根草根度日。过了不久,草根树根刨光了,野果摘完了,野兽也打不到,已有不少人被饿死。

这时,日乃西猫(神母)看到人们的灾难,决心想办法解救人类。她把三个心爱的女儿叫到面前,把人们因无粮食而纷纷饿死的情况向女儿们讲了。吩咐大女儿找谷种,问什么时候可以找回。大女儿讲要半年。日乃西猫急了，再过半年，人们不是都要饿死完了？但又没有别的办法，拿起身边的一根绣花针，狠狠地戳在大女儿身上。大女儿忍着疼痛，找谷种去了。

日乃西猫又叫二女儿去找麦种，问要多长时间可以找回来。二女儿也讲要半年，日乃西猫更急了。恼怒之中，抓起绣箩里的剪刀丢过去，二女儿被剪刀划了一道口子。二女儿忍着疼痛，找麦种去了。

日乃西猫又把三女儿叫过来，吩咐她去找荞种，问要多长时间可以找回来。三女儿讲只要三个月就可以找回来了。这下可把日乃西猫乐坏了，笑眯眯地拉住三女儿的手说："你大姐、二姐去找谷种、麦种，要半年时间才能回来，而你只消三个月就可以找回来了。还是你会为妈妈操心。"说完，就在三女坦然自若的脸上轻轻地吻了一下。三女儿高高兴兴地走出大门，找荞种去了。

过了三个月，有一只小谷雀衔着一颗荞子来到日乃西猫面前，日乃西猫问谷雀："三女儿怎么不回来？"小谷雀回答："你的三女儿为了找荞种，走遍了天涯海角都没有找到，最后累死在一座山顶上，变成了这颗荞子，我就把它衔回来了。"

又过了三个月，又有两只小雀，一只衔着一颗谷子，一只衔着一颗麦子回来了。日乃西猫一问小雀，得知大女儿和二女儿都累死在半路上，分别化成了这两颗种子。

日乃西猫伤心极了，为了找种子，三个女儿都累死了。但看到种子已经找回，人类得救了，悲痛就减轻了许多。日乃西猫把种子撒向大地，人们又有了收获。谷子、麦子半年才能回来（收割）一次，而荞子三个月就回来了。这就是三个女儿去找种子所花的那些时间。现在谷子的那根芒，据说是日乃西猫戳在大女儿身上的那根绣花针。麦子中间的那条槽，是二女儿身上被剪刀划过的痕迹。荞子的那个尖角，是被日乃西猫亲三女儿时吻尖了的。

云南 昆明

官渡卷 傳說

中国民间故事丛书

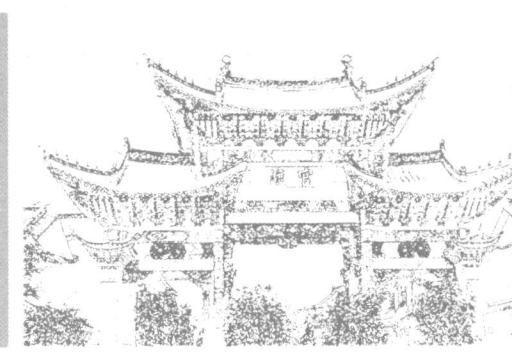

人物传说

阿咋哩的传说（彝族子君人）

讲述：李福中 48 岁 教师 初中
记录：李瑞 43 岁 教师 高中
1988 年 5 月采录于官渡区矣六乡渔村

在很久以前，滇池里住着很多龙，昆明不是遭水灾，就是遭旱灾。龙发起怒来，就一个劲地吐水，白天黑夜地下大雨，人畜被淹死，庄稼房屋被冲毁。有时，龙又偷懒潜伏起来，几个月甚至一年到头不吐一点水，不下一滴雨，因而天干地旱，庄稼草木晒死，人畜被渴死，百姓生活得非常痛苦。

有一年的四五月间，上马郎①的百姓在村子的西面撒了一些小秧，小秧长势很好，水汪汪、绿油油的。一天夜里，人刚睡静，本来是晴朗的天空，一时间狂风暴雨，过了一阵，又是晴空万里。第二天早上，人们去看小秧，好好的小秧一股一股地被什么东西滚烂，一条一条的印了是弯弯曲曲的，好像有小桶粗的黄鳝经过一样。一连两个晚上都是如此。眼看着一片小秧被闹烂了，大家心里又害怕又着急，到了晚上就早早关紧门。村里有个叫阿咋哩②的人，他心里很气愤，决心将这件事查个水落石出。

晚上，人刚睡静，他就披着蓑衣，戴着波罗叶③，扛着锄头向村西的秧

---

① 上马郎：呈贡县所辖一个自然村，清代以前为子君人。
② 阿咋哩：彝族子君语，人名。子君人主要居住在官渡区矣六乡大耳村，人口近 3000 人。
③ 波罗叶：一种大叶栗树叶子编织的草笠。

田走去。他去到秧田埂上时,晴朗的天空突然昏暗下来,再接着就是狂风暴雨。他手捏锄把,蹲在田埂上静静地听着,注视着周围的动静。不一会儿,昏暗中隐隐约约地显现出一个人来。这人身穿龙衣龙袍,头上长着角。阿咋哩认出这人就是龙王。龙王身背一个荦笼①,左手拿一本簿子,右手握着一杆笔。站了一会儿,他就慢慢地翻开簿子喊道:"白龙!"黑暗中就有一条龙沙沙地向他淼来,响声由远而近,龙却由大变小,到他脚下时,龙变得如黄鳝般大小。龙王在它的名字下打了一个钩,然后弯下腰,用右手的食指和拇指把龙逮了放进荦笼里。龙王又继续点下一名:"黑龙!"

龙王不断地点名,每点一条龙名,就在点名簿上打一个钩,然后将它逮进荦笼里。阿咋哩蹲在龙王的侧面,弄清楚了小秧被闹烂的原因是龙王在这里点名,龙经过秧田而闹烂的。他心里不由得火冒三丈,眼睛瞪得像铜铃。当龙王点到"黄龙"时,阿咋哩就跃起身,双手高举锄头奔向龙王,他一边奔跑,一边高声说道:"我蓑衣龙也到了!"话音刚落,一锄头就挖到龙王脚前。

这突如其来的喊声和举动,一时把龙王的魂都吓飞了,扔了点名簿就跑。阿咋哩看到龙王跑了,就拾起点名簿带回了家。阿咋哩回到家里心想,这些害人的龙,我何不把它们收拾掉,让它们能对百姓有利?第二天晚上,他抱着试试看的心理,等人睡静了以后,他就披着蓑衣,戴上波罗叶,背上荦笼,怀揣点名簿,去到头天晚上龙王站的那个地方站着。过了一会儿,晴朗的天空突然昏暗下来,紧接着就是一阵狂风暴雨。狂风暴雨过后,他就拿出簿子,簿子上隐隐约约写着白龙、黑龙、黄龙……的名字。他定了定神,就学着龙王的声音喊道:"白龙!"随着"到"的声音,白龙变得像黄鳝一样大小,在他脚下淼动,他弯下腰,伸出右手用手指把白龙逮住放进荦笼里。他照着点名簿依次点下去,名点完了,他看看身背的荦笼也满了,就把这些小龙背回家。回到家里,他在灯下一看,见这些小龙粗细大小和黄鳝差不多,不同的是头大脖细,头上长有一对小角,鳃上有一对胡须,颜色千奇百怪。

背回了小龙,阿咋哩心想:龙不是会吐水吗?好几个月都没有卜雨了,很多地方遭干旱,连吃水都困难,我何不把这些龙放到各地去,替百姓做点好事呢?他把自己的想法告诉了家里人,安排好家里的事情后,第

---

① 荦笼:鱼篓。渔翁装鱼容器,又叫笆。

二天早上，他就背上小龙，带上银两和随身用品，辞别了家里人，独自上路了。

　　他每到一处，见没有水就刨一个小塘，用竹棍在小塘里戳一个洞，放一条小龙在洞里。说也奇怪，像干黄鳝一样的小龙，放到他刨的小塘里，就会活起来，顺着洞钻进去。等小龙钻进去后，他就用一块草发皮①盖着，等他去了以后，小塘里就会冒出水来，他去得越远，水就冒得越大，后来就成了一个龙潭。放进黑龙的，人们就称它为"黑龙潭"；放进白龙的，人们就称它为"白龙潭"。

　　一天，阿咋哩路经滇池边，看见几个小孩围坝擢水捉鱼，累了正蹲在一边吃粑粑，一边喝水。他感到肚中有点饥渴，就走近向小孩要水喝。小孩们抬头一看，见是一个头戴波罗叶、枣红脸、短胡须，身穿无袖裼，背披短蓑衣，腰系一条黄带子，肩挎一个荜笼，挽袖卷裤的渔翁。有一个顽皮的小孩就故意戏弄他说："老倌，倒了也不给你喝。"阿咋哩听到这气人的话，摇着头苦笑地说："捉鱼小伙心太坏，你们的坝打千千层，层层都会漏。"阿咋哩封奏过后，所以至今的水坝无论你打多少层，层层都会漏水。

　　阿咋哩来到高田，看到一些人用水车拉水②泡田，十七八道水车才能把水拉到田里，拉了半天，才泡到一个田角落。他路经这里时，恰遇着拉水工吃晌午，他就向拉水工讨粑粑吃。拉水工很慷慨，不但给他粑粑吃，还舀饭给他吃，抬水给他喝，拿烟给他咂，他也不讲客气，吃饱喝足后，便对他们说："你们拉水太困难了，我给你们一条龙。"他一边说，一边就用手刨了一个小塘，用一根棍子在小塘里戳了一个洞，从荜笼里拿出一条小干龙放进洞里，放好后，随手从旁边拿了一只草鞋盖上，他又对大家说："等我走出二三十里后，你们再用滚木把草鞋挑开。"但他刚走出二三里远，有个性急的年轻人就用棍子把草鞋挑开，只见一股有棍子粗的水就冒出来。由于挑得早，又是用棍子挑，所以出水量只有棍子粗，后来高田这个地方就只能成为一个清水塘，只能供人畜饮水之用。

　　一天，阿咋哩路经皂角村，他看到一些挖田的坐着吃晌午，就走过去讨粑粑吃，他已经饿了两三天了。挖田人很客气，就叫他尽管吃。阿咋哩知道

---

① 草发皮：春夏草皮用锄头挖起的草皮子。
② 拉水：用龙骨水车抽水。

挖田人正为没有水而发愁，便对他们说："我给你们两条龙。"他一边说，一边用手刨了一个小塘，用棍子在塘里戳了两个洞，逮了一条小白龙和一条小黑龙分别放入两个洞里，放好后，他又用草发皮盖上，然后对大家说："等我走出二三十里，你们再把草发皮揭开。"挖田的人根本不把阿咋哩的话往耳里装，阿咋哩走了二三里，他们就揭开了草发皮，只见烟筒粗的两股水直冲出来，他们一时吓慌了，忙用旁边的一扇石磨盖住，水就只能从两个磨眼里喷出来，从此，出水量就只有两个磨眼的水，除供人畜饮用外，只可灌溉少量的田。当人们知道阿咋哩背的是些会吐水的真龙，去追找他时，他已经走得不知去向。

阿咋哩风餐露宿，历尽千辛万苦，走遍了云南大部分地方。身上的银两花光后，就背着小龙在街上叫卖，口里喊道："一两银子一条，都是会吐水的真龙。"可人们走近一看，这头大脖细、头上长角、鳃上有胡须，黄鳝不像黄鳝的怪东西，莫说还要钱买，就是白送给他们，他们也不敢要。阿咋哩嗓子都喊哑了，一条龙也没卖掉。他最后到了大理苍山，看看筚笼里还剩有半筚笼小龙，只好把这些剩下的小龙倒在了苍山上。这些小龙一触着地后就活了起来，向四处跑去，各自找了一个地方安下身来，就成了小龙潭，有几条大一点的爬入了洱海，所以大理苍山附近的龙潭多，洱海的海水旺，主要就是阿咋哩在那里倒了半筚笼小龙。

自从阿咋哩收了龙，把龙分放各个地方后，龙就不再逞威显能了。水量没有过去大了，旱象没有过去严重了。这些放到各地去的龙，有的成了龙潭，有的成了水塘，有的汇入大海，一年四季，龙都吐着潺潺的泉水，不仅供人畜饮用，还可以灌溉农田。

由于阿咋哩收龙、放龙，消灾造福，为百姓做了好事，他归天后，百姓为了纪念他，就在上马郎盖了一间小庙，庙中塑着阿咋哩的像。每年农历五月十三日（阿咋哩诞生日），庙里烧香祷告的人络绎不绝，庙中烟雾缭绕，热闹非凡。

附 记

阿咋哩又名阿咱里，阿扎里，阿扎拉。阿咋哩的故事主要在彝族子君人中流传。子君人属彝族支系，有关他们的历史和民族文化20世纪五六十年代曾有人做过调查，但一直未见有关调查结果和研究结果。子君人主要居住在矣六乡大耳村，人口近三千，有民族语言，民族服饰已失传，习俗与汉族大同小异，旧时信仰道教和佛教，村中有建于宋代庙宇"护国寺"一座，新中国成立后辟为小学校至今。1958年在村中发现春秋至战国中期古墓群，并出土大批青铜器，现已公布为昆明市文物重点保护单位。

荞子先生（彝族子君人）

讲述：张荣 84岁 彝族子君人 农民 初小
记录：郭春泉
1981年6月采录于官渡区矣六乡大耳村

弥召卡①的撒摩都大寨里，居住着年过半百的比罗老两口。老两口无儿无女，贫穷度日，平时扎扫帚、蒸荞糕到拓东城②去卖，换些盐巴辣子钱。老两口对邻居的娃娃很喜爱，常拿些零食给他们吃。

寨里的一位师娘③见老两口心地善良，积德于人，暗地里为他们烧香化纸。不久，比罗老阿妈果真生下一个胖儿子，老两口欢喜若狂，但家境贫寒，取"苦凉"之义给儿子取名"荞子"。

荞子长得聪明伶俐。八岁时，比罗阿爸想找个先生教他识字，但先生没请到，老比罗却病倒了，攒下的一点钱问药请医用光了，没过几天比罗阿爸就死了。从此荞子和阿妈相依为命。

荞子每天跟着阿妈到拓东城去卖荞糕和洗锅刷，见到大户人家门框上贴的对子或刻字匾额，就会痴迷呆傻地站着看一阵子，有时就用小木棍在地上画，记在心里。阿妈猜到了荞子的心事，就去找大寨主家的私塾先生求学。先生可怜荞子母子俩，就让荞子每天在学堂外窗口旁听。晚上荞子就用锅底灰调成墨汁用鸡毛学写字，后来又用木炭把学得的字写在手背和腿上，时间长了，浑身黑得像木炭一样。过了不久，老先生因为收留荞子旁听被寨主赶走了，老阿妈也不幸病逝了，十二岁的荞子无依无靠自谋生路。他继承了父母扎扫帚、洗锅刷的技艺，白天挑到城里去卖，对城里那些名联书法认真地

---

① 弥召卡：大耳村。
② 拓东城：古代昆明城。
③ 师娘：搞迷信活动者（女性）。

看，晚上回来就学着写。十多年以后，荞子终于练得了一手好书法，寨子里无论哪家办婚丧喜事或逢年过节，都要请荞子去写对联。族人们对他十分敬重，都尊称他为"神笔荞子"或"荞子先生"。

荞子为人家写字作画从不收一分钱，到了五十岁还是孤身一人。这一年，拓东城内建了两个牌坊，总督大人从外地请来了几个书法名家给牌坊题匾。这一天，荞子先生来到牌坊下，就听人们议论纷纷，当他挤到前边看到两块匾上写的"金马"、"碧鸡"金粉大字时，忍不住失声嚷叫出来："这种书法挂到牌坊上岂不让后人耻笑！"他这一嚷，惊动了官府衙门的人，看他是个当地蛮子，就要拿他问罪。那几个外地请来的书法名家也围过来嘲笑他。这时总督从牌坊下的大轿里钻出来询问荞子先生，荞子先生看总督大人还和气，心想自己反正冒犯了他们，就说："汉文必得象形，书写'金马碧鸡'四字应是金积如山，必然生辉。马蹄精圆，才有奔千里之气；鸡要丰满方能振翅翱翔。不如此，牌坊何以壮观？"总督大人听了直点头，命人立即将两块大匾上写好的字迹擦洗干净，将大匾抬到荞子先生面前，请荞子先生书写。荞子先生说："饿着肚子写不成，吃饱了饭再说吧！"于是总督大人安排将他用大轿抬入总督府。酒足饭饱后，荞子先生重新被抬到牌坊下时，大匾、金粉缸和毛笔早已摆好，他弃之不用，要人去找他的扫帚、洗锅刷担子。总督只好令人去找，差头找遍了拓东城才在一个巷口找到他的扫帚、洗锅刷担子。荞子先生拿了一把稻草刷，往金粉缸里一蘸，趁着几分酒意，就在大匾上刷刷地写起来，下笔如出弦之矢，似龙蛇奔马，当场众人看得眼花缭乱，那几位外地请来的书法家更是目瞪口呆。

大匾挂在雄伟的牌坊上，荞子先生挑起担子刚想走，突然有人叫了起来："啊呀，马缺足，鸡无翅了！"众人定睛看时，果真"马"字缺了一只足，"鸡"字缺了一只翅，荞子先生放下担子，顺手拿了两把稻草刷，往金粉缸里蘸了蘸，走到高挂的大匾下，把刷子往上一甩，不歪不斜点了一只马足，又走到另一块大匾下，把蘸有金粉的刷子往上一丢，又添了一只鸡翅，然后转身挑起担子走了。

总督大人对荞子先生十分敬佩，派人查访到他的住处，亲自给他题匾："孤贫苦凉，神笔荞子。"

毕摩故事三则（彝族撒梅人）

讲述：张福彩
记录：李光荣
1982年2月19日采录于官渡区阿拉乡大麻苴村

惩治土官

清朝道光年间，在昆明东郊的末腊出（现在的大麻苴村）有一个名叫张承明的毕摩帕，他不但懂天文、识地理，还有一套很高明的法术，只要人们有什么困难找到他，他都乐意帮忙，受到大家的尊敬。

当时，在附近一个村子里有一个土官仗着人多势众，经常欺压百姓，人们只得忍气吞声，真是敢怒不敢言。

有一年风调雨顺，土官看到收成比往年好，认为发大财的机会到了，贴出告示要各村寨每户向他敬贡一斗大米，限十天之内交来，如果误期，加码。大家看到告示不约而同地来到张承明家，都说土官看到今年有点好收成眼睛就红了。年头才给了他两升大米，年底又要一斗，真是得寸进尺。张承明也说土官越来越不像话，非治他一次不行，就叫大家到白沙河里捞些米粒大小的沙子装进口袋里，到期那天一齐送到他家去。大家问：要是土官看出是些沙子怎么办呢？张承明讲："土官太贪财了，只要我在他脸上吹口气，包他把白沙看成白米，连马粪都会看成是银锭子。"大家看到张承明给自己做主，也就放心地回家去了。

土官定的交米期限已经是最后一天了。这天早上，土官站在门口焦急地东张西望，只见一大群人挑的挑，背的背，向他家走来，大家把装着细沙的口袋放在土官家门口。土官一边假惺惺地说大家辛苦了，一边打开口袋查验。这时，张承明在土官面前轻轻地吹了一口气，土官果真看着一袋子沙子，顺手抓起来一把说："真是白生生的好米！"大家你看看我，我看看你，本来都想开心地笑一番，但都忍住了。土官检查完毕，就叫大家把米搬进家里。不一会儿，就把他家的楼上楼下都堆得满满的，真是把土官乐坏了，笑得两眼眯成了一条缝。

大家走了之后，土官赶紧把大门关好，正在盘算着下一步打算。这时，张承明从场上推了一个几百斤重的大碾砣，用食指在上面一划，就深深地刻出几个字，然后用一根绣花的红丝线拴住碾砣的两个赖毛（碾砣两头用木头做的轴），把它高挂在两只门眼睛上。正当土官得意忘形的时候，只听到楼棱咯吱咯吱地响了几声，楼板被压垮了。沙子哗啦啦地淌下来，差一点把土官埋在里面。这下土官才看清淌出来的是一堆沙子，拔腿往外跑，跑到门口，脑门被咚地撞了一下，使他两眼直冒金星。抬头一看，是用细丝线拴着的一个大碾砣。想从底下钻出去，又怕线断了被打成肉酱，转回去又怕被埋进沙堆里。正当进退两难的时候，看到碾砣上刻着"善有善报，恶有恶报"八个字，土官以为是老天爷惩治他，赶紧跪下，连忙磕着响头，一边说着："不敢了，不敢了，请老天爷宽恕。"这时，碾砣"咚"的一声落下来，在大门口打出一个坑，然后骨碌碌地滚到场上去了。从那以后，土官再也不敢欺压百姓了。

赊路救人

马金铺（呈贡县城出去十多里的一个村庄）路边有一间草房，里边住着母子二人，儿子冬生才有十五六岁就已经相当懂事了，里里外外的事全部由他干完。在村里见老喊老，见小喊小，全村人都夸他很有教养，是个难得的好孝子。

有一天，冬生从山上打柴回来，忽然感到脊背上生了些什么疮，又痒又疼。他母亲掀起衣裳一看，见背上有些像曲蟮（蚯蚓）趴在上面一样，弯弯扭扭地绞在一起。他母亲请人一看，讲那是一种天书，一般人是无法看懂的，只听说过大麻苴村有一个散民毕摩帕才知晓这种字。他母亲请了邻居的一个小伙子，骑一匹快马直奔大麻苴，进村一问，就找到了张承明。张承明得知来意之后，急忙准备一下，天黑之前赶到了马金铺。张承明仔细查看，原来冬生在外遭邪，其他人做了坏事也诬陷给他。天神以为冬生做了坏事，所以在脊背上给他打上记号。雷公看到记号，再过一个时辰就会把他打死。这下可把老母急坏了，不知怎么办才好。张承明告诉她："要是冬生真的做了坏事，雷公要收他，我是没有办法的。现在他是没有做过任何坏事，而是天神看错了，我可以化解雷灾，请你不必操心。"说完点上香烛，立好牌位，正要操办，才发现慌忙中把铜铃忘记在家里。少了一样法器是办不成的，等他回家拿来再办。老母亲更急了，苦苦哀求，无论如何想办法救她儿子一命。张承明说："请你不必急，我一定救他就是了。"老母亲讲："这么远的路程，又是黑摸地冻的，半个时辰怎么能转得来？还是我到邻居家借一匹马来给你。"张承明谢绝了，告诉她现在骑马已经根本来不及了，他自有一套办法，一会儿转来就是。说完快步走出大门，只听见他在门口咕噜咕噜地念了几句，从身后轻轻吹来一股风，脚步从近到远，一会儿就消失在夜幕之中。大约过了一袋烟的时候，张承明果然拿着铜铃转来了。老母亲问他怎么这样快，张承明说是赊路而来的。大家都不知道赊路是什么意思，但又不好再问。

张承明手摇铜铃，口念咒语，然后走出大门，用手指在门前一棵柏树上划来划去。回到家里，用一把寒光四射的宝剑在冬生的背上画了一个符，取下毕摩帽的那只鹰爪，轻轻地在冬生脊背上的天书上抓了一会儿，慢慢地那些天书就消失了。冬生说现在不痛不痒了。张承明向他们告辞，叫母子俩好好闩上门，不要出去。母子俩不管怎样挽留，张承明还是连夜赶回家去了。

第二天早上，张承明正在天井里不停地来回走着，冬生母子二人已来到他家，母子俩跪在张承明面前，谢恩不绝。张承明把母子俩扶起来，说道："救善镇恶，本是我该办的事，不必挂齿。"母子俩说起昨晚张承明走后不久，只见电光一闪，听到"轰隆"一声巨响，雷公把门前张承明划过的那棵柏树劈成碎片，然而冬生却安然无事。

张承明告诉他们：冬生脊背上的天书，已被他调换到门前那棵柏树上，雷公到处查找，见到树上的记号，丢下雷楔子，打死了柏树，然后就回去了。

母子俩又问起昨晚他去拿铃铛怎么那么快就转来了，张承明又告诉他们："看到冬生再过半个时辰就要遭雷打，心里也是很急，所以就用赊路法。昨晚赊的那些路到现在还没有赔完。你们不是见我在天井里走来走去吗，正是赔着昨晚赊来的那些路呢。如果这次不赔完，下次再遇到这样紧急的情况，我就赊不到路了。"

母子俩得知原来是这么回事，又跪在张承明面前说："要不是遇到你这样的能人，我们的性命早就没有了。你的救命之恩，我们永世不会忘记。"

花箩打水

大麻苴村有一眼龙潭，叫做未腊处日躲猫，常年淌出一股清清的流水。龙潭水除供人畜饮用外，还足够浇灌全村的田地。由于龙潭水深不见底，大家都感到很神秘。只要提起这眼龙潭，都会讲到一段张承明花箩①打水不会

---

① 花箩：撒梅人使用的用竹子编的一种背箩。

空的故事。

有一年，一个花子（乞丐）在柯渡的一眼龙潭里打水，一个旋涡把一只小木碗旋进去了。过了一段时间，这个花子来到大麻苴龙潭打水，"咕咚"一声漂起来一只小木碗。他用木棍子挑过来一看，原来是他的那只木碗。花子感到很奇怪，怎么隔几十里旋进去的碗，会从这里漂起来呢？左思右想，莫非这眼龙潭的水是从那里淌过来的？他打好主意，决定好好地敲这个村子一竹杠。

花子赶到柯渡的那眼龙潭，把随身带着的那床破蓑衣捆成一团，丢进龙潭。一个旋涡，把蓑衣旋进去了。他又来到大麻苴龙潭一看，龙潭早已经没有出水了，不由心中大喜。

村民们看到龙潭水干了，以为是什么时候冲了龙神，赶紧宰杀了许多牛羊猪鸡祭龙。花子站在龙潭边上高声叫着："我是此地龙神，只要你们把这些供品全部给我，每人在我面前磕三个响头，我就让龙潭出水，否则永远不让它出。"张承明在旁边看着这个花子的举动，认为龙潭不出水和他有很大关系，连忙闭上双眼，掐指一算，得知确实是这个花子阻了龙眼。赶紧走到花子面前行礼，并一语双关地说："今日祭龙神，大家心要诚。如做亏心事，好戏看得成。"花子没有听出张承明的第二层意思，连忙说："对，对，对。祭龙神就是要诚心诚意的。"张承明见龙潭底脚还有一小潭水，找来一个新花箩用一根草绳拴好，打上一箩水，然后倒进一个大簸箕里，用手掌在水里划来划去，顺手拿起一块双手捧给花子。"这叫'水豆腐'，请龙神受用。"花子从来未见过这玩意儿，看着是水，拿在手里又像一块豆腐一样，不一会儿就把它吃完了。慢慢地花子的肚子鼓了起来，最后鼓得像个癞蛤蟆一样。看着他有些想吐的样子，还用手在嘴里乱抓，一抓抓出几根蓑衣毛，看着他忍痛在嘴里抓了半天，从肚里拉出一大堆蓑衣毛，后来还拉出一股红色的东西，大家还以为是根肠子。花子连吐带拉，原来拉出来的是蓑衣上的那根红布带。

张承明告诉大家，现在龙眼已经打开，请大家去看。人们站在龙潭边，果然见到水又冒出来了。大家手舞足蹈，唱呀，跳呀，欢乐个够。从那以后，大麻苴龙潭就再也没干过了，直到如今。

附 记

毕摩是撒梅人的知识分子，在当地群众中有很高的威望。毕摩不但懂天文，识地理，在医学方面也有一定的造诣。因乐于助人，深受大家的尊敬。

大麻苴的张承明，是撒梅地区最有名望的一个毕摩，除知晓不少咒语和点穴法术外，还懂很多草药单方，一般都能药到病除，久而久之，被传得神乎其神。

大麻苴村现在还有他家后代，但懂得毕摩知识的只有张福德一人了，各方面的知识和他家祖辈相比，相差就远了。

粗糠宝（彝族撒梅人）

讲述：毕崇发 66岁 彝族撒梅人 农民 初小
　　　李存 45岁 彝族撒梅人 农民 初中
　　　飞崇义
记录：李洪信 37岁 彝族撒梅人 农民 初中
　　　灌玉（龚农）62岁 干部 大专
1980年2月15日采录于官渡区阿拉乡大石坝村，1988年7月采录于官渡区阿拉乡阿拉村

一

很久以前，老爷山①脚下有个撒梅山寨，叫阿底村。阿底村里住着一位美丽而聪明伶俐的姑娘，名叫阿吉莉。阿吉莉脸蛋儿红红的，长得丰满白净。乌黑油亮的长发辫儿甩在胸前，一对碧绿细链叶形小耳环，在脸旁晃来晃去。她头戴一顶鸡冠帽②，身穿白衬衣套黑褂，窈窕的腰间束一条绣满花朵的腰带，整个人儿从上到下透着灵秀气，别提多美了。阿吉莉不仅长得美丽出众，而且能歌善舞，绣花、打柴，样样活儿也都是能手，所以，撒梅人都称她是一朵山茶花。

农历六月二十四日③，是撒梅人的小年。一年一度的斗牛会和摔跤会又开始了。阿吉莉老早就起了床，洗了脸，对着镜子打扮起来，梳好头，戴上鸡冠帽，穿上自己巧手精心缝制的那套喜鹊似的服装，约着村寨里的姐妹高高兴兴地出门了。她们一路有说有笑地来到斗角场。在斗角场，有斗角的，摔跤的；有卖烧饵块的、卖米线的、卖糖果的；有卖炊具家具的，也有卖牛马的、卖药材的；还有许多摆小摊子的。在场上，青年男女们唱着歌，跳着舞，吹着叶子，弹着口弦，对着歌。阿吉莉也和阿芳、阿秀等众姐妹在那里

---

① 老爷山：位于昆明市官渡区以东40公里，与宜良县汤池乡接壤，海拔2784米。
② 鸡冠帽：撒梅（彝）姑娘的帽子，婚后即不再戴。
③ 六月二十四日：农历，彝族火把节，云南省彝族各支系皆同。

和一群小伙子对山歌。她那清脆的歌声吸引住了很多人，人群逐渐地向她这边围拢过来，阿吉莉唱道："野火烧山一片红，青草发芽遍地绿。我看哪只绵羊先吃草，我看哪个阿哥先开腔。"山歌越对越起劲，人群越围越多。对歌的小伙子不知换了多少个，也不是阿吉莉的对手。大家都称赞阿吉莉的山歌唱得好，唱得出色，许多小伙子都用敬慕的眼光盯着她。不知过了多久，突然从斗角场那边闯过一群人来，为首的是齐保董[①]，他当了二十年的保董，无恶不作，什么坏事都干尽。他特别会拍强寇[②]的马屁，每年进贡选美女，都是他出面，撒梅人都恨透了他。这时只见齐保董大声嚷道："让开！让开！"他钻进人群，看了好一会儿，然后眯着眼睛笑着说道："啊！原来就是你，长得多么漂亮的姑娘，逗得这么多的人来，好体面呀，你是哪个村寨的？"阿吉莉恨得咬牙切齿，她把长辫子一甩，把脸转向一侧，不理睬他。有个随从用手捂着嘴凑近齐保董的耳朵悄声说："这就是有名的美姑娘，阿底村寨的阿吉莉。"齐保董"噢"了一声说："原来如此，难怪逗了那么些人。"他贼眼一转，忙赔笑说："不晓得，不晓得，姑娘莫见怪，莫见怪。"接着又问："好姑娘，是否有婆家了，愿不愿到那边做山头夫人呀？这是你的福气，只要你答应了，那里有的是山珍海味，绫罗绸缎，不愁吃不愁穿，出门三步有人抬，用不着再上山打柴、扭松球，再不过那种放牛养马种苦荞的日子了。"阿吉莉一听这些话，急得满脸通红，说不出话来，只觉得灾难就要来临。众姐妹都哭丧着脸，为她担忧。只听齐保董说：时候不早了，快回去吧，回去跟阿妈商量商量，准备准备，明年我们来接亲。

　　太阳已经西下，晚霞照得天空通红，村村寨寨的炊烟弥漫在山谷中，微风吹得棕树叶沙沙直响。回家的路上，阿吉莉的心里那么愁苦，那样的焦急，她什么也不说，拖着沉重的脚步和众姐妹一同赶路，天快黑时才回到家里，这时阿妈早已在门口等候阿吉莉。阿妈见女儿回来了，高兴地把早已做好的饭菜热气腾腾地从锅里端了出来，放在桌上催她快吃。阿吉莉抬起碗来吃了两口，又把碗放下，呆呆地想着今天与齐保董相遇的情景。阿妈几次催她快吃，她只是应声，就是不吃。阿妈看出今天女儿非同寻常，就问出了什么事，见女儿只是摇头，不说话，阿妈急了，难过地说："我已经是快五十岁的人了，无依无靠，就只有你这么一个独姑娘，你要是有个三长两短，往

---

① 保董：撒梅（彝）语，意为管家或狗腿。
② 强寇：撒梅（彝）语，意为凶残作恶的人或族长。

后我可怎么过？"说着泪水从眼眶里流出来。这时阿吉莉再也忍不住了，她把白天的事一五一十告诉了阿妈。阿妈气愤地说："原来是这样，齐保董这个伤天害理没良心的东西，他十八年前害死了你阿爸，今天又想拿你当人情，休想！我死也不让女儿落到他们手里。"

原来，十八年前一个阴雨连绵的夜晚，齐保董闯进了阿吉莉家，阿爸、阿妈忙杀鸡烧水做饭招待他，酒足饭饱后，齐保董一面喝茶，一面对阿爸说："现在又要纳贡了，阿德，限你三天交出一头牛、四只鸡、四斤蜂蜜来，到期如不交纳，就要问罪坐牢。"齐保董走后，阿吉莉的阿爸心想：我们撒梅人每天起早摸黑，上山打柴，还要挑到几十里外的板桥镇去卖，几年才攒够钱买了这头牛，拖犁翻地种荞全靠这头牛，要是把牛交出去了，往后的日子可怎么过？阿德坐在火塘旁边，抽着旱烟拿不定主意。一旁阿妈拖着不满周岁的阿吉莉，哭丧着脸扭着松毛①。阿德最后下了决心，莫说坐牢，就是杀头也不把牛交出去。阿妈劝阿德不能这样硬顶，但怎么劝也动摇不了阿德的决心。日子过得真快，转眼已到了期限。这天，齐保董带了一帮人，来到阿吉莉家，大嚷道："阿德，快把你家的贡物交出来。"阿妈抱着阿吉莉苦苦哀求，阿德却两手叉腰站在门口，大声回答："不交，看你们怎么样！"齐保董怒目圆睁，瞪着虎眼咬着牙说："不交？带走！"于是随从们一拥而上，阿德奋力反抗，一连掀翻了四五个随从，那时他年轻力壮，又是撒梅山寨的摔跤能手，但终因寡不敌众，被捆走了。阿妈抱着阿吉莉死命追赶，被随从踢昏在地，等她被阿吉莉的哭声惊醒时，已不知阿德的去向，她大声呼喊着，哭泣着，跟跟跄跄回到家里。第二天天刚亮，阿妈就起身了，她往破瓦缸里打了一碗苦荞面，倒在瓦盆里，和上水做成粑粑，用围腰包好，然后背起阿吉莉，向昨天阿德被绑走的方向走去。阿妈沿路打听阿德的下落，来到一个山镇上，见远处十字路口围着许多人，她走近一看，"啊"了一声，便摇晃着身子昏倒在地。原来，十字路口一棵鸡腮子树上挂着一个人，正是阿德。阿妈哭得死去活来，围观的人都很同情她，劝慰她许久，把阿德的尸体放下来，抬到山坡上埋了。从此阿妈和阿吉莉就这样无依无靠，艰难地过日子。至今阿吉莉已十八岁了，苦难的日子也总算熬出头了，阿吉莉不仅能绣花、裁衣、做鞋，还能上山打柴、放牛，下地干活。阿妈长叹了口气，阿吉莉扑在阿妈怀里，痛哭起来，母女俩就这样在火塘边哭了一夜。

---

① 松毛：松树的叶子。

天亮了，阿妈忙到厨房烧火，洗脸，做苦荞粑粑，阿吉莉忙着挑水扫地。母女俩刚吃过早饭，阿秀和阿荞就来约阿吉莉。阿秀说："吉莉姐，昨晚下雨地烂，我们姐妹几个一起上山放牛去吧！"她们立即动身。"上山那个坡啰坡又陡，下雨那个路啰路又滑，姐妹们啰快快那个上山坡啰，上到那个山顶啰，要一耍啰！"唱着唱着已来到山顶，她们三人上到山顶打闹了一阵子，坐了下来，取下口弦弹了一会儿，阿秀、阿荞又动手动脚打闹起来，独有阿吉莉坐着不吭声，过了一会儿她们谁也不闹了，阿秀说："吉莉姐，你怎么不说话？"阿荞在旁边给阿秀递了个眼色，摇摇头，阿荞朝阿吉莉挨了过来，凑近她轻声说："阿姐，我们再弹一阵口弦玩。"阿吉莉微微笑了笑说："好，我们一起弹口弦。"她们各自取下口弦弹了起来，弹着弹着，阿吉莉又渐渐地松下手来，阿秀、阿荞也松下手来，她们谁也不弹了，阿荞知道阿吉莉的心事，就安慰她说："别想得那么多，反正时间还长着呢！还可想想别的办法，你不等这伙王八蛋来接亲，就找一个称心如意的小伙子成亲，看他们到时候去接谁。"阿吉莉脸一红，笑着说："反正我……"阿荞追问着："我什么？"憋了半天，阿吉莉突然指着旁边竖着的一块石头说："反正我情愿嫁给它，也不情愿落到强人的火坑里。"阿秀、阿荞哈哈大笑起来："亏你说得出口，我们撒梅村寨标致能干的小伙子也不少，昨天对歌的那些小伙子都想着你呢，难道就没有一个中意的？还说嫁给这块老石头，哈哈。"阿吉莉羞得脸更红了，也跟着笑起来。阿秀趁阿吉莉不防，一把将她的鸡冠帽抢了过去，说要请新郎戴戴新娘的帽子，就往那块石桩上抛。这一抛不前不后，不左不右，恰好套在那块石桩顶上，阿秀、阿荞笑得前弯后倾，阿吉莉跑过去一把将帽子抓下来，刚转身，阿荞又悄悄从后面伸手过去一把夺走了，阿吉莉忙转身追赶，刚要追上时，阿荞把帽子往阿秀那边丢去，说也奇怪，不知怎么搞的帽子又套在石桩上了。阿秀、阿荞笑得更厉害了，阿吉莉又跑过去一把抓下帽子，这下她可气坏了，嘴里嘟哝着，使劲把鸡冠帽往深山沟里甩去，奇怪的是石桩在上面，风往下吹，但帽子不往下坠，反而往上飞，最后还是不偏不差，不歪不斜，仍然套在那块石桩上。阿吉莉把帽子取了下来，这会儿，她再也不丢了，把帽子揣在怀里，还用手按着，生怕帽子又飞出来，羞着自己。阿秀、阿荞也不跟她闹了，挨着她坐下，阿荞拉着阿吉莉的手说："阿姐不乐意吗？我们是跟你闹着玩的。""闹着玩？差点帽子都拿不回来了。"阿秀又对她说："阿姐，再过十五天，又是七月七了，到那时我们去和二晶寨的小伙子们对歌去好吗？"这下才把她逗乐了。阿吉莉回答说："好，到时候我们又在一起玩耍，走吧，时候不早了。"于是姐妹三人一起赶着牛群下山回家了。

有一天，阿吉莉上山砍柴，柴已经砍得差不多了，她系好准备回家。刚背上背，突然滑一跤，身子往前，一下子倾倒在地上，六七十斤重一背柴压在她身上，一点不能动弹，要呼救又叫不出声。阿吉莉拼命挣扎，还是不能起身，她越来越觉得呼吸困难，后来竟昏了过去。不知过了多少时候苏醒了，慢慢睁开眼，先是迷迷糊糊，而后逐渐清楚地看见一位一身撒梅服装打扮的青年小伙子在给自己喂水。阿吉莉目不转睛地呆望着这位年轻人，不由得流出了感激的热泪。小伙子用腰带轻轻地为她擦去泪花，微笑着说："怎么样，身子压坏了吧？"她摇摇头激动地说："谢谢你了，太谢谢你了！"她用手撑地起身，刚刚站起来就觉得眼前发黑，四肢无力，小伙子忙扶着她说："好姑娘，让我送你回去。"于是他背起了柴，挽着阿吉莉慢慢向村里走去。走到村口，他把柴放下，亲切地向她说："你先回去吧，柴火过一下让你阿妈来背，我不送你了，免得别人看见说你闲话。"说完就往回走，阿吉莉忙追了去拦住他说："你救了我的命，还送我回家，怎么家都到了，你连水都不喝一口就走呢？不行，我要让阿妈好好认认我的救命恩人，我们母女俩要好好地谢谢你。""好姑娘，不用了，我还要赶路，你快回去吧。"小伙子说着就走了，阿吉莉含着泪，目送着这位可敬可爱的小伙子，过了很久她才转回来背着那捆柴，突然想起忘了问他的姓名。她丢开柴火忙向小伙子走去的方向追去，她边追边喊，可是追了好一段路连个影儿也不见。她只好转回去。她后悔极了，沉着脸背起柴一步步往家里走去，到了门口，把柴放下，叹了口气，一屁股坐在石阶上。这时阿妈见女儿回来，忙迎了出去，叫她快去吃饭，阿吉莉进到屋里坐到草墩上，阿妈把做好的饭菜热气腾腾地端来放在桌上。但阿吉莉没一点心思吃饭，她只后悔刚才的事。阿妈见她不吃饭就走过来用手抚摸着她的头问："你在想什么呀，怎么饭也不吃？"阿吉莉一头扑在阿妈怀里，呜呜哇哇哭起来，接着又把她今天怎么跌跤，一个小伙子救了她，后悔连个姓名都没问，最后让人家走了。阿妈听完责备了她几句，她哭得更厉害了，阿妈劝了好一会儿才把她劝住，夜深了阿吉莉还独自一人坐在火塘边想心事，阿妈几次催她去睡觉，她翻来覆去就是睡不着。

第二天，天麻麻亮她就起床，拿起背绳就上山了。天气很冷，但她忙得满头大汗，她是撒梅寨中的劳动能手，不大一会儿工夫就把柴找够了，把柴捆好背起来，才走到那天和阿荞、阿秀放牛玩耍的那块石头旁，就下起了大雨。她四下望望没处可躲，就走到那块石头前，把柴放下，蹲在那块石头下。说也奇怪，那块石头很遮风雨，虽然下那么大的雨，可她身上不落一点，而且身子也觉得很暖和。这时她也疲劳了，加上昨晚一夜没睡，侧身一靠，就在那块石桩上睡着了。睡呀睡呀，她做起梦来，她梦见她紧紧靠在昨天救她的那小伙子怀里，她感到多么温暖，多么甜蜜，他们相互吻着。不知过了多少时间，一阵嘻嘻的笑声把她从梦中惊醒。她睁眼一看，原来是阿荞和阿秀，阿秀顽皮地说："怎么样，你大概又舍不得这块石头了，你还记得那天丢鸡冠帽的事吗？"说得阿吉莉面红耳赤。接着她俩又笑了一阵，阿吉莉不好意思地忙把话岔开说："二位妹妹干什么去？"阿荞、阿秀回答说："我们挖药去，你呢？""我来砍柴。""砍够了吗？""砍够了，我们一起走吧。""好，我们一起走。"这时天空又晴朗开来，太阳暖暖地照着山坡，碧绿的青草尖上悬挂着晶亮亮的露水珠，小山茶花显得格外鲜艳，一群群的雀鸟又欢快地唱起歌来，阿吉莉和阿荞、阿秀说着，笑着下山去了。

又过了好久，阿吉莉又来到她们常去的那块青草茂盛的山坡上放牛，今天阿荞、阿秀去收荞子了，都没来。阿吉莉独自一人坐在草坪上绣腰带，多么好的手艺呀，那腰带上绣满了花朵，花朵儿有金红的，有水红的，桃红的，带边用金纸镶着，还绣了一对嗡嗡旋飞的蜜蜂，真是鲜艳夺目，栩栩如生。那绣好的花朵照在她那丰满细嫩的脸上，使她显得更加美丽可爱，就像桃花一样。那镶边的金纸反照在碧绿叶形耳环链上一闪一闪的。她耐心地一针针一线线地绣着，口里还不断地哼着歌儿，一对喜鹊喳喳地从她头上飞过，她抬头向喜鹊飞去的方向望去，突然看见对面山坡上有一个背竹篮的小伙子在挖药，她呆呆地望着他，是他，就是他，阿吉莉惊喜万状，她连忙收起针线，也不顾山坡陡刺多，她迎着他飞跑过去。她跑到他面前停住了，那小伙子只弯腰挖药，没有注意来人，她轻轻地喊了一声"阿哥"，那小伙子听见喊声，转过头来愣了一下，他笑了，丢下锄头，亲切地喊了声："阿妹！"他和她互相走拢来，她望着他，他也望着她，他一双有力而热乎乎的手拉住了她，她激动地说："好哥哥，那天多亏你救了我，可你走到村口，也不去家里。"说着她低下了头，用衣袖揩着泪水。

"阿妹，别生气好吗？"他抬起头看着她微笑着点了点头，"哈哈，好阿妹，快坐下。"他们坐在松软的草坪上。

"你今天干什么来啦？"

"我放牛，你呢？"

"我挖点草药。"

"你懂药?"

"懂,我不仅懂,还会用呢!"

阿吉莉用一双晶亮亮的眼睛望着他,惊叹地问:"那你会不会治眼病?"

"会,你眼睛不好吗?"

"不,不是我,是阿妈眼睛不好。"

"你先拿一点药给她老人家吃,试试再说。"说着他往竹筐里拿了点药给阿吉莉。

她感激地说:"谢谢你。"她问小伙子叫什么名字,小伙子回答说:"我叫阿石克。"

"那你家又住在哪里呢?"

"我没家,这山就是我的家,村寨就是我的家,我上山采药,下寨治病,到处都是我的家。"

"石克哥,你常在这里挖药吗?"

"对,我常来这里挖药。"

"那就好了,我也常来这里放牛。"他俩还依依不舍。最后阿石克把阿吉莉送下了山。

阿吉莉的阿妈吃了阿石克给的药,眼睛竟好起来了,这一来,阿吉莉更爱他了。

从那以后,阿吉莉放牛或打柴,阿石克采药,他们在一个山坡上劳动,在一块青草坪上谈笑对歌、玩耍,天长日久,她舍不得他,他更不愿离开她,他爱她,她更爱他,她向天发誓:"若我变心就让豹子抓我心。"

他向她赌咒:"要是我改意,天神来把我擒。"

日子过得真快,三个月过去了。有一天阿吉莉放牛回家,阿石克目送阿吉莉,她离开他越走越远,她吆着牛依依不舍地不断转身来看她的阿石克,她隐约看见他变成了那块大石桩,再仔细定睛一看,阿石克又出现在那里,她再反转头来看时,他又变成了一块大石桩,她又站稳脚跟细心一看,阿石克又抬着手在那里向她招手,这样翻来覆去好几次,她觉得心里很纳闷,一时心慌,吐了一地,她已有身孕了。只要一上山她就想摘杨梅吃,说也奇怪,自那天起,她就再也没看见阿石克了,她是多么想念他呀,他到哪去了?难道他就是那块石头吗?不,他会回来的,我一定等着他。阿吉莉除了在家和上山干活外,只要是上山放牛,都把牛赶到她和阿石克玩过的那块草坪上放；只要上山打柴，她都要在那块石头旁休息。她感到很孤独，很痛苦，常常自言自语地说："阿石克啊，我亲爱的阿哥，你在哪里，我是多么想你呀，你现在到哪里去了，莫非你就是那块石头吗？你就是这块石头我也永远爱你，我们发过的誓言，我就是死了也不反悔。"她说着说着泪珠儿滴了下来。日子一天天过去，她一天比一天消瘦了，她的脸色苍白，过去那种引人注目的模样也消失了，她的身体一天比一天笨重了，她感到走路做事都很吃力，她阿妈也在为她操心着急。

有一天晚上，阿吉莉突然感到肚子剧烈地疼痛，她呻吟着，呼唤着阿妈，阿妈忙点灯起床，她抬着油灯向阿吉莉走来，一看，她连忙说："不行了，怕是时候到了。"阿妈忙烧水，等做好一切准备，不到五更天，孩子出世。生的是个男孩，怎么办，怎么办，别人生了孩子是结过婚的，是有丈夫的，可自己的姑娘生孩子莫说没结过婚，就连丈夫在哪里都不知晓。说起撒梅人的礼节、风俗，这是不允许的，而且是最丢人的，只要是有这样的事，那以后谁也不会理睬你，就是和自己最亲的亲戚也不会理睬你。孩子哇哇直哭，母女俩急得拿不定主意。最后终于想出了一个办法来，她早听说二晶村有个妇女，结婚至今四十临头了，身边还无儿无女，干脆把孩子交给邻居阿癞帮送过去，一做了人情，二保住了孩子，这样做到两全其美。到了第二天晚上，阿妈把阿癞请了过来，宰了只鸡，打回了一葫芦酒，让阿癞吃饱喝足。这时阿妈把托他的事讲了个明白，还给了些零星铜钱，阿癞满口答应，阿妈就把包好的婴儿递给他。说起阿癞这个人，全村寨的人都晓得，他是一个好吃、好赌，不爱干活的大懒汉，他无妻无儿女。他接过婴儿就往外走，路过他的门口，觉得天气有点冷，他想加加衣服，就抱着婴儿蹿进了自己的家，他把婴儿放下，一屁股坐下就再也不想走了，何况二晶村离这还远，天又黑，还要翻山越箐。他想：酒也喝了，钱也拿了，我不去她们也晓不得，何况她家孩子来历也不明不白，我把他埋在粗糠里，等天亮丢到山沟里，谁晓得？以后要是她们问起这事，我就说那天夜里送到半路就死了，这倒是个办法，免得跑一趟。于是他把婴儿包起，走到粗糠房里埋了。

第二天太阳都老高了，阿癞还没有起床，又过了好一阵子，他才懒洋洋地起来，在火塘边烧苦荞粑粑吃。突然赌棍阿四又来喊了，阿癞忙起身就同阿四一起寻赌去了。这一去就是七天，这回他捞了一大笔钱，高兴地回到家，坐到火塘边抽起烟来。他一下想起来粗糠里面的婴儿，准备拿出去埋了。他来到糠堆旁，刨开糠一看，啊，还没死，一双黑黝黝的小眼睛转来转去,并且还长大了好一截。阿癞又忙将糠捂上,这次埋得更深,埋好后他又锁上门出去了,这一走又是五天。回到家后,他又跑到糠堆前,他想这下捂死了,可是他把糠刨开一看,还是没有死,而且又长了好一截。他吓坏了,就跑到阿吉莉家,把此事一一说给她母女俩听。母女俩听得又是惊又是怕,阿吉莉要他赶紧把孩子抱回来,阿癞应声忙把孩子抱转回来。孩子果真长大了好些,黑黝黝的头发,圆圆的脸蛋,一双晶亮亮的小眼睛,整个都跟阿吉莉长得一模一样。多么可爱呀,阿妈说:"孩子都十多天了,还没个名字,糠里捂了十多天都没捂死,反而长大了,就叫他粗糠宝吧。"阿吉莉也高兴地说:"就叫他粗糠宝,就叫他粗糠宝。"

又过了七年,粗糠宝长大了并且上学了。他不仅长得可爱结实,而且也很聪明,他在学校里成绩是最好的一个。有一天村寨里的几个小调皮约着要跟小粗糠宝斗架,结果一个个都被打哭了,打跑了。家里大人不服,一见他就骂大姑娘养的,连阿爸是哪个都不认得,很多娃娃都这样说他。他很气恼,回来跟阿吉莉讲:"阿妈,人家都这样骂我,我可有个阿爸吗?他在哪里?"阿吉莉听到这些话心里很难受,默默地流泪了。

有一天晚上,阿吉莉做了一个梦,梦见她和阿石克相会。分别时,阿石克忠告阿吉莉:"你保重身体,要好好抚养小粗糠宝,有朝一日,他会为我们苦难的撒梅人报仇的。"说完就要离去。阿吉莉忙拉着不让他走,他紧紧握着阿吉莉的手说:"我现在告诉你吧,我不是一般的人,我是仙人,就是对面那座山上你经常去放牛的那块草坪旁的石桩。五年以后我们每年得会一次面,你就等待着那一天吧。"说完人不见了,阿吉莉哭着大声呼喊:"阿石克,阿石克!"阿妈被喊声惊醒,提着油灯走来叫醒了阿吉莉。阿吉莉把刚才的梦讲给了阿妈听,阿妈说:"这倒有可能,莫非粗糠宝的阿爸就是对面山上的仙人吗?要真是那样,粗糠宝就可以见到他阿爸了。"

五年过去了,粗糠宝也长大了。有一天夜里全家人都在熟睡,突然听见有人敲门,阿吉莉被敲门声惊醒了,她忙着点油灯问:"是哪个?"

"是我,阿吉莉。"阿吉莉听出是多么熟悉的声音,她喜出望外,忙打开门,啊呀,果然是他。"我的好阿哥呀,你把我想得好苦,我,我……"再也说不出话来了,一头扑在他身上,双手扶住臂,侧着脸把头紧紧贴在他的胸前,泪水刷刷往下淌。阿石克用衣襟给她擦眼泪。过了好一会儿她才把门闩上,忙拉着阿石克坐在床上,她指着对面那张床上熟睡着的粗糠宝说:"你看你的孩子也长成大小伙子了。"阿石克走过去摸了摸粗糠宝的头,说道:

"多亏了你把他抚养成人,将来他一定会为我们撒梅人报仇的。"他们互相悄声地谈着笑着,阿吉莉想去捏醒粗糠宝,但被阿石克一把揪住,轻声说:"不要惊动他了,时候也不早了,我该走了。"阿吉莉舍不得让他走,阿石克说:"好啦,下月再来看你,因为我是山上的仙人,不能在此多留。"说着他就开门走出去了,阿吉莉一直把他送到村口,阿石克走远了,她还双手扶着那棵棕树呆呆地站在那儿。

第二天,她又把昨晚的事告诉给阿妈听,老阿妈听后非常高兴。

有一天粗糠宝去放牛,在路面吃了别人家的几棵萝卜,主人家见了又大声骂他无阿爸,粗糠宝气坏了,回到家里向阿妈阿奶诉起苦来。阿奶说道:"好,全村寨的人都说我家粗糠宝没有阿爸,这回倒是要想想办法,让他见见他阿爸。"于是老阿妈和阿吉莉商量好,下次阿石克再来,就先准备好一团绣花线穿上针,等他来时,悄悄地把针别在他的衣襟上,第二天顺线一找就找到了。

有一天晚上,阿石克又来了,要走时,阿吉莉把早已准备好的穿上绣花线的针悄悄地插在阿石克的衣襟上。阿吉莉喊粗糠宝顺着绣花线往外走,母子俩出了村头,上了山坡,七弯八拐到了阿吉莉最熟悉的那块草坪上,沿着绣花线走过去。啊!在了,一颗银光闪闪的绣花针别在那块石桩上,阿吉莉面对石桩说道:"我的好哥哥,我们的粗糠宝看你来了。"说也奇怪,那石桩显出人形来说话了:"我的好阿妹,我的好粗糠宝。"阿吉莉催粗糠宝快快跪下认阿爸。粗糠宝见那石块化成人形,就跪下喊道:"我的好阿爸。"阿石克忙把粗糠宝扶起,对他说道:"好粗糠宝,你现在已长成大人,我没什么东西送你,只有一件宝物要赠你,就在后面十步石板下,你自己取吧。"粗糠宝忙向那块石桩后走了十步,果真见有一块大石板,他使出平生力气把那块石板翻开,啊!里面有金灿灿的一把宝剑。粗糠宝把宝剑拿起,阿石克又忙说道:"你拿这口宝剑为你阿爷报仇,为受苦的乡亲报仇。不过你要记着,不到必要时,不要把宝剑抽出,好了,拿去吧,时候不早了,快回去吧。"说完阿石克又变成了一块大石桩,阿吉莉和粗糠宝连声呼喊,可怎么也不回答了。他们往回走到半路,粗糠宝不明白阿爸的嘱咐,就把剑抽出来看。他刚抽出三分之一,旁边的树尖哗啦啦纷纷落地。他不明白是怎么一回事,干脆把剑全部抽出来,好厉害,那山头一下子就被削平了,他这才明白这口宝剑法力无边。他把剑收好,和他阿妈阿吉莉高高兴兴地回家去了。

粗糠宝有了这把宝剑,什么都不怕了,他下定决心要为阿爷报仇,要为撒梅山寨的穷苦乡亲报仇,要为天下的受苦人报仇。

农历六月二十四日的火把节又要到了。齐保董又带着一帮人来催贡来了，他们敲着锣，大声喊道："今年是小头王的生日年，特别加贡一倍，要是谁不服，就把他吊死！"粗糠宝一听就火冒三丈，他指着齐保董说："今年要东西休想！"齐保董指着粗糠宝骂："你这大姑娘养的，你可晓得你阿爷的下场吗？"粗糠宝愤怒地回答："晓得，就是你这帮强盗干的，我今天饶不了你们！"这些家伙听后，一拥而上，粗糠宝手疾眼快，打翻了几个，齐保董看势头不对，带着打手逃跑了。他回到山头王的身边，把粗糠宝带头造反的事告诉山头王。山头王气得吹胡子瞪眼，他给了齐保董几百兵马，去镇压寨民和粗糠宝。

过了两日，齐保董带着兵马来到阿底寨，这时寨民早已埋伏好。他们一进村口，粗糠宝和寨民们就呐喊着冲出来，双方厮打在一起，粗糠宝抽出宝剑，只见山头王的兵丁一个个人头落地，不大一会儿工夫，就全部杀光了。寨民们大声呼喊起来，粗糠宝号召寨民们乘胜讨伐山头王。于是他们浩浩荡荡来到山头王驻扎地，要山头王交出人头来，山头王大怒，指挥人马来斗寨民，但哪里抵挡得住，不多时，山头王和他的士兵都被斩尽杀绝。

撒梅人终于过上了安居乐业的日子。过了好些年，乡亲们为了纪念粗糠宝这位英雄，为他塑了像，后来每年农历六月十三日都要在老爷山集会纪念他。

附　记

粗糠宝的故事在宜良县、呈贡县都有流传，官渡区主要在撒梅人中流传。关于这个人物是否是神性化人物还有待考查。在撒梅民间传说中有"撒梅王"的传说，据说撒梅王的名字叫"奔住"，很多情节与粗糠宝近似，但不确定粗糠宝就是撒梅王，历史上撒梅人是否有王也不能确定。

二

粗糠宝长到八九岁，由于家中贫穷，不能读书，每天就和同村的小伙伴一起去放牛羊。一天，他们到了阳宗海边上，牛羊贪婪地吃着青草，伙伴们在草地上摔跤、跳小黄牛（一种跳高游戏），闹够了，肚子也饿了。他们看到阳宗海对面有一片果实累累的桃园，垂涎欲滴。粗糠宝对小伙伴说："你们咯想吃桃子？"小伙伴们说："想吃！"粗糠宝说："想吃我就到对岸去摘。"

小伙伴们都说阳宗海深渊无底，桃子摘不着，淹死划不来。粗糠宝若无其事地笑笑，把赶牛鞭子往胯下一夹，跳进海里。不一会儿就游到对岸，钻进桃林，脱下裤子，把两只裤脚用草扎好，满满地装了两裤腿桃子。正想返身往回走，忽然被一个守桃的老头发现，粗糠宝拼命地往海边跑去，老头怕这个小孩慌了往海里跳，就急忙喊道："小娃娃，莫跑了，我不打你，你不要怕，快回来。"可粗糠宝头也不回，一口气跑到海边，牛鞭子往胯下一夹，又跳到海里去了。守桃老头看到这个娃娃已跳到海里，吓得目瞪口呆，心想：这下可闯大祸了，为了几个桃子，逼出人命来，怎么了得？老头为了抢救这个娃娃，前气不接后气地跑到海边，怎么不见人呢？抬头往远处一看，那小孩却已游到了海中央，过了一会儿，粗糠宝就游到了对岸。粗糠宝把桃倒出来，让小伙伴们吃个够，小伙伴们边吃边对粗糠宝说："你真神啊！"

三

粗糠宝是个聪明的小伙子。知府知道粗糠宝能干，心中害怕，给他出难题，想借故害死他。

有一天，知府派人叫粗糠宝赶一百车粮到衙门上交，办不到就问斩。撒梅山寨交了贡粮、公粮、寿粮……所剩不多，交不出一百车粮，粗糠宝叫大伙用麦秆做了火柴盒大小的一百辆小车，捉了一百个屎壳郎，车子套在屎壳郎身上，每一辆车上摆一粒荞麦，拉到大堂上，粗糠宝大声喊道："一百车粮运来了，请知府清点。"知府见大堂上到处都爬的屎壳郎，捂着鼻子大发雷霆："谁叫你把屎壳郎弄来拉车，快赶走！"粗糠宝答道："你只叫运一百车粮，可没有说明大车、小车、牛车、马车，所以我就用屎壳郎拉车了。"说完，粗糠宝走了。知府叫人把屎壳郎赶出衙门，昆明的小孩感到有趣，就捡着去玩。所以，昆明的小孩喜欢玩屎壳郎拉车。

彩云姑娘（彝族撒梅人）

讲述：王芝 80岁 彝族撒梅人 农民 高小
记录：李光荣
1982年7月采录于官渡区阿拉乡阿拉村

昆明市东郊大板桥有一个偏僻的地方，这里青山叠翠，碧峰堆云，在苍松挺立的打鹰山半坡丛林中，隐没着一个小村庄。村后的松林和远处的天边相连，一朵朵白云在山顶飘浮，一条弯弯曲曲的小河围着村庄，清澈的河水从黑褐色的鹅卵石上轻轻地滑过，激起一个接一个的小漩涡，这就是人们经常讲到的一朵云村。说起一朵云，在撒梅人当中还流传着一段优美的故事呢。

很早以前，撒梅卡①疾病流行，经常牛死马遭瘟，人死见阎王。当时，撒梅卡有一个叫阿喇的青年，机智勇敢，从小练就一身打猎的好本领，很多毒蛇猛兽都死在他手下。长大后，更是膀大腰圆，每次摔跤比赛都是第一名。他父亲李鼎是当地有名的草药医生，他跟父亲行医多年，很多撒梅人在他们父子俩的精心治疗下垂死复生。有一年夏天，疾病流行厉害，每天都有很多撒梅人被病魔夺去生命，父子俩起早贪黑，为抢救病人到处奔忙。不幸，他父亲在一次行医途中得病身亡。父亲临死前告诉阿喇，要救撒梅人，就一定要到哦乃奔②去找回绰萝③。这时，阿喇看到许多撒梅人在痛苦的呻吟中死去，难过得几天几夜睡不好觉。他下决心一定要到哦乃奔去找绰萝，制伏病魔。

阿喇带上一张弓、三支利箭、药锄和干粮，背上花箩④，告别父老乡亲启程了。众乡亲含泪把他送到村口，全部希望寄托在他身上。

阿喇走了七七四十九天，翻过了九九八十一座大山，走到哦乃奔的山脚。一阵凉风习习吹来，把绰萝的清香带进了阿喇的鼻孔，阿喇高兴极了。可是一条大河挡住了阿喇的去路，阿喇卷起裤脚，想涉水过去。不料，脚才伸进水里，"啊哟"一声，烫得他赶紧把脚缩了回来，一看，脚上已经起了几个亮晶晶的大泡，原来是一条滚烫的河，涉不过去，怎么办呢？想了一会儿，决定从上游绕道过去。但是走了九天九夜，还是没有走到源头，这时，阿喇已经走得筋疲力尽了。他抬头看看山顶，眼泪刷刷地淌了出来，说道："乡亲们，我对不起大家，不能救你们了。"说完，又急又气，昏倒在河旁。

一阵冷风把阿喇吹醒，可是双脚疼得他不能行走，只有慢慢往前爬，爬过了一个小山包以后，阿喇累得接不上大气，又昏过去了。

---

① 卡：撒梅语，村子、寨子的意思。
② 哦乃奔：一朵云村后的一座高山。
③ 绰萝：撒梅人传说中一种能治百病的药。
④ 花箩：一种用竹子编制的背箩。

正在这时候,一朵彩云慢慢地从山顶飘了下来,在离阿喇不远的树林中消失了。阿喇再次醒来时,看到旁边站着一位秀丽的撒梅姑娘。阿喇以为自己眼花了,在这深山老林怎么会站着一个撒梅姑娘呢?揉了揉眼睛,不错,就是一位撒梅姑娘。她头上的那顶绣花鸡冠帽就是标志。

阿喇轻声问道:"阿妹贵姓,为何来到这深山老林?"

姑娘回答:"阿哥,小妹姓非,是梁王山上的牧羊女。您为撒梅人救苦救难的精神感动了梁王神,是梁王神派我来助您一臂之力的。"

说完,便从腰间解下绣花腰带,往天空一甩,花腰带变成一座五彩缤纷的彩虹桥。阿喇顺利地从桥上走过去了。谢别姑娘之后,又继续赶路。爬到半山腰,一只凶猛的老鹰挡住了他的去路,老鹰叫道:"小子,你到本山来干什么?如再往前走一步,只有死路一条。"阿喇没有理睬,只顾往上爬,冷不防,老鹰箭一般地冲了过来,啄瞎了阿喇的一只眼睛。阿喇忍痛取出弓箭,弓张箭发,"刷"的一声,射穿了老鹰的双眼,老鹰翻了几个滚,就掉进万丈深渊,死了。

阿喇又走了一程,眼前已经出现了满山遍野的绰萝,阿喇正准备采药,忽然看到一棵枯树上站着一只老鸹,哇哇哇地叫了起来,叫着叫着就张开翅膀向阿喇扑来,把阿喇的两只耳朵拍得嗡嗡直响。阿喇取出弓箭,一箭射中了老鸹的翅膀,老鸹带伤逃回了老鸹洞,再也不敢出来了。

阿喇采了满满的一背篓绰萝,急急忙忙往回走,又来到了热水河旁。阿喇犯难了,正在沉思,忽然,只见远处热水翻滚,时而发出束束火光,再仔细一看,原来是一条火龙在洗澡。这时,火龙也发现了阿喇,它立刻喷出一束烈火,把阿喇的头发衣裳都烧着了。阿喇射出最后一支利箭,射中了火龙的脑门,火龙翻了一个滚,又喷出一股热水,阿喇被烫得昏死过去。

这一切,彩云姑娘都看在眼里,她急忙从山顶上飘了下来,解下长发辫上的头绳,顺手丢了下去,死死地套住了火龙的双角,把它牵到热水潭,牢牢地拴在一根石桩上。

彩云姑娘转回河边找到了阿喇,赶紧从篓中取出一只绰萝,蘸点河水在石头上轻轻地研了一会儿,用汁液把阿喇周身都擦了一遍。阿喇的伤全部好了,眼睛也亮了。他请求姑娘再搭座彩虹桥让他过去,姑娘微笑道:"火龙已经被我降伏,这水现在不烫了,您快过去吧,救乡亲们要紧。"阿喇下水一试，果真不假，原来滚烫的河水现在已经变成凉丝丝的了。他顺利地涉过了河，彩云姑娘在对岸挥动着鸡冠帽，祝阿哥一路平安。阿喇也向彩云姑娘挥手致谢："多谢阿妹，多谢啊……"忽然，彩云姑娘不见了。阿喇大声呼喊起来："彩云姑娘，彩云姑娘！"回声响遍了整个山林，但是没有听到彩云姑娘的回答，只是见到彩云姑娘的那顶鸡冠帽，慢慢地化成一朵彩云，轻轻地向远方飘去，一直飘过山顶消失了。从此以后，人们再也没有见到过彩云姑娘。

阿喇翻山越岭，回到了撒梅卡。他把绰萝连夜送到各家各户，药到病除，撒梅卡又欢腾起来了。

阿喇死后，撒梅人为了纪念这位英雄，把他居住过的那个村改名为阿喇卡（现在的阿拉村），在靠村旁的半山坡上为他修建了一座坟墓，在碑上还特意刻上了彩云姑娘的姓氏。

撒梅人为了感谢彩云姑娘，在打鹰山旁建起了三个村庄，一个叫热水河村，一个叫老鸹洞村，一个叫一朵云村。在一朵云村的村子中间还修建了一座小庙，取名彩云庵，庵里供着彩云姑娘的塑像，塑像两旁的柱子上挂着一副对联：

（上联）彩帽尖冠情远恩长
（下联）云海平川千古流传

直到现在，撒梅人还把阿喇归来的六月二十四日这天称为过小年。各村男女老少都要穿上节日盛装，来到打鹰台旁看山顶上飘来的彩云，颂说当年彩云姑娘的功绩。到了晚上，青年男女还要点着火把去找彩云姑娘，并不时在火把上撒一些松香粉，把大地照得通亮。直到深夜，在打鹰台上还欢快地跳着踩场舞，传出一阵阵悠扬的歌声：

哪里是个好地方，好山好水好风光。
只因靠谁来帮忙？安居乐业得平安。
朵云是个好地方，好山好水好风光。
只因彩云来帮忙，安居乐业得平安。

大家齐声喊："嗨，嗨！找彩云！嗨，嗨！找彩云……"喊声几十里外都听得到。

保大力士（彝族撒梅人）

讲述：李启龙 78岁 彝族撒梅人 农民 初小
记录：李光荣
1980年2月采录于官渡区阿拉乡大石坝

传说在很早以前，撒梅人居住的大石坝村有个男子汉名叫保志。他从小就长得四肢发达，粗壮结实。八九岁时就跟着他阿爸保正忠去耕田种地，十一二岁就能够自己去驾牛耕地了。到了二十来岁时，更是长得体壮力大，不要说腰杆，连大腿都长得有小水桶那么粗了，走起路来噔噔地响。寺庙里要用四五个人才抬得起的大香炉，他一个人就抱得起来，连一头大水牛也抱得动，所以大家都叫他"保大力士"。

有一年，宝象河水很大，河两旁的人，因为没有船，又没有桥，无法来往。有一家姓崔的老两口，年纪大了，又无儿无女，家里有很多钱财，决定把这些钱拿出来修建一座石拱桥，为后人办一件有益的事。消息传到大石坝村，很多人都争着要去修桥梁，保志也去了。到了工地，他大显身手，需要八九个人抬的大石头，他一个人就抱过去砌好。由于他的努力，桥很快就建好了。大家都说建这桥保力士有很大的功劳，从此后，保大力士的名声更是传得很远、很远。

保志靠着自己一身的力气，经常挑柴到昆明城去卖，因为他挑得多，柴又好，而且价格又便宜，所以很多人都喜欢买他的柴。有一天，县太老爷的儿子孟富听说保大力士来卖柴了，就故意去逗逗他。保志像往常一样，把柴摆好，孟少爷歪戴着瓜皮小帽，一双老鼠眼睛转来转去。他看见保大力士在卖柴火，就故意去找麻烦，他对保大力士说："保志，听说你力气很大，能抱起一头大水牛，我今天特意来看看你。"保大力士一看他的样子，就知道是故意来逗他的，所以不理睬他。孟富却认为保大力士被他吓唬住了，口气更大了，说："你的力气这么大，我从你这挑柴里拣出一块柴棒来，如果你劈得断，我就认输，从你胯底下爬过去。"保大力士再也忍不住了，就回答道："随你的便吧！"孟富果然抹抹袖子，从柴堆里拣出一块有小碗口粗的栗树棒，丢在保大力士面前。保大力士用力一劈就成了两截。孟富看了吓得动都不会动，街上看热闹的人说："孟少爷输了，孟少爷输了。"孟富才醒悟过来，转身就想跑，被保大力士扭住教训了一番："你以后不许再找别人麻烦，仗势欺压百姓了，听见了没有？"孟富连连点头："不敢，不敢。"嘴里说着不敢，但心里却打着报复的主意。保大力士不管这些，把他放走了。孟富走后，保大力士把柴火送给了一个无依无靠的老人，老人非常感谢他，还把她丈夫和儿子是被孟县大老爷打死了的事告诉了他，叫他不要和这些人争吵。保大力士刚刚把柴火堆好，突然，街上出现十多个人，手拿凶器，大声叫喊："抓保大力士啦，抓保大力士啦！"他仔细一看，是孟富带着一伙打手来抓他。保大力士一想，走不行了，只有和他们拼一场，于是便迎上去用扁担和他们对打起来。这伙人哪里是他的对手，被他左一扁担，右一扁担，都打翻在地上。死了几个，没死的几个赶紧磕头求饶，孟富见势头不对，拔腿就跑，保大力士这次哪肯放过，几步跑过去，抓住他的小腿用力一甩，把他甩出几丈远，摔死了。观看的人都拍手称快，说保大力士为大家除了一个祸害。但人们又都为保大力士担心，叫他赶快到别的地方去求生，有的还拿出些银两来给他做路费，他一一谢绝了，对大家说："父老乡亲们，不要为我担心，我靠我这身力气自有办法，感谢大家关心我。"说完便走了。后来，他走过了很多地方，每到一个地方都惩罚了很多仗势欺人、不讲道理的财主老爷，为人们除了很多害人虫。人们一传十，十传百，把保大力士的名字传出很远。虽然大多数人都没见过保大力士，也不知道他详细的名字，可保大力士、张大力士、王大力士……的故事却到处传颂着，说他们是不怕恶人、不欺穷人的英雄好汉。

王思训

采录：李凤舞

王思训是官渡街人，清朝嘉庆年间的进士。

传说他小时候读书时，每日放学回家，先生都要倚门望送。当王思训走出一段路后，先生就会看见在王思训前面有一对纱灯照亮，天天如此。一次，先生问王思训："每夜你放学回家，在你前面有纱灯照亮，你看见没有？"王思训答："没见过什么纱灯，只是觉得在漆黑的夜里行走，路的高低坑凹清晰可见。"先生听后点点头。过了几天，先生目送王思训时，只看见一只纱灯。第二日即追问王思训有没有做不道德的事，王思训回答没有，只是替别人写了一份离婚休书，得了三百文铜钱。先生听后训斥了他一番："写休书是拆散家庭，其过甚大。你明天到他家，说你写落了两个重要的字，拿到休书后你就吞下肚里，将三百文钱还给他，叫他另请人写。"王思训照着做了，到了夜间先生目送王思训时，又看见了两只纱灯。

有一天晚上读书时，王思训出来解小便，忽然看见后院内一棵百果大树开了花。一眼看上去，满树银花，十分美丽。他忙跑回去告诉先生。先生闻听此言，立即跑去观赏。到树前一看，花已凋谢。先生看着王思训，暗自叹道：此生将来定是国家栋梁之材。因为百果树一般都在夜间开花，张开花苞数分钟后立即凋谢，因此没有几个人看见这开花的美景。

后来，王思训中了进士点翰林，在朝廷为官。一日，皇帝坐朝，王思训要站殿排班。在上朝前，他找历书翻阅，看看当天属相及甲子，以备皇帝询问时好答复。看过后才发现是去年的历书，他又把今年的拿出来翻阅。上朝时果然不出所料，皇帝问王思训："今天是个什么甲子？"王奏告是某某甲子。皇帝顺口又问："去年的今天是什么甲子？"王思训因上朝前才看过，所以对答如流地回奏了皇帝。皇帝听后，龙颜大喜，当着众臣表扬说："王思训真乃博学多才，连历书都记得那么清楚，真了不起。"众臣听后，嫉妒之心油然而生。下朝后他们商量，要在文章方面一比高低。于是他们面奏皇帝，要与王思训比文章，由皇帝命题十个，看谁写得好、写得快。皇帝听后非常赞同。

王思训知道此事后，立即想了一个办法对付他们。他先雇好几个刻字匠，准备好刻板，又叫家人准备好刷子、墨汁、糨糊、纸张等，以备应用。

考试日期已到，皇帝出了十道题，众臣领题后各自回房。王思训用最快的速度写，每题百余字，短小精悍。做好一题后，马上叫刻字匠速刻，刻好后，立即印刷一份拿去贴在繁华的大街上。写完后，王思训背抄双手，边走边催促众臣："快点，快点。"众臣被他催得心里发慌，因为他们都是长篇大论，有的才写了两三题，最快的不过四五题。众臣生气地问他："催什么，难道你已经做完交卷了？"王思训笑答："不但做好了，而且已经贴在大街上了。"众人一听，十分惊奇，忙放下笔跑到街上去看，果然，王思训的十篇文章已贴在街上。这回大臣们是口服心服了。

王思训告老还乡时，皇帝给他一批文史价值甚高的书籍。回乡后，王思训在官渡古镇文明阁（文庙）旁，建盖了一楼，取名为"赐书堂"，放置这批御赐书籍。

官渡人民为了纪念王思训和熊郢宣（官渡龙马村人），建盖了两个魁星阁楼。在当时，乡镇上建盖双魁星阁楼实属少有。另外，赶街的地点也分为长街和团街。初一至十五赶长街（四方街），十六至三十赶团街，以纪念这两位进士。

王翰林考倒江西举子

讲述：童庆生 78 岁 农民 高小
记录：太汝宽 53 岁 农民 中专
1988 年 5 月采录于官渡区官渡镇

清代翰林大学士王思训一生为官清正，才高八斗。有一年，皇帝派他到江西当考官。这个消息传出后，当时，天下的举人议论纷纷，今科主考大人是云南人，他只懂《三字经》、《百家姓》，怎么能当主考官？闹得满城风雨。那些举人的议论渐渐传到王思训耳中，他当做耳边风，满不在乎，走马上任，到南昌主持今科大考。

参加考试的举人进入贡院，按名号入座。好久，不见主考官出试题。时间一分一秒过去，有一个举子站起来："请问主考大人，为什么还不出题？"王思训只是点头微笑，其实今科试题早已出好，他在考场放上一只狗，把狗嘴用绳子扎好，在狗的面前放上一盆稀饭，一把剪刀插在木柱上。

这时候，贡院挑水煮饭的一个伙夫，挑桶走过来，他伸头朝窗口一看，这些赶考的举子们东张西望。伙夫看了考场四周，见里面放着一只狗、一盆稀饭、一把剪刀，他就说了一声稀饭碰烂（《百家姓》的西范彭郎）。当时，王思训又好气，又好笑，全省举子一个都没有被录取。最后，他向举子们解说清楚。原来，举子们说他来自南蛮之地，只懂《三字经》、《百家姓》。这次赴江西主考，他就专门考《三字经》、《百家姓》。他按音同，字不同，狗不叫（《三字经》上的"苟不教"），还有《千字文》上的"剖木取剪"出题。三场考完，江西举子闹翻了天，他们三五成群，咬牙切齿，私下会拢在一处。有的主张到京城告状，把他的乌纱帽摘掉；有的主张不放王思训回京。但他是朝廷命官，不能越轨过分。最后想出一个办法，出对联叫王思训对，对合了，放他过去；对不合，赶考的举子每人一砚瓦把主考大人打死在南昌。

就这样，他们选择了碧波潭、王波洞。两边是悬崖高山，中间一条羊肠小道，树木丛生。他们打听到主考大人回京要路经此地，就提前集中在碧波潭等候。全省的举子不下七八百人，他们人多势众，把个路口堵得严严实实。

急忙赶路回京的王思训，一队人马正朝碧波潭方向行走而来，进入山间羊肠小道，突然被人群堵住去路。为头一人抱拳施礼说："大人，我们十年寒窗，巴望着争个功名，封妻荫子，不想被你偏题正考，无人得中，哪有不气愤！大人学识渊博，才高八斗，众举子今天也相偏题请教大人，出一联请大人作对。对不合，那明年今日是你周年，我们每人一石砚送你上西天见佛祖。"

王思训一听，把心中火气压下，心平气和地说："我倒要请教众举子，那你们对来。"为首一人说："你听好，'银耳玉兔、卧睡王波洞'。"王思训接口对出："五爪金龙、飞出碧波潭。"众举子一听，哑口无言，深深佩服王思训的才华学识，悄悄把手中的石砚丢在一边，一块、二块、三块……石砚堆成一座小山，后人把这小山取名石砚山。

众人闪开一条路，王思训平安回到京城。

附 记

王思训（1659—1728），字畴五，号永斋，昆明官渡人。博综典籍，擅长诗词古文。曾受云贵总督范承勋之聘，主编《云南通志》，后感是书"稗野荒陋，芟除不尽，尤雅者无几"，遂自著《滇乘》二十五卷，惜已失传。王思训于康熙三十八年（1699）乡试中举，四十五年（1706）中进士，受翰林院侍读、编修，后官江西学政，因"有志述作，不求荣利"，请归乡里。其主要著作除上述外，尚有《见山楼诗文集》等。

王思训贬癞龙

采录：周开德 65 岁 农民 初中
1988 年 8 月采录于官渡镇

相传清朝康熙年间，官渡的螺峰山下，有一处风景清幽、古柏苍翠的地方，有一所元代建造的妙湛禅寺。寺旁有一个桂香书院，院内住着一位品学兼优的先生，教着附近村中的王思训等十多个学童。在书院的西边园里有一个小小的池潭，名叫癞龙潭①，潭边柳槐成荫，蒲草丛生，潭中水清如镜。附近村中的农民若有生疮或生病的人，便到这里来烧香、敬纸、杀鸡，求神还愿。

有一天中午书院下课，王思训和几个同学到潭边来玩耍。这时天气晴朗，同学们便在潭边纳凉休息，忽见潭中有一条小小的花蛇，向他们迂回游来，同学们一见，都喊起来："癞龙、癞龙。"便一个个拾取土块石头，上前想要把这小蛇打死。这时王思训看见了，急忙上前叫："不要打，不要打，打死了不好玩，等我来把它枷锁起来玩。"说着便顺手从潭边的柳树上折了一枝柳条，圈成一个圈，照准小蛇的头套去，只见小蛇非常吃惊，摇了摇头，摆了摆尾，戴着柳圈便向水里钻了下去，同学们都拍手叫好。这时学堂上课的银板响了，同学们便离开了龙潭，跑进学堂上课去了。

几天以后的一个下午，放了学后，先生便在书房内批看学生的课本，不多时，觉得身体困乏，便倒在书桌上假寐，蒙眬中得见一个身材高大，头戴花巾，身穿花衣，面目狰狞的大汉，从书房门外走进来，恭恭敬敬地行了个礼后，便说："先生，我是你的邻舍，因前几日出来游玩，不料被你的学生把我枷锁起来，这几日我受够了罪，今日特来向先生请求，望先生给我讲个人情，请他放了我。如得释放，我感先生的大恩大德不尽。"说完便双目泪下，低头悲泣。

之后的几天晚上，先生在睡梦中又做了几次这样的梦。先生便觉得这梦真是奇怪，令人不解：人做梦只是一梦一次，为什么会连做几次呢？

一天上课的时候，先生便出了"枷锁"二字的题目给学生们作文。可是多数学生不能入题发挥，只有王思训同当日与他在潭边玩过的一二人能作出合乎题意的作文。先生看了唯有王思训作得最好，对题发挥得非常透彻，放学时先生便把王思训留下，考问他对枷锁的认识。王思训一一对答如流，后来先生便问他："你可枷锁过什么东西？"王思训便把他那日枷锁小蛇的事实经过一一说给先生听。先生听了方才明白，便把自己梦中的事说给王思训听，王思训听后，才知道自己在无意中所锁的

---

① 癞龙潭在现在的先锋电影院西边公路旁，今还留有潭边小小的一棵槐树，而龙潭已被填平了。

小蛇，原来是害人的癞龙，便对先生说："先生给它讲情，学生我一定遵命。但它是害人的东西，不能留在这里害人，要释放它，必定要将它贬到五里以外的地方去。"先生得到王思训的同意，便叫王思训用自己批改课本用的朱笔在纸上写了个"释贬五里外"的字条，写好便领着王思训去到龙潭边，将字条放在潭中的水面上。不多时，字条浸透，便慢慢地沉下水里去了。

过了几日的一天晚上，先生在睡梦中，又得见那穿花衣的人来到书房，向先生恭恭敬敬地行了三拜大礼，然后对先生说："谢谢先生为我讲情，我已经选得了离这五里外的九门里太平寺旁为居，明日就搬到那里居住。今天特来向先生辞行，谢谢先生给我的恩德。"说完之后便飘然而去。

京城带来的一支笔

讲述：李少增 71岁 农民 高小
记录：太汝宽
1988年5月采录于官渡区官渡镇

王思训有个儿子在私塾读书，与熊郢宣是同学。一年秋天，朝廷要开科取士，天下举子都得上京赶考，王、熊二人都忙抓紧学业。一天，熊郢宣问王思训的儿子："今科开试，不知你父母可有书信回家？"王思训的儿子说："书信倒没有，只是前几天托人带来支毛笔。"熊郢宣问："可否借我一观？"

第二天，王思训的儿子将那支毛笔带进学堂，熊郢宣拿过笔来仔细观看，爱不释手。王思训的儿子说："熊兄要真喜欢这支笔，就送给你。我家翰林府里比这稀奇的笔多得很。"

晚上放学回家，熊郢宣把这支笔拿出来舞弄玩赏，不小心碰掉了笔杆顶上的小圆盖，借灯光一看，空心笔管内有一卷小纸，他取出一看，不由大吃一惊，原来朝廷开科试题全在上面。

熊郢宣守口如瓶，不对任何人讲，每天温习试卷题目。而王思训的儿子却毫不知晓，书海泥流，死记硬背。大考前，二人同时赴京。

三场考完，贡院放榜，熊郢宣皇榜高中，考取进士，王思训的儿子却名落孙山。后来王思训问儿子："我从京城带给你的那支笔呢？"儿子说："送给新科进士熊郢宣了。"王思训叹口气："天命如此，怪不得，怪不得。"

后来，熊郢宣在京做官，步步高升，皇封翰林学士，和王思训齐名。后人一提到官渡的翰林，就把王、熊两人的名字连在一起。

官渡街子搬迁的事

讲述：李恭 60 岁 农民 高小
记录：太汝宽
1988 年 5 月采录于官渡区官渡镇

清朝初年，官渡街子定在西庄赶街。那时候，做买卖的，卖小菜的，开肉案子的，开店铺的，人来人往，十分热闹。由于街子是九字形状，人们取名叫九转花街，街子两旁栽有茉香花，骑马赶街的人顺手可以扯花戴，所以又有"九转花街骑马扯戴"的赞誉。

当时，官渡秀英村董家沟住着王思训母子二人。母亲靠织布维持生活，儿子王思训上私学，生活很清淡，母子二人相依为命。有一年，眼看快到年三十晚，王思训和母亲商量，家道再穷，过一场年无论如何要去转花街赊上一个猪头。他到街子上找肉老板赊回一个猪头，拎到家中用火烧烤，准备煮。王思训走后，旁边的人和肉老板说："你把猪头赊给王思训，别人犹可，他会还得起你猪头钱吗？"老板赶到秀英村王思训家中来讨还猪头。王思训说："老伯，猪头已用火烧过，要准备煮。"老板说："烧过的也要。"就把猪头提走了。母子二人唉声叹气，这个年关咋个过？母亲和儿子说："儿呀！你要下苦工夫好好读书，将来能当上一官半职，好为娘争争今天这口气，我死后就瞑目了。"王思训边哭边说："妈，你放心，我王思训有一天能出人头地，当上一官半职，定要把这口气争回来，把九转花街移来官渡长街赶（秀英村十字街）。"后来王思训上京赶考，考取进士，皇封翰林，做到山东、江西等地学台官。他回乡省亲时，果真把街子由西庄移来官渡赶。后来官渡螺峰村又出了一个翰林熊郢宣。两人官职不相上下，两家相商，把街子改为一个月两头赶街，初一到十五赶长街，十六到三十赶团街（金刚塔附近）。一直延续了很长时间。

罗太监和罗衙

讲述：段丕清 78岁 农民 高小
记录：太汝宽
1988年5月采录于官渡区官渡镇

罗太监是明朝代主出家的一个和尚，名叫罗桂，大家叫他罗公公。当时皇帝幼小时许了一个心愿，要找一个剃度僧人，到云南昆明官渡妙湛寺代主出家。罗太监就由京城来到昆明官渡。他到来后，在后村建盖了一所衙门，就是现在的罗衙。府中有很多仆人，罗太监每天外出游玩，早出晚归，妙湛寺的小沙弥（小和尚）早上要到尚义村石桥头跪迎，晚上又要送罗太监回后所罗衙府。这样早迎晚送，时间一长，几个小和尚被累得苦不堪言。

后来罗公公于心不忍，他对小和尚们说："你们不必天天来迎送了，我同寺中方丈说好，叫他们找几块石头，请石匠打成小沙弥，在尚义村石桥头两边，一边放上四个石和尚代替你们。"后来这八个小石和尚直到解放时还保留着。

在罗太监未来妙湛寺以前，大山门内的瓦房漏雨水，四大金刚神像天天被雨水淋湿。突然，一天夜里，九门里（云溪）的一个人发现官渡妙湛寺里的四大金刚会跑到太平寺石桥头上坐着，这个人躲到石桥下边偷听四大金刚讲话。东边的一个金刚说："我们妙湛寺的房子破烂，无人来管理。"西边的一个金刚又说："房子无人修理，我们不如搬家来太平寺居住。"另一个金刚又接着说："不必了，大施主马上要来，我们还是回去为好。"不久，罗太监就来到官渡妙湛寺，寺院重新翻修，佛像重新彩画。这件事人们称为"金刚夜语"，被列为官渡八景之一。

史 事 传 说

没有土地的传说（苗族）

讲述：罗德祥 77岁 苗族 农民
记录：罗宗堂 48岁 苗族 农民 高小
1988年4月10日采录于官渡区小河乡李四冲村

在很久以前，苗族住在长江流域一带，这里出产水稻、棉花。后来，有两个大族和苗族争夺政权领土，苗族的头领蚩尤战败。但苗族首领说："我的地方我不让。"黄大族首领说："快把地方让给我。"双方争吵得很厉害。后来，他们双方商定，共同来栽铁树，黄大族栽一棵，苗族栽一棵，到明天早上去看，哪家铁树先开花，哪家就做这里的主人。定了以后，双方就开始栽铁树。天亮了，苗族起得早，去看，铁树已开花了，心里非常高兴，就回家睡觉。黄大族到太阳起来时起床，去看铁树，自己的没有开花，于是顺手摘下苗族的花放在他们的铁树上。后来双方一起去看，这时苗族的铁树已被摘除，黄大族的铁树没有开花，可上面有花，双方争吵起来，你说你的铁树开花，我说我的铁树开花，苗族争不赢黄大族，就让了一部分土地给黄大族。

后来双方争地界，苗族图快，地里的草长得很高，就抓一把草捆绕成一个人堆的样子，一天要绕几山几岭的地界，因此苗族抢得多，到处是草人堆地界。

黄大族是慢慢地打石桩，写上地界名字，一桩一桩地把地界姓名栽起来。

黑大族也来争地界，砍木头削成木桩栽好，木桩有人高。

地界分好了，栽好了，又互相争吵。苗族说我的地界多，黄大族说我的地界更多，就放一把野火遍地烧。又去看地界时，苗族的草人堆不见了，只看见黄大族的石桩地界。黑大族的木桩烧成黑桩，树林厚的地方木桩烧成灰了，所以黑大族有一小部分地界，剩下的就都变成了黄大族的了。苗族就没有地界了。这样双方为争地界而大战，死亡很大。双方又坐下来商定，黄大族说："我封你苗子代代做大官。"苗族没有听懂就说："我苗族代代住高山，你黄大族代代做贼盗。"

从此苗族就没有地方了，搬上高山，以杂粮为生，没有一户住在坝子里，都住在半山坡或高寒山区里，住房是随便搭的草房。

芦笙的发明（苗族）

讲述：马德荣 55 岁 苗族 农民
记录：罗宗堂
1988 年 4 月 3 日采录于官渡区小河乡前石洞村

很早以前，苗族居住在长江中游和黄河中游的大平原上。那时，蚩尤是苗族的皇帝，他带领苗族开辟了美好的田园，引起了外族的嫉妒和眼红，进而发生争夺和抢劫。

后来苗族作战失败，领土被占，皇帝被杀。他们遭到了灭顶之灾，逃到黄河岸边。黄河的水原本十分清澈，但挡住了苗族的去路，身强力壮的可以泅渡过河，老弱妇幼只好任人杀死，每天三万人，丢在河里，鲜血把黄河水染得通红，成了血河，从此黄河水就不清澈了。

这时有个苗族名叫诸国，他为了解救苗族同胞的苦难，想出了一个法子：他叫体力强壮的小伙子爬上黄河边长得有水桶粗的竹子上，拴好绳子，垂下来，一岸三棵，两岸六棵，拉来搭成一座桥，成功地将苗族全部渡过了黄河。

这六棵竹子拯救了苗族，诸国就把它们砍回去作纪念，发明了芦笙。直到现在，苗族的芦笙都是六节竹子做成的。

风物传说

土主的传说（彝族撒梅人）

讲述：李长发 72岁 农民
记录：敬明昌 36岁 干部 中专
1978年11月28日采录于官渡区大板桥镇二京村

很久以前，昆明地区连年干旱、土地龟裂，赤地千里，庄稼颗粒无收，百姓饿殍遍野，连老爷山的树木也枯死了。

有一天，居住在老爷山脚下阿底村的撒梅小伙子阿灿，拖着饥饿的身子，到老爷山上去挖草根剥树皮充饥。这时从西边走来一个白胡子老倌，到了阿灿面前说："我要到老爷山顶去安家，已经走了好几天，现在又饿又累，实在走不动了，你要有吃的请分我一点，我吃饱了才能爬到山顶；要是没吃的，只好请你把我背到山顶去。"

阿灿看了看白胡子老倌，什么话也不说，蹲下把他背上往山上就走，山坡陡直，乱石绊脚，阿灿走一步喘一口大气，他拼出全身的力气往上爬，快到山顶的时候，背上的老倌却越来越重，走一步重一斤，走两步重两斤，阿灿弯腰杆屈腿，终于把白胡子老倌背到山顶一块平坦的大石头上。这时阿灿觉得背上的人突然比原来增重五六十斤，他实在背不动了，手一松，白胡子老倌从他背上滑下来，落地时"咚"的一声响，阿灿忙回头一看，他背上的白胡子老倌变成了一个大石人。阿灿十分惊奇，用手去摇摇不动，双手去抱抱不动，阿灿懊丧极了，就从大石头上跳下来，但他的脚刚一落地，便把地踩通了一个洞，他被齐腰深陷在洞里，他爬上来往洞里一看，顿时惊得目瞠口呆：洞里光芒四射，堆满了粮食和金银财宝。这时大石人开口说话了："小伙子，我是西天的尊神，受佛祖之托，前来老爷山安家，为百姓消灾除难。你为人诚恳，心地善良，将我背上山来，洞里的粮食和金银财宝你随便拿吧，你能拿多少就拿多少。"

阿灿听石人如此说，就钻进洞去，他想到的是吃饱肚子，就背了两口袋粮食，只随手拿了两个银元揣在怀里，爬出洞来。他想到村里还有很多饥饿贫困的乡亲，就打主意回去叫乡亲们来拿粮食和金银财宝。他想找一样东西把洞盖住，但山上全是石头，他就搬了一块大石头盖住洞口，这块石头和旁边的许多石头一模一样，为了记住洞口，阿灿又把不远处一棵瘦小的花椒树栽到旁边。

阿灿背了两袋粮食回到村里，把他的经历告诉全村人。第二天，全村人来到老爷山上，祭祀阿灿背来的石头人，尊崇它为"土主"，给它烧香磕头。但人们怎么也找不到堆满粮食和金银财宝的那个洞，整个山顶都是一模一样的大石头，而且每个石头都长着一棵模样相似的花椒树，那一天正是农历六月十三日。傍晚，人们回到村里，天黑下来以后，突然一束刺眼的亮光从老爷山顶上升起，石头人"土主"化成高大金色的身躯与天穹紧紧地连接起来，闪电划过长空，滚雷震响大地，风雨横扫天宇，几天之后，万物复苏，野草树木发芽，庄稼长势良好。

从那以后，昆明地区年年风调雨顺，五谷丰登，六畜兴旺。人们永远不会忘记这是土主的护佑，世世代代记住了农历六月十三这个日子，每年一到这一天，都要到老爷山顶去烧香磕头，祭祀石头人"土主"。

同时每年都有一些好吃懒做、贪财亡命的人去找寻那堆满粮食和金银财宝的山洞，由于那个洞是以花椒树为标记的，人们便叫它"花椒洞"。找洞的人有跌死山崖的，有钻错了山洞而毙命的，还有因此而发疯致死的，一些不得志的人还编了两句话："如能找到花椒洞，能买半个云南来。"

附 记

土主一说是大黑天神，一说是佛门弟子，均无法查考。北麓有二京村、阿底村、一朵云、小寨等撒梅人村寨，均对土主尊崇，一说是汉族的土地神，一说是撒梅人土地神，旧社会曾为此发生过械斗。曾有石雕像立于老爷山顶，"文化大革命"中被砸毁。

热水龙潭（彝族撒梅人）

讲述：吴应祥 72岁 彝族撒梅人 农民
记录：吴兴华 42岁 彝族撒梅人 农民 初中
1980年2月采录于官渡区阿拉乡大高坡村

古时候，这世间山山有庙，村村有寺。寺庙里，或是大尊佛像，或是土地龙王。撒梅山乡李子村头一座小小的龙王庙里，佛台上竟塑着一尊身着撒梅服装的龙王娘娘。

难道神灵也有多民族的区分吗？原来这里还有一段有趣的故事呢！

据说，撒梅人聚居的地方，有一个村子叫做"曙呗卡"（有散银子的村），有一条山沟叫做"曙珠卡"（有银子的地方），在那里能挖到银子。沟口有一泉，叫做"曙次呗"（漂洗银子的地方），人们从山沟里挖到银子，就到这个泉水中漂洗，能得到雪白雪白的银子。

日子久了，这个泉的水渐渐变成热水，变成了热水龙潭，用潭中的水洗个澡，真是舒服极了，还能除病消灾。远近几十里的人都喜欢到这里来洗热水澡。

后来，热水龙潭的事被当时的县官知道了，他派人来告知，他要来这里建盖行宫，作为他和子孙及手下人淋浴、游玩的地方。

曙呗卡的撒梅人怕县官来了自己受欺负，又怕汉人发现他们挖银子的秘密，就想法阻止县官的到来。想来想去，认为县官要来的根本原因就是这个热水的龙潭，如果能将热水堵住，没有热水龙潭，那么县官就不会来骚扰了。

曙呗卡的"啥吗"（师娘婆）想了一个办法，要人们找来三只黑狗，一口大铁锅，在潭边将黑狗杀死，让狗血淋入潭内，再用铁锅将狗尸盖入潭底。热水龙潭从此就不再出热水了，连冷水也不会出了。

县官知道没有了热水龙潭，也就没兴趣再来找麻烦了。

过了好些日子，离曙呗卡几里远的"啧作卡"（也是撒梅人住的村），有一个年轻漂亮的姑娘，这一天，她独自一人到曙呗卡的曙次呗砍柴，看见一头小黄牛，长得壮实，好看，旁边又无人放牧，心想将牛牵回家饲养。姑娘就用"背索"（撒梅人背柴的用具）套住牛头，拉往回家的路上去。

小黄牛很乖,摇头摆尾跟着姑娘走,年轻的姑娘心中乐开了花。快进喷作卡了,年轻姑娘回头看这头心爱的小黄牛。天啊!牵着的哪里是小黄牛,而是一条金光闪闪的大黄龙,头被背索套住,尾巴却还远远地留在曙次呗呢!年轻的姑娘一下子被吓得昏过去了。

家里的人发现姑娘昏死路旁,把她救醒后,才知道她见到真龙了。不久,这个年轻的姑娘就死了。

后来在姑娘被吓昏的地方,出现了一个龙潭,潭水清凉、明净,喷作卡的人都到那里挑水吃。

人们认为那个年轻的姑娘是被龙王娶做媳妇了,撒梅人就在潭边盖了一座龙王庙,庙中塑了一尊撒梅人装束的龙王娘娘。

神龙降雨（彝族撒梅人）

讲述：周喜 78岁 彝族撒梅人 农民 初中
记录：李光荣
1980年2月采录于官渡区阿拉乡大麻苴村

传说在很多年前,撒梅人居住的一个地方连年干旱,遍山的树木都晒枯了,满地的草都晒死了,庄稼更是颗粒无收,人们的生活非常困难。人们遇灾的事,传到阳宗海老龙王的耳朵里了,他驾云腾空瞭望,看到此事后,心里很着急。他想派一条龙去救一下灾情,可龙都出去了,只剩下一条黄母龙的鱼虾兵将在家,而且黄龙还怀着小龙,龙王左思右想,想不出什么好办法。黄龙发现这事后,就问龙王:"大王,你有什么心事?"龙王把撒梅地区长期干旱的事说了一遍,黄龙听了说道;"既然撒梅人受旱灾如此严重,这里又只剩下你我,还是派我去救灾好了。"龙王答应了黄龙的要求。黄龙到了撒梅卡,暂时在糟巫左日躲①找了个地方居住下来。第二天施展神威,使晴朗的天空布满了乌云,把甘露般的雨水浇灌在大地上,人们赶紧泡田栽秧,相信今年会有好收成。可大家又感到奇怪,为什么这样晴朗的天空突然会下起雨来呢?后来才知道是阳宗海的黄龙来行雨了,都赶紧来到糟巫左日躲,杀猪、宰羊、烧香敬龙。不久以后黄龙生了一对小龙,小龙一白一黑,

---

① 糟巫左日躲：是七家村龙潭的意思。

可爱极了。黄龙把两条小龙分别安排在深勒白①日躲和未腊处②日躲住下。慢慢地，两条小龙都长大了，都可以呼风唤雨喷云吐雾了。黄龙就叫两条小龙试降了几次雨，感到很满意，也就放心了，叫他们在这里好好地为人间造福，她自己回到阳宗海去了。两条小龙送走了老黄龙，各自回到了自己的日躲。

  过了几天，小白龙天天在未腊处日躲睡懒觉，小黑龙知道后就来找他，说道："小白，母亲临走的时候叫我们好好地为人间降雨，可你天天在这里睡懒觉，真是太不应该了。"白龙听了后，非常反感，回答道："你在你的深勒白，我在我的未腊处，你管不着我，你要雨我降给你瞧。"说完"呼"的一声便走了。小白龙到了天空，突然下起了鸡蛋大的冰雹，冰雹把人们的庄稼都打坏了，把包谷叶子撕成丝丝，把稻谷打倒在田里，连一下子来不及归家的老黄牛打得哞哞地直叫唤。黑龙知道小白龙干了坏事，就跟着到了天空，大声骂道："叫你降雨为人间造福，你却吐些冰雹下去伤害人们，我们一起到龙王那里说理去。"白龙回答："你要去就去吧，我不去！"说着又吐出些冰雹来，黑龙见再说也无用，想去告诉老龙王来收拾他，转身往阳宗海方向去。白龙见了，怕龙王来惩罚他，赶紧跑上前去阻挡，抓住黑龙的龙角。黑龙用力一甩，和白龙打起来了，越打越激烈，打得天昏地暗，有时还发出一声声的怪叫，人们都害怕得躲了起来。龙母在阳宗海听到他们的怪叫声，不知发生了什么事情，赶到现场，问明原因，得知是小白龙的不对，就去抓白龙回阳宗海。白龙一跑，被龙母抓住尾巴，他用力一挣，尾巴挣断了一截，跑回未腊处躲了起来，再也不敢出来了，只是在龙潭里喷出一股水来。龙母追来后见此情景，就对黑龙说："他躲起来也好，反正这水还可以浇灌农田，就暂时不管他了，只要你在这里好好地给人们降雨，我也就放心了。如果白龙再出来捣乱，你就来告诉我们，让龙王把他抓回阳宗海关着，叫他永世不能出来。"说完便走了。后来，白龙爪子打掉在未腊处山上的地方长出了很多的龙爪菜，尾巴掉在笔卡③山上的地方长出了很多的龙尾巴草，小黑龙的角打掉以后，落在舒摆④山上的刺丛中，被山羊看见，不知道是什么东西，感到奇怪，便用舌头一舔，头上从此长出奇形怪状的角，成了现

---

① 深勒白：是撒梅语，西邑村。
② 未腊处：是大麻苴村。
③ 笔卡：是普照村。
④ 舒摆：是棠梨坡村。

在的大角鹿。从此以后，撒梅地方年年都是风调雨顺，人民过上了幸福的生活。为了感谢龙神给人们带来的幸福，每年三月初二，人们都杀猪、宰羊，青年人用草把做成一条长龙，摆在日躲边上，老年人烧香祷告，感谢龙神给人们带来了幸福，希望来年还是风调雨顺，五谷丰登。

撒梅山看五个海（彝族撒梅人）

讲述：飞崇义
记录：灌玉（龚农）

昆明撒梅山的最高峰叫"老爷岭"，山头有个小石庙，供奉最远古的开山老祖爷。庙中神像披金甲，手持巨斧，少年英俊，雄健威武。站在石庙附近，可以把山脚下的滇池一眼览尽，还可以看到百里以外的阳宗海、抚仙湖、杞麓湖和陆良海。五个海子像五面镜子，波光反射云天，闪烁晶莹，人们说它是五根擎天玉柱。特别是秋日晴天的早晚，彩霞照映水中，反射万道金光，蔚为壮丽奇观。这五个海子还有一个传说故事呢。

从前，有几个撒梅姑娘在老爷岭割草，休息时候，大伙在石庙前做游戏。有个姑娘说："庙里老爷年青时候，开山立寨，为大家办好事，没有成家，如今孤孤单单怪可怜的……"她提议姑娘们把头上的鸡冠帽摘下来，大家都向老爷的石像丢帽子，谁的帽子丢在老爷头上，谁就是老爷的妻子，大伙都说好。姑娘们望见老爷生得英武，一双明亮的眼睛望着她们。大伙都争先抢快向老爷头上丢帽子。可是，没有戴在老爷的头上。最后，最美丽的那苏姑娘，含情脉脉地望着老爷的石像，把自己的鸡冠帽向上一抛，正好端端正正地戴在老爷头上，姑娘们向她祝贺，说她是老爷的娘娘。那苏姑娘满脸通红，娇羞地跑回家去。当晚，就有小伙子来到晒楼，跟那苏姑娘成了亲。从此，小伙子每天都是晚来早去。过了一年多，那苏姑娘生下一个男孩，生得眉清目秀，最逗人爱。那苏姑娘的阿爹认为没有出嫁的姑娘养孩子不光彩，悄悄地把孩子埋在楼下的粗糠里。那苏以为是石庙里的老爷把孩子抱走了，跑到庙前去讨孩子，一边诉说，一边哭，眼泪浸湿了一块手帕，她顺手向山下一抛，手帕飘呀，飘呀，飘了几百里，落在地上化成了抚仙湖。那苏又拿第二块手帕揩眼泪，揩湿了，抛在山下化成了杞麓湖，第三块手帕化成了阳宗海，第四块手帕化成了陆良海。手帕揩完，那苏解下蓝色围腰揩眼泪，围腰揩湿了，又顺手往山下一丢，化成一大片海，就是现在的五百里滇池。所以，站在老爷岭上，一眼望见五个海。

阿拉村（彝族撒梅人）

讲述：李启荣
记录：周俊禄 24岁 学生 大专
1986年7月采录于官渡区阿拉乡大石坝村

据说，阿拉村最初的地址在如今的昆明城，后因山洪暴发才迁到现在的地方。

从前，撒梅寨子里有家姓非的农民，他们的小儿子在几哥弟当中最聪明能干，也最惹父母疼爱。不论地里的庄稼活，还是打猎、植树、造屋等，他样样都在行，而且他为人又相当诚恳，对父母非常孝顺。几个哥哥都成了家，可是不久，他的父母就都相继去世了，他谢绝哥嫂们的邀请，决定离开寨子，到外地去干番事业。这样，他就去了最早的阿拉村的地址，并在那里住了下来。他靠自己的手艺，盖起了房子；靠自己的勤劳，开垦了荒地；又靠自己的智慧，上山捕获野兽、野鸡，把它们驯养起来。就这样，他在这块新的土地上生活下来了。

当初，他还在寨子里的时候，就有许多的姑娘偷偷地喜欢着他，被他的勤劳和聪明，以及他的英俊的容貌所征服。她们当中，就有一个姓李的姑娘，这个姑娘是寨子里最美丽、最能干的姑娘。她非常钦佩小伙子的为人，她认为世上的小伙子数他最勤劳、最勇敢，也最有智慧，只是由于羞怯，她一直把心事埋在心底。小伙子出走以后，她才想到自己应该主动去找他，向他表明自己的心迹，而且，她也相信他一定会喜欢自己的。于是，她把她的想法告诉了自己的父母，她的父母非常疼爱他们这个最小的孩子，起初，怎么也不肯答应女儿的要求，可是，他们经不住小女儿的软磨硬缠，而且，他们也知道小伙子的为人相当不错，最后答应了她。她从小伙子的哥哥那里知道了他住的地方，李家的小女儿就去到那里。两人经过一段时间的接触后，双方都非常满意，他们结成了夫妻。因为他们两人都是家中排行最小的儿子和女儿，根据撒梅人的习惯，把家中最小儿子或女儿，都叫做"阿拉"，所以人们以后就给村子取名叫"阿拉村"。

两人成亲后,恩恩爱爱,男的种田、打猎,女的在家操持家务,日子过得非常幸福。以后,他们生儿育女,亲戚也不断地搬来这里住,这样,非姓和李姓的撒梅人就逐渐形成了一个新的村落。再以后,又搬来了王姓的人,这样,阿拉村的祖姓就有非、李、王三大姓,村址就在今天的昆明城内。以后,由于山洪暴发,他们就把村子迁到了昆明附近的大石坝,这里有一个寺庙,他们称做"老寺",大约是明朝时建成的,他们就在这个寺庙附近定居下来。

阿拉村的人口多起来以后,他们自发地规定,每家有兄弟两人的,必须抽一个去"一朵云"重新开辟荒地。这样,逐渐又形成了一个新的村落——"一朵云"。

青龙村（彝族撒梅人）

讲述：毕光 67岁 彝族撒梅人 农民 初小
记录：董克宁
1986年7月采录于官渡区青龙村

很久很久以前,在古代昆明城东南方五六里远的地方,有一个撒梅人世代居住的村寨,名叫阎村。阎村地处一个小坝子的边上,小坝子四周有几座不太高的山,山上绿树青翠欲滴,溪流淙淙,坝子中一片片绿油油的稻田、菜地惹人喜爱,真是个山明水秀的好地方。在村子东北方二里远的地方,有一个大潭,名叫龙潭。村里的人都说龙潭里住着一条蛟龙,潭中的水一年四季都是满满的、清清的,这是由于龙不断吐水的结果。但是,村里人谁也没有见过它。潭里水平如镜,潭水碧绿清澈,深不见底,潭边被一大片绿茸茸的草坪所覆盖,四周有几棵柳树,微风吹来,柳枝随风轻舞,整个环境显得格外幽雅、静谧。

阎村中有一个叫李长宝的庄稼汉,家中有八口人,他上要养双亲,下要养四个未成年的孩子,生活艰苦。家里仅有一头水牛,是全家人多年省吃俭用,一分一毫地攒钱买下的,家中犁地拉东西全靠这头水牛。一天早上,李长宝把牛从圈里牵到院子中喂草,自己便到田里干活去了。过了两顿饭的工夫,当他扛着锄头回到家时,发现水牛不见了,心中急得火烧火燎,匆匆忙忙抓了根绳子便去找牛。他挨家挨户地问村里乡亲,可有谁见到他家的牛,村中人都说没见到,找遍了整个村子还没见牛的影子。他急得头上冒汗,一路小跑出了村，沿村边小道寻找，不知不觉地来到了龙潭边。忽见一头水牛正在吃草，李长宝高兴得差点跳起来，说道："好家伙，总算把你找到了！"此时，李长宝寻牛心切，只认为是自家的牛，没有仔细辨认一下，用绳子牵起牛就往家里走。快到村口时，李长宝回头一看，唉呀呀，不得了！牵着的牛头竟变成了龙头，牛身变成了青色的龙身，长长地直延伸到潭水中，李长宝啊地惊叫一声，丢下手中的绳子，倒在地上就死了。过了大约一顿饭的工夫，有一个小男孩身背筐子出村来割猪草，走到村口，发现了李长宝的尸体和地上的青龙。青龙听到响动，见有人来，便把整个身子缩回了龙潭。小男孩见状大吃一惊，急忙跑回村中，将这一情况告诉了李长宝家的人和村里的人。一传十，十传百，很快村里的人便相约一群一群地小跑着来到村口，大家围住了李长宝的尸体。李家的人见到亲人的尸体，都痛哭流涕，泣不成声，邻居的一些村里人忙劝慰他们。村子里的人越来越多，散落在李长宝尸体的周围，三五成群地悄声议论道："可真神了，那青龙今天果然出来。""龙潭里还真有一条青龙啊。"

村里的人都为李长宝的死感到惋惜。这时，一位德高望重的老人站出来对大家说："人死了就不会再活过来了，既然潭中真的有青龙，我看，这里还是块风水宝地哩。为了纪念长宝的死，我们就把村名改叫青龙村吧，大家看怎样？"村里的人都一致同意。从此，阎村便改名叫"青龙村"，一直沿用至今。

老崔桥（彝族撒梅人）

讲述：保正荣 68岁 彝族撒梅人 农民
记录：李洪信 37岁 彝族撒梅人 农民 初中
1980年2月采录于官渡区阿拉乡大石坝村

在很久很久以前，宝象河的对岸住着姓崔的老两口儿，老两口没儿没女，靠蒸包子卖过日子，家里积蓄了好多好多银子。后来，老两口商定，索性拿钱出来，为两岸撒梅人积点功德。于是把自己卖了多年包子积蓄下来的银子拿出来，请了许多工匠在宝象河上建起了一座双拱桥。后来，宝象河两岸来往的人们为了纪念这两位老人，就把这座双拱桥称为"老崔桥[①]"。崔家

---

① 老崔桥：大石坝村旁宝象河上的一座古桥。

老两口建下了这座桥后，还剩下些银子，怎么办呢？老两口又商量决定，在桥的北头挖了个坑，埋下一罐银子，上面种了一棵李子树，李子树前竖了一块石碑。那石碑上刻了两行字，上面写道："前三十里，后三十里，没有银子问老李。"当时许多人都不注意，就是有人注意也解不开到底是什么意思，只误认为是李子树没人看守，口袋里没钱，也可以摘李子吃。过了好些年，有一个上京赶考的秀才，他钱花得差不多了，口渴了也舍不得买碗开水喝。这天他来到老崔桥头，口渴了，放下包袱到河里去喝水，上来后，突然，他看见对面有块石碑，走近双手背起，仔细看那碑文，他小声念道："前三十里，后三十里，那不就在原地方吗？"他又想：没有银子问老李，问老李？这老李不就是指这棵李子树吗？莫非这银子就在李子树下？对！就是这个意思。他抬头一看，见对面有些农民在挖田。于是，他走了过去，行了礼，向农民借了把锄头来，在李子树下挖了起来。挖呀挖，果然挖出了一个罐子来。他打开一看，啊呀呀，竟是一罐银子！他高兴极了，把挖得的银子拿了一部分出来，分给了那些挖田的农民，自己带上剩余的一部分，高高兴兴地往上京的路上走去。

金盆龙潭（彝族撒梅人）

讲述：保正荣
记录：李洪信
1980年2月采录于官渡区阿拉乡大石坝村

在很久以前，宝象河边有个龙潭叫金盆龙潭；离金盆龙潭不远有个村寨叫罗达村；寨子里有个忠厚善良的撒梅农民，名叫阿尼勺。阿尼勺生得很结实，他无依无靠，每天不停地干着活。他年轻时娶过妻，但妻子过门不到三个月就生病死了，以后就没有再娶，他就这么一个人过日子，日子过得很艰难。那一年河里涨大水，又把谷田全给冲了。

到了腊月间，有钱人家都忙着杀猪宰羊过年，可阿尼勺呢，莫说杀只鸡，连过年的米都没有。他随便烧了几个苦荞粑粑，就抬着锄头出去放水了。来到田里他把蓑衣铺好，坐下抽起老旱烟来。抽着抽着，突然听见河里哗啦啦响个不停，阿尼勺觉得很奇怪，起身走过去一看，原来河里漂着一个小木盆，那小木盆在漩涡中直打转转。阿尼勺忙用锄头把小木盆钩上来，一看还用得着，他把麦田里的水放满后，堵好田口端着小木盆就回家去。他把小木盆拿到家放在地上，提桶到井里取水，准备做饭。转回来时，只见那屋里通明透亮，阿尼勺吓得惊慌失措，他以为屋里失火了，三步当做两步地跑了进去。跑到家里一看，根本没什么事，还是跟原来一个样。阿尼勺觉得真奇怪，他坐在床上抽着烟，又愁起明天大年初一没米下锅的事，过了好一阵子，阿尼勺慢慢睡着了。第二天早上，阿尼勺早早起床，他打算把早已找好的那堆柴挑一担去卖，买点米来过年。他刚要出去，就看见他昨天拿回来的那个小木盆里，满满地装了一小木盆米。阿尼勺认为自己想了一夜把眼睛想花了，又揉了揉眼睛，定睛一看，还是满满的一小木盆米。他忙走了过去，用手捧了捧，笑着自言自语道："啊呀，是真的一盆米呀！那又是谁送来的呢？"他以为是邻居给他送来的，左邻右舍一问，谁都没送过。阿尼勺觉得奇怪，动手撮了一碗米煮饭吃。第二天撮时，那盆里就像没有动过一样，还是满满的。阿尼勺很高兴，他想自己年老了，正愁着无依无靠，这时候得了这么一个宝贝，往后的日子就不愁了。于是他把小木盆收藏好，自己还是照旧下地干活。过了好久，这事被罗达寨里的罗保董的人知道了，就派兵来抢老阿尼勺的木盆。阿尼勺见罗保董的人来，就忙端起木盆往外跑，他跑呀跑呀，看来抢的人已快追上了，阿尼勺想：我绝不能让木盆落到他们手里。于是他把木盆往一个小石洞里扔去，木盆"扑通"一声掉进洞里，来追的人见他把木盆丢进洞里，就一个劲地往洞里摸，刚摸了一会儿，洞里就突然漫出水来，水越冒越大，把那些来抢的人一个个淹死了。后来人们把这个冒水洞叫做"金盆龙潭"，人们还把水引上山坡，灌溉了很多田地。

祭虫山（彝族撒梅人）

讲述：李月凤 女 74岁 彝族撒梅人 农民
记录：吴兴华 42岁 彝族撒梅人 农民 初中
1980年2月采录于官渡区阿拉乡大高坡村

在昆明阿拉乡三瓦村西头两里地，有一座山，山不高，草木也不多，实际可以说是一座光山；一条不宽不窄的崎岖小路一直通往官渡，这一带的人挑柴卖草，赶街买货，都走这条路。可是到了每年七月初七这一天，这座光山就不比往常了。

这天早上，太阳刚刚冒出，山头早已升起了缕缕炊烟。山顶小庙前后，香烟缭绕，烛火跳跃。在炊烟升起的地方，人们在杀鸡煮饭，准备中午的美味野餐，据说这是为了还愿。

太阳慢慢升起来，人流也从四面八方拥来，有买的，有卖的，有耍山的。临时搭起的戏台上，演的是滇戏和花灯，山上有几处都能听见"咚咚、咚呛"的声音，撒梅人独有的扁鼓在这山上尽情地敲，跳舞的人尽情地跳。今天在这山上集会是为了祭奠"虫王"，祈求保佑庄稼不受虫害。正因为这样，所以这座山也就以这种集会而得名"祭虫山"。

相传在很久很久以前，在撒梅人居住的李子村里，有一家人家，阿爸、阿妈心地最善良，他们生了十个儿子和三个女儿，孩子们也都跟阿爸、阿妈一样忠厚、善良、勤劳、勇敢，不愁吃、不愁穿，生活过得很幸福。

日子一年一年过去了，儿子们娶了媳妇，两个大女儿也出了嫁，最小的女儿也长大了。阿爸、阿妈听了阿嘎的话，把小女儿嫁到很远的官渡地方。后来，老阿妈得病死了，一个大家庭就由老阿爸管理。又过了些日子，儿子们商议分家了，一分就分成了十家，儿子们和两个女儿都比较孝顺老阿爸，都争着要担负抚养阿爸的责任，争来争去，最后商定，我们弟妹不是分成十二家吗？每家养阿爸一个月，一年就可以轮完。这样让老阿爸在哪一家都能吃得好、睡得好，大家耐心服侍，让阿爸好好度完幸福的晚年，也不枉养我们这一场。就这样过了些日子，遇到一年闰月，十二个月又多了一个月。本来儿子们心好，不在意，都情愿多养一个月，只是阿爸想起小女儿嫁到官渡，应该去她那里找亲家住几天，后来老阿爸就动身了。走了一天，到了官渡，找到亲家，老亲家不但不理睬，而且还说："这里不是你们撒梅人来往的地方。"这真是早知今日，何必当初，现在找阿嘎讲，也是不济事了。

原来自小女儿嫁到官渡，由于汉族和撒梅人语言不通，女儿服侍婆婆真是困难。后来越过关系越不好，最后受不了而寻了短见。但婆家小看撒梅人，死了就死了，还封锁了消息。直到今天，阿爸来到，才知此事。阿爸一气之下，转身就走。走到半路，天突然下起大雨，阿爸找一土埂避风雨。老阿爸年纪大，心里气，在这一夜的风雨里，再也没有爬起来。

过了一月多，儿子们觉得阿爸该回家了，就去找。到官渡听说已回家，只有来路上找。说也奇怪，当他们来到老阿爸冻死的地方，见一喜鹊叫喳喳地跑进一土洞，跟去一看，有一土堆，洞在堆上，还能听见喜鹊在里面叫。刨开土堆，喜鹊不见了，而是老阿爸的尸体，虽时间长，却不腐烂，嘴里都长出草来了，儿子们商议：阿爸死在这里长时间不腐烂，这块地肯定风水好，就买了棺木，埋在原处。以后每年祭祀、扫墓的日子，儿子们都一起去，一起回，从不忘记。

过了好些日子，这个老阿爸坟内，不知有多少虫，每天都往外飞，每天飞出后，一直就往官渡飞，落在庄稼地里，官渡一带的稻麦每年都被虫吃光。说也奇怪，这些虫子不飞到其他地方，特别是"李子村"的庄稼更不受虫灾。

后来官渡地区的人，知道起虫地点在撒梅人聚居的地方，他们要撒梅人偿还虫害的损失，或者以后不叫虫去吃庄稼。三瓦村一带的人就请了当时的"道士"、"师娘"，说必须祭奠虫王，才能免虫灾。人们在葬老人的那座山上建盖一座"三皇庙"，将此山取名"祭虫山"，每年旧历七月初七，冬月十一日在祭虫山上办一次特大"祭虫会"。

但随着社会的发展，科学的进步，祭虫这一天慢慢地成了乡村物资交流和人们农忙劳动之余玩耍的日子。

附 记

祭虫山位于昆明以东十五公里处，每年农历七月初七和冬月十一为祭虫山庙会。山上原有虫王庙一座，文化大革命时被砸毁。

祭虫山庙会为撒梅人传统节日，活动内容以祭祀虫王，祈求保护庄稼和牲畜，保佑人们身体健康为主线，穿插民族歌舞和体育活动。庙会通常举行三天，历史上由德高望重的毕摩主持。新中国成立后停止了活动，1983年以后撒梅群众自发恢复这一传统节日，并募集资金新建虫王庙（仅九平方米单间平房），活动范围扩大到汉族和其他少数民族，活动内容也五花八门，其中商品交易占了相当大的比重，形式上无人组织。1986—1988年，官渡区文化馆对该庙会进行了调查，每年计有十万人次以上参加。

草鞋龙潭（彝族撒梅人）

讲述：李月凤
记录：吴兴华
1980年2月采录于官渡区阿拉乡大高坡村

阿拉乡的铜牛寺水库，修建在白沙河上。白沙河河面不宽，河流也不长。据说，很久以前，白沙河到处是白色沙质的石头，无论什么样的刀，如能在白沙河里的石头上磨一磨，就能削铁如泥。

可是这条河的河水，是天下大雨涨水，天不下雨干到底。这一带的人们，由于受天旱、水涝的影响，庄稼不能保种保收，生活过得很苦。

人们做梦都想，如果有一个出大水的龙潭就好了。人们挖呀、找呀，最后在白沙河畔找到了一潭水，水又清又甜，咕嘟咕嘟往外冒。大家高兴极了，开沟将水引入白沙河，从此白沙河内有了长流水，不再受天旱、水涝的威胁。这一带的庄稼收成一年年好起来，人们的生活也一年年好起来。人们认为这个出水的潭内一定有龙，就在潭边建一座龙王庙，里面塑有龙王，每天有人到那里烧香祈祷，祝愿龙王长命百岁，与天同寿。

过了好些日子，通往京都的大路从龙潭边过，这块地方慢慢地变得热闹了，就像赶街一样，龙王也受感动，水出得更大、更甜了。

一天，有一个老人，坐轿从此地经过，因天热，到潭边休息喝水。抬轿的轿夫们一到潭边，就忙着将脚上草鞋泡潮，准备休息好后上路。老人见此情景，随口便说："你这个龙王，天天受这么多香火，出的水还不够我的轿夫泡草鞋。"当时只引得人们一阵笑，可是从这天起，这个龙潭水就一天比一天少，最后连潭口都淹不了。

据说这条龙心胸比较狭窄，这天被老人奚落一阵，一气就病倒了，身体一天不如一天，从此再也不能吐出又大又清甜的水了。以后这一带的人们就将此潭叫做"草鞋龙潭"。

干海子的传说（彝族撒梅人）

讲述：李启荣
记录：董克宁 22岁 学生 大专
1986年7月采录于官渡区阿拉乡大石坝村

很久很久以前，从祭虫山到大板桥，方圆六七公里，是一个碧波荡漾的湖泊，湖里有鱼有虾，真可以说是一个宝湖。沿湖有一些撒梅人世代居住的村子。俗话说："靠山吃山，靠海吃海。"撒梅人靠湖水浇灌他们的田地，下湖打鱼，供自己食用或拿到市场上去卖，用卖得的钱再买回自己需要的东西。

一天，湖边一户人家的主人把自家的一头老母猪用铁链牵到院坝中，拴到一棵桃树上，便回房去了。老母猪在桃树下左拱拱，右拱拱，到处找食吃。忽然，院中桃树上嘭地掉下一个熟透了的桃子，老母猪嗅到桃香，走过去，吧嗒吧嗒地把桃吃了。谁知老母猪吃的是一个仙桃，由此便带上了仙气，变得力大无穷，挣脱了拴它的铁链条。铁链条也变成了闪闪金光的金链条，并且变得很长很长。老母猪跑出了家门，在外头一个劲地乱跑，跑到了祭虫山和丁家山，将相连两座山的地方拱开了一个缺口，湖里的水便像决了堤的洪水一样流到了滇池中。从此，原来被水所覆盖的地方便干涸了，所以，人们称这一个地方为"干海子"。

响水坝（彝族撒梅人）

讲述：李丽英 女 76岁 彝族撒梅人 农民
记录：李光荣
1980年7月采录于官渡区阿拉乡普照村

昆明市东郊约四十公里的一个地方，有一座山叫老爷山。这里山高林密，箐沟交错，一股瀑布倾泻而下，形成了蜿曲绵长的宝象河，河长七十余里，河两旁聚居着许多勤劳勇敢的撒梅人。在河流的中段有一座小山包上绿草丛生，长满了锁梅树，有金锁梅、红锁梅、黑锁梅、黄锁梅、白锁梅等，所以人们都叫它锁梅山。传说很久以前，山脚下有一个十多户人家的寨子叫锁梅寨。寨里生活着一对年轻夫妻。丈夫叫阿勤，妻子叫巧珍。他们家无田无地，只有一间草房，全靠打鱼、砍柴度日子。阿勤膀大腰圆英俊彪悍，为人忠厚老实，刚强直爽。巧珍苗条秀丽，对人和蔼可亲，做事心灵手巧。阿勤每天到河里打鱼，到山上砍柴去卖；巧珍在家里纺纱织布，夫妻俩过着艰苦而又幸福的生活。

锁梅寨有一个寨主名叫胡巴木，性情残暴，好吃懒做，荒淫无度，专门残害寨民，所以寨民没有一个不恨他，给他取了个外号叫"库巴木[①]"。他看到巧珍长得漂亮，就想把她抢去做老婆。因为有寨民们的帮助，他几次去抢都没有成功。这次他又打了一个坏主意，趁寨里祭天神的机会，把阿勤叫

---

① 库巴木：撒梅语，意为老公狗。

到跟前说道:"阿勤,三天后寨里要祭天神,需要一头牛,三头猪,七箩鱼,十五只羊,二十只鸡,这些当中,你要交出一样来,交什么随你认。"阿勤答道:"我一家两口人生活,又无田无地,我交得出什么东西啊?"胡巴木叫道:"你天天在河边打鱼摸虾,就交七箩鱼算了。给你三天时间限你交出来。你要知道,如果交不出,误了祭神,寨里就会牛死马遭瘟,人死见阎王,你承担得起吗?如果交不出,你就得把巧珍规规矩矩地送到我门上来,我出钱给你买。"提起巧珍,阿勤心里好像针刺一样。他回到家里,把这件事告诉了巧珍。巧珍听了以后流出了眼泪,说道:"我宁可死也不去,谁不知道他胡巴木是条专门喝人血吃人肉的疯狗,要死我们一起死,要活我们一起活,我绝不去。"夫妻俩商量起如何对付他的办法,一直谈到深夜。巧珍说:"三天交出七箩鱼是不可能的,只有一个办法,先到河里去拿,暂时麻痹他,势头不对就连夜远远地逃到别的地方去。"商量完毕,天也快亮了,阿勤就带着网下河去打鱼,打到天黑只打了三碗鱼。他怕家里出事,就赶紧回去了。第二天天刚亮,他又去了,直到天黑也没打得一提箩鱼。第三天可真奇怪,从早上一直到太阳落山,一条鱼都未到他网里来。在最后一次下网时候,他想着胡巴木会怎样来害他们,跑又能跑到什么地方去,其他地方的寨主心肠又如何。一系列的难题折磨着他,他越想越绝望,不由得痛哭起来,无可奈何,只得把网拉起来。这时,他突然发现网里有两个金光闪闪的东西,仔细一看,原来是对小金鱼,他本想把它们放回水中,可又一想,巧珍在家也一定很焦急,我把金鱼带回家中放到水缸里,给她看看,也可以给她解解闷。阿勤回到家中,把金鱼放到水缸里,赶忙叫巧珍过来看这对小金鱼。巧珍看了以后,对阿勤说:"你看小金鱼可怜不可怜,它们在河里多么自由,可现在只能在这个小小的水缸里转来转去,多不快活啊,我们今晚临走之前,把它们放回河里去,让它们自由地生活吧!"阿勤也说:"一定要把它们放回去,绝不能让胡巴木抢走。"两人就把这对小金鱼送出去了。来到河边阿勤把小金鱼放回河里,小金鱼游来游去,就是不离开他们,就对小金鱼说:"金鱼啊金鱼,你们快快离开这里吧,别让胡巴木知道这里有对金鱼。他太狠心了,绝不会放过你们的。"突然有条金鱼回答说:"两位好心的大哥大嫂,你们深更半夜的为什么还要送我们出来呢?"阿勤把胡巴木要他交七箩鱼的事说了:"因为我们交不出,就要连夜离开这里,先把你们放回河中,不然,胡巴木见到会害死你们的。"金鱼听了以后回答道:"你们不必操心,我们帮你们想办法。你们先回去吧,不用害怕,明早天亮,就会有七箩鱼在河里,你们来取就行了。"天一亮，阿勤和巧珍来到河边，果然有七箩鱼在水中，他们把七箩鱼都取上来了，全都是活蹦乱跳的，他们俩高兴极了，忙向河里叫道："金鱼啊金鱼，谢谢你们，救了我们。"刚说完，水中露出了那两条金鱼，金鱼回答道："不必谢了，以后有什么困难就来找我们吧，只要在河边一喊，我们就会来的。"说完便钻到水底去了。阿勤和巧珍急急忙忙把鱼送回家中，才把鱼放好，胡巴木就来了。他冷笑着对阿勤说："这次你可得把巧珍乖乖地送出去了吧。"阿勤道："鱼我已经打回来了，你拿去吧，要巧珍是万万不可能。"顺便把鱼指给他看。胡巴木看了七箩鱼还是活蹦乱跳的，便问在什么地方打的。阿勤把打鱼的经过原原本本地讲了给他听，并且告诉有什么困难可以去找金鱼。胡巴木还不相信阿勤的话，问他敢不敢就去叫金鱼，把金鱼叫到河面上来和他说话，阿勤说可以。来到河边，阿勤叫了声："金鱼啊金鱼，请你们到河面上来，锁梅寨的寨主要和你们说话。"过了一会儿，水里冒起两个气泡，露出了一对亮闪闪的金鱼头，胡巴木乐坏了，结结巴巴地说："金鱼啊金鱼，你们快把阿勤的鱼收回去吧，我现在不是要鱼，是要巧珍。"金鱼回答："没良心的寨主，你专门欺压好人，绝没有好下场！"说完就钻到水里去了，胡巴木气得发抖，半天说不出一句话来。他赶紧回去叫全寨的人，在河中打起一堵坝，一定要把金鱼抓来。全寨的人在他的威胁下，无可奈何，只得打起一堵坝，把上游的水堵住了，河里的水很快落了下去，金鱼在河里游来游去，已经看得清清楚楚了。胡巴木一看到金鱼，高兴得连嘴都合不拢，他连鞋子都不脱，裤脚都不卷，就跳到河里，扑了过去。阿勤后悔极了，在河边喊了起来："金鱼啊金鱼，快跑吧！"话音刚落，坝上的水"哗"的一声翻了起来，把胡巴木冲倒在地。天一下子变得黑沉沉，刮起了大风，又下起了大暴雨，"哗啦"一声，大水来了，一下子淹到了胡巴木的脖子，胡巴木大喊救命，岸上的寨民谁也不理他，个个拍手称快。水越涨越高，很快淹过了胡巴木的头顶。这时天晴了，太阳出来了，大家高高兴兴地回到家中，奔走相告。为了庆祝这一胜利，人们穿起了民族盛装，唱起欢乐愉快的民歌，跳起撒梅人民喜爱的扁鼓舞，感谢金鱼帮了他们的大忙。从此后，寨里的人再也不受胡巴木的欺压了。现在，每到天阴下雨之前，寨民们打起来的这堵坝还会哗哗地响，虽然它还没有一人高，但响声几十里外都听得到，所以人们给这坝起了个名字叫"响水坝"，也叫"金鱼坝"。

金洞银洞的传说（彝族撒梅人）

讲述：张春发 70岁 彝族撒梅人 农民 初中
记录：周俊禄
1986年7月采录于官渡区阿拉乡海子村

据说，很久很久以前，在海子村新村的小路上，有一个银洞和一个金洞。关于银洞和金洞的来历，有个美妙的传说。

古时候，海子村有一个木匠，手艺很好，可他的为人比他的手艺更好。乡亲们如果有谁请他帮忙的，他从来不拒绝，而且从来不要他们的钱，这样，虽然他有很好的手艺，可家里还是很穷。

有一天晚上，他在睡梦中，梦见家住新村的姐夫对他说，他舅爷家的牛圈坏了，让他去帮忙修理一下。第二天一早，他带上工具就上路了。走着走着，他在小路边看见了一个奇怪的山洞，只见洞里金光闪闪，把旁边的小路都照亮了。他就好奇地走过去，低头往洞里一瞧，这一下可把他惊呆了：只见洞里全是黄澄澄的金元宝和白花花的银元宝。他只拿了一个银元宝，然后捡了些木柴和茅草，把洞口盖好就去姐夫家。到了姐夫家一看，牛圈是好好的，并没有破损，于是他放下工具就转回去，想把那些金银挖回来，可是等他到了那个地方，却怎么也找不到那个山洞了。最后，却在原来的洞附近找到了一张小纸条，上写："补洞有功，赠银五十两。"他这才明白，这是因为他助人为乐得到的报酬。从此以后，这个木匠就更加愿意帮助乡亲们，也更加受到乡亲们的爱戴了。

独眼龙（彝族子君人）

讲述：郭存良 66岁 彝族子君人 农民
记录：毕家贵 48岁 彝族子君人 农民 中专
1988年6月采录于官渡区矣六乡大耳村

相传很早以前，干海子里住着一条凶恶的黑龙，滇池里住着一条可爱的小白龙。一天，凶恶的黑龙飞来要霸占美丽的滇池，就和小白龙争斗起来。

滇池畔有一座美丽的凤凰山，山上住着一只漂亮的金凤凰。金凤凰看到小白龙打不过凶恶的黑龙，于是就飞起来帮助小白龙打黑龙。金凤凰把黑龙的眼睛啄瞎了一只。黑龙在惊叫时就把口里含着的宝珠掉落在山上。黑龙败阵向西飞走了，从此黑龙便成了独眼龙。干海子因没有龙住就干涸了。

人们把那座掉落过黑龙宝珠的山叫龙宝山。后来，小白龙和金凤凰成了好朋友。

马王和小白龙（彝族子君人）

讲述：毕开富
记录：郭春泉
1988年11月采录于官渡区矣六乡大耳村

每年农历六月二十四日火把节，居住在大耳村的彝族子君人都要到跑马山参加赛马大会。小伙子们身穿白衬衣、青布褂，头顶青布搭巾，脚穿花皮腊踏①忙着去赶会，姑娘们天亮就起床梳妆打扮，呼姐唤妹，来到跑马山马王庙和白龙庙前，坐在青松树下，对山歌，唱小调，寻找意中情郎。到了傍晚就点起明亮的火把，边唱边跳，狂欢到天明。

传说很久以前，龙宝山②脚下的龙潭里，住着一条小白龙。每当听到山坡上牧童的笛声和欢闹声时，孤单的小白龙便悄悄地离开龙宫，来山上游玩。小白龙变成一个白面童子，和牧童们一起唱山歌，做游戏，时间长了，他们就成了好朋友。

牧童中有一个叫阿吉的少年，十五岁时就斗得过一条牛犊，能拔起碗口粗的松树，小白龙很敬重他，他俩的情谊胜过亲兄弟。每天傍晚，白面童子总是呆呆地站在山坡上，等阿吉赶着牛羊回家去远了，才返回龙潭里去，到第二天清晨又在山坡上等待阿吉的到来。

牧童们每天中午都要在山上游戏赛马，阿吉是出众的骑马能手，他在马背上灵活得像松鼠一样，能在飞跑的马上从这匹马背跳到那匹马背，牧童们

---

① 花皮腊踏：一种兽皮和布条缝制刺绣的凉鞋，子君姑娘常以此作为定情物送给年轻小伙子。
② 龙宝山：跑马山，位于昆明南郊11公里，海拔1975米。

都尊称他"小马王"。

然而小马王的心里却很不好受。因为赛马中，白面童子明明可以超过小马王，但他却有意落在后面，这是为什么呢？他到底是哪个寨子的人呢？当阿吉问起他时，他闭口不答，样子很忧伤。

有一天太阳落山以后，牧童们赶着牛羊回了寨子，阿吉和白面童子告别后，躲到一棵树后看他去哪儿。白面童子向龙潭走去，一会儿就不见了。阿吉怀疑他跳了水，就想跑过去救他，到了龙潭边，突然看到有一条龙尾摆了一下，心里一下子明白过来：这个亲如兄弟的白面童子原来是一条小白龙。阿吉生怕从此失去最要好的朋友，就站在龙潭边喊叫，过了一会儿，龙潭的水面动荡起来，接着白面童子来到了水面上。两人一齐来到山坡的草地上，白面童子把自己的身世告诉了阿吉，从此，他俩的感情更加深厚和亲密。

转眼过去了三年，小马王阿吉和小白龙白面童子的关系渐渐泄露了出来，寨子里的头人得知消息后非常妒恨阿吉。头人想阿吉和白龙交往愈深，将来阿吉神通广大，寨子里的人就会不听头人的话，那还了得吗？寨主想把阿吉这个祸根除掉。

这一年农历六月二十三日这天，阿吉去约白面童子参加第二天的火把节。可是，白面童子告诉他，老龙父王择定了日期，要小白龙和滇池金角老龙的四女儿结亲。阿吉听后非常悲伤，他担心今后弟兄就要分手了，也许再也见不到了，他闭门痛哭，十分伤心。

见不到白面童子，小马王阿吉一天天瘦下去，乡亲们都来看望他，寨主也趁机假惺惺地来转了一圈。就在这天晚上，他把一把明晃晃的尖刀插进了小马王阿吉的胸膛。搬到滇池里去居住的小白龙听到阿吉被凶恶狠毒的寨主杀害的消息后，一时雷电轰鸣，翻江倒海。六月二十四日这天，小白龙来为阿吉报仇，冰雹把寨主砸成肉饼，暴雨洪水把寨主的房屋冲到了滇池里。小白龙失去了亲密的兄弟，它恨透了大大小小的寨主。彝族子君人为了纪念自己的小马王，就在阿吉放牧的跑马山上建盖了"马王庙"，小白龙每年农历六月二十四日前来祭奠小马王，总要带来一定的雨水，传说这是他悲伤哭泣的眼泪。洒在子君人的田地里，庄稼格外的茂盛，人们为了感激小白龙的义勇行为，又在山顶上建盖了"白龙庙"。

每年农历六月二十四日火把节，子君人都要先到"马王庙"和"白龙庙"

中烧香祈祷。据说"马王"和"白龙"能保佑人畜平安，参加赛马的人折一段松枝插在马笼头，以示吉祥。

跑马山的由来（彝族子君人）

讲述：毕成贵
记录：李晖

明朝初年，整个中国都是朱家的天下，只有云南还是蒙古人统治。梁王在梁王山上安营扎寨，待机造反。于是明太祖派出平西侯沐英率大军进云南捉拿梁王。

明朝大军团团围住了梁王山，梁王手下的兵将眼看大势已去，纷纷向明军投降。

梁王不投降，他至死都要效忠元帝国。于是梁王骑着神马千里白兔驹从明军头上飞过，冲出了包围圈，来到滇池边，坐一只小船向海心划去。明军眼见梁王已冲出重围，逃到滇池，又把整个滇池团团围住。梁王眼见完全没有办法逃出明军之手了，于是，仰天大叫一声："天灭我也。"纵身跳入滇池自杀。

梁王死后，他的坐骑千里白兔驹因为是神马，水淹不死它，明朝军队也无法抓住。千里白兔驹见主人死在滇池，不愿意回到天上，就在滇池东北角的一座山上不停地跑，不停地叫，好像是在寻找、在呼唤它的主人梁王。可是，梁王终究是凡人，死了就再也不能回到人间来了。

后来，由于天神的命令不可违，千里白兔驹只好恋恋不舍地回到天上。千里白兔驹虽然去到天上，但是，每年的六月二十四还是要来到滇池东北角这座山上，狂奔、嘶叫，寻找和呼唤它的主人梁王。

从那以后，每到旧历六月二十四，当地的彝族会看到这座山上有一匹白色骏马不停地跑，不停地叫。过一阵子，天下的马纷纷来到，跟在白马后边奔跑嘶叫，一直到深夜，都还可以听到狂风暴雨般的马蹄声。第二天，所有的马都无影无踪了，年年都是这样。

这匹马对主人的忠诚深深感动了人们，每到旧历六月二十四，人们就到这座山来祭祀神马。从此，这座山便叫做"跑马山"了。

附　记

每逢农历六月二十四日，方圆百里的各族人民都要到跑马山来，祈祷人畜平安、六畜兴旺。当地彝族把六月二十四日定为"跑马节"。每逢跑马节，四乡八寨的彝族都聚集在这里，举行跑马、对歌等活动，跑马山上非常热闹。

双墩和单墩（彝族子君人）

讲述：郭存良 60 岁
记录：毕家贵 48 岁
1988 年 7 月采录于官渡区矣六乡大耳村

在很早很早以前，泥土神夫妇经过凤凰山，看到山上风景优美，山水秀丽，于是便想霸占这山，叫金凤凰让给他们。

凤凰山是金凤凰居住的宝山，位于滇池湖畔，凤凰沟环绕，凤凰桥引路，苍松翠柏成荫，这是金凤凰花了很多心血和劳动才建成的。怎能让给泥土神夫妇？

泥土神说："你不让我？好！我叫你也住不成，让你白费辛苦。我要在一夜之间将西山丫口堵住，让滇池水流不出去，越积越满，把你这凤凰山淹在水中，看你还住不住？"

金凤凰说："那好！你有本事在一夜之间把西山丫口堵起来，我就让你，如果在鸡叫前你堵不起来，又怎么办呢？"

泥土神说："如果我在鸡叫前堵不起西山丫口，那我们便悄然离去。"

男泥土神用一根铁扁担把小虹山①的两个山尖挑起，女泥土神把子间山②连根背起，去堵西山丫口。将赶到獭迷珠③时，听到一声雄鸡高叫，接着各村寨的鸡都叫起来了。泥土神夫妇只好丢下担子走了。

原来他们搬山挑土时天并没有亮。金凤凰是百鸟之王，他为了战胜泥土神，叫全部雄鸡到时一齐鸣叫，赶走泥土神。

从此，男泥土神留下的两个山尖便叫"双墩"，女泥土神留下的子间山

---

① 小虹山：昆明南郊 11 公里处。
② 子间山：昆明南郊 11 公里处。
③ 獭迷珠：矣六乡的一个自然村，原为子君人村寨，现改名为塔米左。

叫做"单墩"。

【异文】

讲述：李少增
记录：太汝宽
1988年9月采录于官渡区官渡镇

跑马山的跑马道两边各有一个大土堆，每个土堆上长有十来棵树木，老百姓把这两个土堆叫双墩。

传说双墩是天宫里的一位大仙用一条三丈三尺三寸三的长扁担挑来的，这个大仙每天晚上要挑一挑土去填平西山垭口，如果填平西山垭口，云南昆明就会出帝王，出将相。大仙每晚不怕辛苦劳累，坚持挑土。

当时，天上人间没有严格的界限，天机泄露到了人间，一时议论纷纷。小塔米左村有个不务正业的无赖鬼，整天游手好闲，喜欢打听奇闻怪事。有一天晚上，他拿了一把簸箕躲起来偷看仙人，半夜里，当他看见仙人挑了两大堆土从跑马山经过时，就磕响簸箕吓唬仙人，接着又学公鸡打鸣，仙人以为天亮了，怕被凡人看见，慌慌张张把两个大土堆丢在塔米左村旁，返回天宫去了，从此再没有下凡来挑这两堆土，西山垭口至今也没有填平，云南也就没有出过帝王，双墩永远搁在跑马道旁。

附 记

双墩、单墩又叫"漾米堆"或"烽火堆"。考古发现实为封土堆墓葬，昆明郊区以东以北地区发现几十座这种墓葬。这种高大封土堆的墓葬习俗始于汉代，但云南同类型的墓葬要晚于内地。云南西汉时代的墓葬以土坑墓居多，东汉晚期才开始出现地面上筑起高大封土的墓葬。昆明地区的封土堆墓一般系覆斗形石墓，是受内地魏、晋至唐初流行的四角攒尖顶墓室结构的影响，其年代应属于魏晋南北朝时期。封土堆墓一般高三至五米，直径八至十二米，墓室为四方形石室，从下向上收缩，形似覆斗。昆明地区的封土堆墓一般在明清两代被盗过，绝大部分无遗物，成为空墓。

金马寺的传说（一）

讲述：石天才 60岁 农民　高小　　王云华 57岁 农民 初小
记录：李洪彪 39岁 干部 初中
1988年3月采录于官渡区金马镇后营村

传说很久以前，远方一个古国的国王生得三个儿子，大儿子十九岁，二儿子十七岁，三儿子十六岁。三个儿子当中，唯有三儿子乖巧听话，国王特别喜欢他。

不知是怎样得来的，国王手里有一匹宝马。传说宝马能屙金屙银，腾云驾雾，日行千里，周围的人都非常羡慕和赞赏，视为宝贝神马。

过了些年以后，皇帝年老体衰，将快身亡，想到家中这匹"盖世宝马"该传给哪个儿子为好。分给大的二的不得，分给二的三的不得，很是难办。有一天，他把三个儿子叫到跟前，想把马分给三儿子。大的二的听了，又吵又闹，争得面红耳赤。无奈，国王想了一个办法，决定把马放跑，叫三个儿子去追，谁追着归谁。大儿子、二儿子贪得无厌，一心想夺得宝马，等不得天明，黑夜之中急急忙忙上路追赶。唯有三儿子却一动不动，若无其事。国王想了一会儿，把马笼头交给三儿子，再三催促三儿子赶快去追。

宝马脱开缰绳后，精神抖擞，一跃身，蹿上了天空。腾云驾雾，一直飞驰到云南。大儿子毕竟大一点，率先追到云南，发现马不见了。他一直往西边穷追不舍，半路上发现了一只碧鸡，他死死盯住不放，追到一座山上，双方激烈争斗，几番轮战，碧鸡斗死了，他也斗死了。当地人为了纪念碧鸡，在现在的碧鸡关建造了一个名叫碧鸡的寺。

紧跟在后面的二儿子也追到了云南。望见宝马朝东南山麓飞跑，他拼命一直追。途中发现了一只美丽的凤凰，他死死抓住凤凰的翅膀，相斗至东边的一座山上，他斗死了，凤凰也同样斗死了。为了纪念凤凰神，所以当地的人把此山（现在的羊方凹天文台山）叫做凤凰山。

过了一些时候，三儿子手持马笼头，最后一个追来了。来到昆明东郊，一眼发现了宝马，马一直在奔跑，他一直在尾追。马始终不停蹄地向前跑。跑到现在的龙头街，马笼头跑掉了，所以叫做龙头街；跑到现在的落索坡，绳子跑掉了，所以叫做落索坡；跑到现在的罗齐厂，马肚带断了，所以取名罗齐厂；跑到现在的马军厂，马掌铁跑掉了，所以叫马军厂；跑到现在的跑马山，马鞍子跑掉了，所以叫跑马山。马一直跑，三儿子一直追，马好像故意不听话似的，始终追不上。后来三儿子追到苦马山顶，高声喊马。喊了三声之后，马慢慢地转回头来，从此，那里的人们就把此山叫做"呼马山"。他赶快用马笼头把马套好，牵着马往山下走，来到山脚，想歇歇凉，发现路边正好有两棵大小一样的石桩，约一米多高，距离丈多宽，上方留有石方宝剑，中间各有一个洞，就把马拴在桩上，因此后来得名"系马桩"。

后来到苦竹山（现在的金马寺），由于追赶数月，长途跋涉，人困马乏，人和马先后都累死了。

后来，昆明有一个名叫贝子王的头领，有一天夜里，贝子王夜梦金马，他率领军队征战，屡战屡胜。有一次，眼看就要被敌人打败了，突然东边乌云滚滚，出现了一匹神马，飞驰前来助战。刹那间，敌人很快被打败了，战斗胜利了。后来大规模的战争真的爆发了，贝子王率领十万大军，英勇善战，取得了一个又一个的胜利。

为了纪念那匹神马，贝子王命人在今天的金马寺那儿塑了一个金马像，封三太子为金马神，立了"神骥亭"，建金马寺塔，同时将以前的苦竹山改名为"金马寺"。

附记

金马寺位于昆明东郊三公里处的金马山麓。金马山原有金马神祠，樊绰《蛮书》和杨慎《南诏野史》记载，始建于南诏时期，历经宋、元，至迟在明以前，神祠即被改建为佛教寺宇。明正统六年（1441）重建后改名为"灵应寺"。清康熙二十年，寺毁于清军平吴三桂战火，平吴以后重修，更名为"金马寺"。

金马寺主要由阿育王殿、三太子殿和神骥亭组成，神骥亭内原塑有贴金巨马一匹，身高二米许，长有四点五米，已在"文革"期间被毁。

金马寺前临金汁河，后有方形十二层密檐砖塔一座，为金马寺塔。

金马寺的传说（二）（彝族撒梅人）

讲述：毕光 67岁 彝族撒梅人 农民 初小
记录：许丽玲 女 20岁 学生 大专
1986年7月采录于官渡区青龙村

从前撒梅人居住在大理、昆明一带。有一个叫孟获的人从小就练就一身好武艺，长到成年时，更是生得膀阔腰圆，力大无比。有一天正逢大理一带赶庙会，人很多，有卖艺的，比武的……但有一群人围着一匹高大雄壮的白马，又是吆喝，又是拖拉，却怎么也拉不动那匹白马，吸引来了阵阵叫喊声。孟获走上前去看了一会儿，见那班人累得气喘吁吁，不由得哈哈大笑。众人见他嘲笑别人，就有意要孟获显显身手，并鼓励他说："如果你能拉动这匹白马，就让你做撒梅王。"孟获也不推辞，就上前去，拍了拍马头，口中不知念些什么，然后轻轻一拽马缰绳，那匹马竟甩了甩尾巴，跟着孟获走了。众人见状大惊，奔走相告。不久孟获就被撒梅人尊为王，在大理隆重登基。

后来孟获率领军队征战，屡战屡胜，一直打到昆明。为了纪念那匹白马，孟获命人在昆明今天的金马寺那儿塑了一个金马像。这就是现在昆明的"金马寺"。

蛟龙戏金汁

讲述：王义祥 65岁 教师 初中
记录：黎云富 34岁 干部 中专
1987年10月6日采录于官渡区金马镇后营村

古时候，现在的翠湖当时叫九龙池，里面住着九条蛟龙。这一年，由于皇帝下诏，将龙列为十二属相之首。于是九条龙都高兴异常，全都飞出了九龙池。老大飞到了现在的黑龙潭，老二盘踞了横贯昆明的盘龙江，最小的一条小白龙跑到了金汁河里。这小白龙非常顽皮，平时他在潭里休息（白龙潭，现在金马镇东面白龙寺村后），稍有不称心，它便沿河捣乱，上至松华坝上游，下至滇池岸边，它忽风忽雨，忽云忽雾。从此金汁河水便经常泛滥，河岸经常决堤，这样，使昆明一带的老百姓感到非常苦恼。为征服这条小白龙，人们想了很多办法，比如将河埂用条石垒起来，在河堤上栽上柏树等，都无济于事，反倒惹得小白龙时时兴起，更加频繁地兴风作浪。

百姓们正在束手无策的时候，拓东城来了一个疯癫和尚，只见他腰缠一个白鱼篓，沿着河埂边唱边走，口口声声称要逮一条白泥鳅。他口中唱着："小小泥鳅胆子大，疯僧前来把你拿。"

说来也怪，从他来的那天，小白龙竟从未出来闹过。这天晚上，疯癫和尚闲不住了，他从栖身的地藏寺里出来，大摇大摆地走上金汁河埂，口中说道："躲是不行了，白泥鳅啊，出来吧。"随着他的那一声呼喊，一道白光自东边的白龙潭飞来，落在他手掌中，竟是一条白泥鳅，他说道："你作恶多端，今日老僧可不客气了。"说罢，转身走进地藏寺，随手将白泥鳅丢进一眼枯井中，顺手拿来一个蒲团，往井口一盖，便坐在上面念起经来。

从此，金汁河水不再泛滥，为民所用，灌溉着昆明的万亩良田。人们这才知道，疯癫和尚逮的白泥鳅原来就是兴风作浪的小白龙。

后来其他几条龙听说白龙被擒，也都乱了起来，这个和尚又要去收拾它们。他将左脚的草鞋往上踢，叫声"变"，然后跳下蒲团，霎时，只见一架金钟自天而降，正好盖住了井口。小白龙祈求和尚放了它，但疯和尚想到，恶习未改，又会给百姓带来灾难。于是他随口道："你想出来不难，等铁树开花、马长角那天。"说完便不见了。后来人们才知道，这和尚原来是仙人张三丰变的。

一次，刚上任的一个云贵总督到拓东城来巡查。在地藏寺休息时，顺手把帽子挂在金钟周围的铁栏杆上，小白龙以为是铁树开花了，自己大难满期了。一下子，井下水声隆隆，天空乌云密布，雷声滚滚，总督吓得手足无措，好在随行的官员有知道张三丰说过的铁树开花一事，赶紧将他的帽子从铁栏上摘下，一场风波才过去。但这总督因此一病不起，最后被皇上免了官。

古幢

讲述：杨静女
记录：杨从新

在昆明拓东路以东，状元楼外约半里路，有一个绿树成荫、清雅古朴的林园，那就是古幢公园。园中铁栏护围着一口古井，井上有一座高约三丈的石塔，塔上雕有佛像。年深日久，护栏内的石井和石塔都长满了青苔。这口井谁也没去动过，据说里面困着一条祸害百姓的蛟龙。

相传在几百年前，有一个老和尚看上了金汁河边这块风水宝地，就在那里围起竹篱，建了一个小寺院，拜佛修行，日子过得清静。有一天，院外来了一个未满十岁的小童，自称死了父母，无家可归，愿拜老和尚为师，出家修行。老和尚一看这孩子眉清目秀、口齿清楚，觉得怪可怜的。想自己孤身一人，收做徒弟也好，一来有个帮手，二来也有个陪伴，就把这个小孩收留下来。这个小孩也还勤快，挑水、扫地、烧火、做饭都能干，经常把院子打扫得干干净净，深得老和尚的欢心。

几个月后的一天，张三丰云游到昆明，来到状元楼外老和尚的寺院里挂褡歇脚。老和尚一看张三丰来了，忙迎进客堂，命小童端茶敬客。张三丰抬眼一看这个小和尚，不禁一怔。小童被张三丰看了一眼，也不禁打了一个冷噤。待小童退下，张三丰忙问这小和尚的来历。老和尚就把数月以前，因起恻隐之心，收留为徒的情况讲了一遍。

张三丰对老和尚讲："你被他瞒过了，他是一条祸害百姓的龙，因为修行未满，躲到你这里修行，一旦成了气候，就要借昆明盘龙江和金汁河的水，把昆明变成汪洋大海，祸害百姓，也害死你，你不能养龙丧生呀！"

老和尚听了大吃一惊，忙问张三丰有什么办法可以收拾他。

张三丰说："你院里有口井，你把他骗下井去，我自有办法。"

老和尚说："我一定按你的吩咐办。"

第二天一早，老和尚把小童叫到井边，对他说："我的佛珠掉在井里了，你下去把它捞上来吧。"小童按老和尚的吩咐，腰缠绳子攀附井栏下去捞珠子。这时张三丰冲到井边，把绳子割断，把小和尚沉在井下，一双手伸开变大，紧紧封住井口。这时小童知道受骗上当了，先假装哀哭叫救命。张三丰道："你这孽畜，害了多少人命，今天逃到这里，还想继续残害这一方黎民，你今罪恶已满，还想往哪里逃？"小童知道骗不了张三丰，就现了原形，变成一条乌黑的蛟龙在井底作起法来。这时只听井里响声大作，井外电闪雷鸣，一股股黑水从井底涌起，从张三丰指缝中迸出。张三丰一边念咒镇邪，一边叫老和尚去找工匠来把井封掉。老和尚忙出去找来许多工匠，用一块大石板封住井口。张三丰一屁股坐在石板上，指挥工匠造了一座三丈高的石塔，上面层层立佛像，一共十八尊佛像分列在每层塔的周围，把这条蛟龙镇压在塔下井里，任凭它翻腾，水也涌不出来了。张三丰又在塔上题了两句偈语:"铁树开花,蛟龙难脱。"告别了老和尚,又到处云游了。

以后人们在塔周围筑上护栏,种树栽花,逐渐形成人们休息游览的公园。为纪念张三丰用古幢佛祖镇蛟龙的功劳,就把这个公园起名为"古幢公园"。

附 记

古幢即地藏寺梵文经幢,位于昆明拓东路,系宋末大理国时期遗物。幢为方椎状,七层八面,高六点六五米,为五段砂石石幢。基座为鼓形幢基,上刻蟠龙纹;第二层除刻有天王及梵文佛经外,还有《大理国佛弟子议事布燮袁豆光敬造佛顶尊胜宝幢记》;上四层刻有楼阁、宫殿、诸天菩萨、神鬼等密宗造像;宝顶为莲台佛珠。全幢神像、菩萨及天龙八部共二百九十二尊,高约一米,小至三厘米,雕工精美,当推滇中艺术极品。

古幢的传说在昆明广为流传,并有多种异文。因昆明历史上多水患,所以这一类传说多与降龙有密切的关系。

吴井水

讲述:赵家斌
记录:军超 朝真

昆明城东二三里,有座白石桥。桥边有家小酒店,歪歪倒倒两间屋,倒倒歪歪一个铺。这家酒店主人姓吴,祖传的家业是卖酒,日日起五更睡半夜,日子勉勉强强过得成。

这天,吴才老板和老板娘在门口挂招牌,听见前头有伙娃娃扯着嗓子唱:"疯和尚,癞老道,不敲木鱼戴歪帽!"吴老板走过去瞧瞧,见白石桥边坐着个癞道人,道冠歪歪戴,手摇一把破蒲扇,老鹰眼睛钩钩鼻,嘴巴咧齐耳朵根,手上脚上生满癞疮疤。那伙娃娃围着他,一边跳,一边叫,拿他取笑。癞老道不火也不恼,只是呵呵呵地笑,翻开烂道袍捉虱子,捉一个,放进嘴嗒地咬一声,口水嘀里嗒啦淌了一地。吴老板是个善心人,瞧着扎实[①]

---

① 扎实:昆明土话,实在之意。

不忍心，就骂那些娃娃："去去去，有家养没家教的小坏种，滚到一边去！"

吴老板问道人："师父从哪里来？"

道人斜他一眼，说："从来处来。"

吴老板又问："师父到哪点去？"

道人又斜了他一眼，说："到去处去。"

吴老板说："这些娃娃不懂事，师父莫理他们！"他见道人咔嗒咔嗒地嚼虱子，就说："师父要是肚子饿，请到铺子里喝口酒！"

道人听见，一骨碌爬起来，连说"好好好"，三步两步就走进店里去了。

吴老板叫老婆打酒来。他老婆见来的是个穷道人，撇撇嘴，动也不动，吴老板只好自己去打酒端菜。

癫道人也不客气，端起酒就喝，夹起菜就吃，一壶酒咕噜咕噜几下就灌完了，还直叫："不够不够！再来再来！"吴老板又打了一壶送过去。

癫道人喝得高兴了，用烂蒲扇招招吴老板："来来来，帮我捉捉背上的虱子！"

吴老板想发火，但又想，他是个穷道人，闯东闯西，无家可归的，难免有些拗犟，就忍忍气，帮他捉了几个虱子。

捉完，癫道人连叫"痛快痛快"，又对吴老板说："老板，你招待我一台酒饭，又帮我捉了三个虱子，我想报答报答你的好心，不晓得你想要什么东西？"

吴老板"嘿嘿嘿"只是笑，不出气。

吴老板的老婆讥笑他："我们要天上的星星，云里的月亮，海里的龙角，你拿不拿得来？"

癫道人直爽爽地说："拿得来，拿得来！只是这些东西没有用处，还不如要点实在的。"

吴老板的老婆说："瞧你那副样子，风吹吹就要掼倒①，还无天无地地夸海口！"

吴老板见老婆说得难听，就拦她："闷着闷着②！"

癫道人也不火，自顾自地喝呀喝呀，喝得烂醉。他把烂蒲扇朝领子里一插，提着酒壶朝外边就走。

---

① 掼倒：昆明土话，跌倒之意。
② 闷着：昆明土话，别吭声之意。

吴老板忙问:"师父去哪点?"

癫道人头也不回地说:"打酒!"

吴老板说:"打酒要到酒缸里,你咋个①反倒出门去?"

癫道人说:"门外有一大酒缸,何消②打缸里的?"说着,各自出去了。

吴老板尾随着他出来,只见他把酒壶往门前那口井里一舀,舀了满满一壶,咕咕喝两口,只叫:"好酒!好酒!"

吴老板见他醉倒倒的,赶忙来扶。癫道人酒壶朝吴老板手里一塞,嘻嘻哈哈地唱道:"来呀来呀,从来处来呀!去呀去呀,到去处去呀!"一边唱着,一边高一脚、低一脚地走了。

这时,吴老板突然闻见一大股酒香味,顺着去找,原来香味是从井里飘出来的。他突然想起癫道人的话,提起壶里的水来一尝:嗬呀,那种酒香,他一辈子也没闻过!原来这满满一井,都变成美酒了!

从此,吴老板的生意火了起来,他再不用起五更睡半夜地辛苦了。

他遇见活神仙的事传出去,一城人都来听他讲,人人都要买两盅井里的仙酒喝喝,小酒店里里外外人山人海的,店门都挤倒了!

不出三天,吴老板就发了大财。他拆掉旧铺,盖起一座高楼,干脆做起大买卖来。门前那口宝井呢,他用白石栏杆围起来,还请人在上面刻了两个大字"吴井",意思是他家的井。新酒楼上也挂起块描金大匾,上面写着"吴井酒家"几个大字。这样一来,他的生意更旺了。天长日久,门前那道白石桥也叫"吴井桥",那条街也叫"吴井街"了。

几年过去,有一天,吴老板又和老婆出来挂招牌,正在挂着,听见门前又有一伙娃娃在唱:"疯和尚,癫老道,不敲木鱼戴歪帽,咳咳,戴歪帽!"他一瞧,啊呀,正是那个癫道人!他赶紧跑到癫道人面前,跪下就磕头。他老婆听见,飞跑出来,脸上笑成一朵花,八哥嘴说得呱呱呱:"老师父呀,多亏你的人恩大德,我们才有今日,请进来吃一杯酒吧!"

癫道人也不推,还是嘻嘻哈哈,比手画脚地走进酒楼。一边摇着烂蒲扇,一边问:"酒味咯好?"

吴老板说:"好得不得了!县官老爷天天来喝,还买了三百缸献给皇帝呢!"

---

① 咋个:怎么之意。
② 何消:不必之意。

他两口子领着癞道人东走走、西绕绕，请他瞧他们发了多少财。走到后院，只见满当当地养着一院坝肥猪，罗噜罗噜地在那里哼哼。

瞧见猪，吴老板的老婆打起个怪主意，对癞道人说："老师父呀老师父，你给我们的酒真是天下少有，世上无双，不过……不过……"她故意打着咯噔不说出来。

癞道人说："大嫂有话尽管说！"

吴老板的老婆说："不过嘛，我想问问老师父，你家喂没喂着猪呀？"

癞道人说："我四处走，喂猪干什么？"

吴老板的老婆说："是啰是啰，老师父不喂猪。那么，我想问问，酿酒是要出糟的呀，不晓得那些仙酒的糟到哪里去了？反正你留着也没有用处，倒掉又可惜，不如干脆把它也给了我们吧，省得我们天天拿银子去买酒糟来喂猪！"

吴老板忙说："莫昏说[①]！"

吴老板的老婆白他一眼，说："怕什么，老师父连酒都舍得给我们，还会舍不得酒糟吗？"

癞道人点点头，说："合呢合呢[②]！拿笔来，我画给你们就是了！"

吴老板的老婆刮风一样跑去拿笔拿墨。癞道人接过笔墨，在墙上悉悉刷刷写了一阵，写完，笔一丢，大笑几声，摇着蒲扇走了！两口子朝墙上一瞧，只见水淋淋的一墙字，还是几句诗呢：

天高不算高，人心比天高。
井水当酒卖，还嫌猪无糟！

两人不见有酒糟，细想想诗里说的话，发觉大事不妙，急忙跑去瞧那口井——当真，井里一点香味也没有了，打上来尝尝，尽是清水！

吴老板的老婆"妈呀"一声，搓着脚杆哭起来，左一个"死老道"，右一个"癞老道"，把癞道人的祖宗八代都骂绝了。

吴老板叹口气，说："还哭，还哭！都是你这个贪心婆惹的祸！算了，我们本是做小买卖的，还是本本分分开自家的小酒店吧！"

从此，吴老板又起五更睡半夜地辛苦了。他酿出的酒虽然比不上癞道人

[①] 昏说：瞎说。
[②] 合呢：对啦之意。

给的仙酒，但还是比别家的好，因为他用吴井里的水酿酒，酿出来味道又纯又浓，酒色又清又亮。这是因为癫道人念他情意重，良心好，留给他的一点心意。

滇池的传说

讲述：李侯 17岁 农民
记录：李达 14岁 学生
1988年4月17日采录于官渡区矣六乡二甲村

从前滇池这个地方是一片荒漠，老百姓过着贫苦的生活。田里的庄稼因缺水而枯死，万顷田地到头来一无所获，真是"种一千毡帽，收一千尖帽"。就连人畜饮用水都要到远处去挑。因此，这里的人大都背井离乡，到处流浪。

村里有个年轻人，心里总想着引一股水来的办法，但是也想不出来。这天晚上，他睡在床上。忽然，一阵青烟飘过，他定眼一看，一个白衣少年站在自己跟前说："我是东海龙王的小太子小白龙，因为大黑龙怕我继承王位，对我百般陷害。我忍不住，和他打了起来，他力气大，气势汹，一会儿就把我打败了，于是我逃出了龙宫。"他接着说，"虽然我逃了出来，但大黑龙还是凶神恶煞般追杀我。如果你想要水，明天就到西山去一趟，如果你看到一只白羊和一只黑羊打斗，白羊不行了，你就去帮助它。"说完白衣少年就不见了。这青年农民一惊，立刻醒了，原来是梦，这时天已大亮，他想起了那白衣少年的话，就往西山走去了。

青年农民半信半疑，边走边玩，终于在午时午刻赶到了西山顶。忽然听到了一阵犄角撞击的声音。他循声望去，看见不远的山坡上有黑白两只羊在格斗，黑羊非常凶猛，一下就把白羊撞倒在地，接着用角向小白羊撞去。这时候青年农民一跃而上，几下就把黑羊打死了。这时，身后一阵清香，他回头一看，一个白衣少年站在自己的身后。原来小白羊就是他梦见的小白龙。农民又惊又喜，小白龙感激地说："你救了我的命，我一定帮你解决缺水的问题。你只要用一个篮子，把我变成的小龙装在里面，然后回到你家，每到一条沟或河，你就告诉我。"说完便变成了小龙，农民用篮子把它装在里面提着往回走。到了一条沟，农民说："要跳沟了。"于是跳了过去，沟里的水一下子全没有了,他意识到是小龙吸了。这样又过了一条条沟、一条条河才回到了家里,小白龙说:"只要你房后挖个坑,把我放在里面,要多少水就说。"农民照办了,站在坑前说:"我要碗口粗的一股水。"果然有了一股水出来了,他立即挑出去浇田里的庄稼,过了不久庄稼长好了。可是他又想起了这里的劳苦大众。于是又跑到坑前说:"这点水不够,能大点吗?好浇万亩田地。"这时,小白龙说:"要大就是五百里大海。"半夜里农民听到了一阵阵"哗哗"的水声,于是跑出去一看,果然看到了白茫茫的大海,就是现在的滇池。以后这里的农民世世代代都过上幸福的生活。

老龙河的传说

讲述:张元清 80 岁 农民
记录:张汉贤 60 岁 农民 师范

相传很久很久以前,天宫王母娘娘寿诞,玉皇大帝命执事仙女摘蟠桃为王母做寿。众仙女领旨来到桃园,看到满园绚丽多姿的桃树和满树的又红又鲜的蟠桃,芳香扑鼻,欢喜得手舞足蹈,垂涎欲滴。其中一个仙女实在按捺不住嘴馋,急上前拣最红最美的摘下一个,放在嘴里咬了一口。正想咬第二口时,被另一个仙女看见了,吓得一边惊叫一边奔上去,拉了她的手腕骂道:"你这馋丫头是活得不耐烦啦!偷吃蟠桃,该当何罪?"这仙女被吓得手足失措,赶紧把咬过一口的蟠桃丢了,双膝跪下求饶。

这天,天上落下咬过一口的蟠桃,正好落在滇池海埂边。再说海埂边有家农户,老奶奶养了一口猪,这口猪任老奶奶想尽一切办法,精心饲养,但长膘不大,拱厩称能,经常把猪厩拱个乱七八糟,今天修好,明天又拱倒了。老奶奶无法,只好用根链条将猪拴了系在门坊上。这一天老奶奶下田做活去了,猪又把门坊拱个稀烂,拖着链条跑到海埂边拱草地找食吃。天上落下的大半个蟠桃,竟被它发现,一口吞吃了。蟠桃下肚,全身舒坦,他抖抖鬃毛,力大拔山,七拱八拱,竟把海埂边拱成一条深河。等海水灌进来,它觉得头顶奇痒,霎时长出一只独角,身后觉得膨胀,竟变成一条龙形。人们称它为"猪角龙"。后来它觉得累了,就跑到水底深处睡大觉去了。千万年后,这条河竟把内外海通连起来,人们就叫它"老龙河"。因为仙猪屙了屎,河底泥巴变成灰黑色，水草特别丰盛，附近农民都喜欢来捞酢粪做成粪饼肥田，肥力和畜粪差不多。

这老龙河里鱼虾也特别多而味道鲜美，渔民们靠捕鱼虾为生。一天清早，老龙河上风平浪静，一捕鱼小哥划了只小鱼船到河里捕鱼，他把船划到河中央速撒几网，拉起都是空网，小哥十分扫兴，便收起网把船划到水深处，撒下一网，几乎把手中网索都放完了，网才着底。他慢慢地收起网索，觉得十分沉重，心想定是网着一条大鱼了，所以非常高兴。他用力拉呀，拉呀！把网拉上来一看，出乎意料，原来拉上来一条黄灿灿的金链子。小哥喜欢得心花怒放，急忙丢了手中的网索，拿了金链子猛力拉。当时天上一只美丽的小鸟，在小哥头顶盘旋，唱着清脆的歌声："打鱼哥哥心莫厚，拉上一扣宰一扣。"小哥哥心想：黄灿灿的金子，哪个见了不爱，嗨，真是憨包，一整条拉上来不是更好吗？谁要你来啰唆。这时又有一只小鸟，顺他头顶飞过，高唱道："理理又宰宰，理理又宰宰。"小哥被金链子迷了心窍，根本不理会小鸟的忠告，他一个劲地拉啊，拉啊！把金链子拉上来半船舱，贪心不足地拉。忽然水底翻起一层恶浪，水面打起旋涡，小船几乎被掀翻了，小哥手中的金链子哗啦哗啦地堕下水了，怎么用力也拉不住。金链子堕完了，只见前面河面忽起一条尺来深浅的水槽，顺外海方向去了。小哥呆望着远去的水槽，不知道是怎么回事！他后悔不听天上小鸟的指点，贪心过分，反而竹篮打水一场空，白苦白累了一大个早晨，他叹了几口气，没精打采地划了小船回家了。

原来小哥拉到最后，惊动了"猪角龙"。它以为这里不太平安，因此拖起链子向外海奔逃去了。到了外海地方仍嫌水不太深，不大安稳，它想找个水深的地方，才能安稳地躲藏身躯，与天地日月同寿。一天，它从昆明的海边爬上了岸，向阳宗海方向跑去，昆明有一架山，很像被一根链子拖过一样，印迹至今还看得清清楚楚，后人把这架山起名叫"猪拉山"。据说阳宗海比滇池水深，海水清澈碧绿，"猪角龙"十分高兴，从此跑到阳宗海落户去了。

附 记

有关金猪的传说除官渡外，尚有呈贡、晋宁、西山、宜良等县广为流传，在玉溪地区的澄江、通海、江川等县也有流传。这个故事之所以广为人知，流传宽广，主要不取决于这个故事的神性色彩，而是在于它深厚的哲理思想："打鱼哥哥心莫厚，得一扣来宰一扣"，表达了民族文化中知足常乐的意蕴。这个故事除在汉族中流传外，还在彝族撒梅人、子君人中也有流传，如《干海子的传说》。

灶神爷

讲述：张彬 72岁 农民
记录：彭云 15岁 学生
1988年4月17日采录于官渡区矣六乡五腊村

  传说灶神爷住在每一家的灶里，他每年农历腊月二十三日就到天庭去叙述下界的事情。因为灶神爷常说人间好，人世间有许多善良的人。他每年都如此地说，时间长了，天帝有点不相信了，但不便说穿，因为灶神爷年纪已大了。

  过了不久，天帝悄悄地派三户神下界，调查实灶神爷所讲的是否真实。三户神到了人间，并不到平民百姓家，却到豪门富贵家住下，享受丰盛的供品，日子长了，他就赖着不走了。他想天帝交给他一个美差，真是太好了，吃得溜圆滚胖的。

  可是一年已经到头了，他没有了解到什么情况奏给天帝。他十分着急，就走马观花来到一家门口，看到老奶奶正在念着："一碗清茶两根葱，送我灶神爷爷上天空，多说好话多降福。"他听了骂道："穷气冲天。"他又走到另一家，听到住的人在悲伤地说："老天爷啊！该行雨时你不行，该放晴时你不放，唉，今年的收成，还不够交租。"他又走了几家，听到的都是对天帝怨声载道，对灶神歌功颂德。他想：这还走什么呀？就凭这些也够了。他写了几行字在墙上，就急忙驾起云雾到天庭去了。

  不一会儿，到了天庭，他看到灶神爷和其他大臣都在，不知奏什么才好。天帝问他人间是否和灶神爷说的那样好，三户神说："我走了整个人间角落，他们对你不尊。"天帝恼火了，说："你们为什么不把他们带来？"他说："我把他们的名字写在墙上，到了除夕，将他们拿来问罪。"散朝时，灶神爷忙来到人间，清查了每家每户，果然有几家墙上写有天书。灶神爷摇身一变，变做了一个老头，劝被写着字在墙上的人家，快擦掉墙上的字，用石灰刷一遍墙，打扫周围的灰尘。

除夕的那天,天兵下界寻找了每个角落,见没有一个罪人的名字。天帝闻报,忙问三户神,到底是哪几家。三户神当时随便写在墙上的,到现在什么也记不得了。天帝见他稀里糊涂,就知道他执勤不力,天帝大怒之下,就把三户神革职,罚下天牢赎罪。

人们听说了三户神的事后,一直感到害怕。每年腊月二十三日送灶神爷上天后,第二天就作为"掸尘日",家家扫尘,户户刷墙,生怕还有什么神,在自己家墙上写字。而好心的灶神爷却世世代代受到人们的欢迎和尊重。

金刚塔的传说

讲述:莫琼仙 女 46 岁 农民 初中
记录:康丽 女 14 岁 学生
1988年4月5日采录于官渡区矣六乡矣六村

在很久以前,官渡这个地方是一个渡口,旁边有一架螺蚌山。这里的水深而且清澈,人们过着安居乐业的生活。水里住着一条心地善良的母龙,它旱时下雨,热时刮风。可谓风调雨顺,五谷丰登。周围的百姓受益不浅,为了报答它,给它盖了龙王庙,逢年过节给它上香,求它保佑。

老龙心里很高兴,就是有一件事,使它忧心忡忡:没有后代。忽然有一天,它觉得自己怀孕了。不久,生下了九条小龙,由于老年得子,老龙对九条小龙非常疼爱,什么事情都依着它们。慢慢地,九条小龙被惯坏了,它们经常兴风作浪,残害周围的百姓。等老龙发现后,已经来不及了,九条小龙已经不听它的话了。老龙想着自己一生为百姓造福,自己的孩子却这么坏,又制止不了它们,被活活气死了。

老龙死后,九条小龙更加猖獗,它们连续几年发大水,又连续几年滴雨不降,弄得百姓田地里庄稼颗粒无收。它们还经常上岸来吃家畜和人。百姓们无法生活,只好拖儿带女到外地逃荒。非常热闹的村寨变成了一个人烟稀少的荒野。

一天,这里来了一个云游的老和尚,他红光满面,白眉银须,手拿斋钵,一双眼睛炯炯有神,好似仙翁下凡。

他一路看到这般破败景象,非常吃惊,急忙叫了一个当地人询问,那人叹气道:"您还不知道吗?"接着说出了九条小龙危害百姓的经过。老和尚听完他的话，皱着眉，沉思了一会儿，对那人道："你回去召集百姓，造好一座大塔，再包九笼包子，蒸熟后等我，我替你们收拾这些孽畜！"说完飘然而去。

那个人将信将疑，但想到老和尚说话很认真，回去后就召集大伙造塔。塔造好了，包子蒸好了。这天正好是农历六月初六傍晚。和尚准时来到，对着木塔念念有词，并用手指弹了点清水在包子上，然后大家依照老和尚的吩咐把包子抬到水边，向九条龙居住的地方投下去。九条龙这几天饿着肚子，闻到肉香，就游过去争抢食物吃。吃完后，它们互相嬉闹，一时搅得海浪滔天，狂风大作。闹累后，九条龙跑到水底睡觉去了。老和尚却没有睡，他坐在螺蚌山上，双手合十，嘴里喃喃地念着咒语。第二天早上，老和尚叫把塔抬来，百姓们把塔抬来了。这塔可真大呀！几十人才抬起来。老和尚指点大伙把塔丢下水里，喝一声："着！"塔就把正在睡觉的小龙门罩住了。瞬间木塔变成了方形圆顶的一座宝塔，上面还有金刚力士！大伙可高兴了，在河边又跳又唱。感谢老和尚为百姓除了大害。要求他住下来，和他们一起住，老和尚婉言谢绝了。他说："九条龙的力气非常大，得有金刚大力士把守，它就永远不得翻身，这塔就叫金刚塔吧。"老和尚说完就不见了。至今，人们就一直叫这塔为"金刚塔"。

搬走的人又搬回来了，他们共同建设自己的家园，过上幸福太平的生活。但是，人们念念不忘那个不知名的老和尚。

附 记

金刚塔位于昆明南郊十公里的官渡古镇螺峰村街中。原系妙湛寺建筑群的组成部分，因为塔为石砌，故名为妙湛寺古塔。塔的基台四面巷洞可穿心而过，俗称穿心塔。

万寿楼的传说

讲述：向春祥 45岁 农民 高小
记录：杨国洪 25岁 干部 高中
1988年4月10日采录于官渡区小板桥茶室

很久以前，小板桥的村民们经常要去附近的山里捋松毛，挑回来当柴烧。有一次，村里有两个人，一个姓刘一个姓杨，他们结伴去捋松毛，在一条山路上的旁边有一个瓦盆口大的小水塘，塘边有一棵小松树，他们两个每次捋松毛都要到这里歇脚吃点干粮，然后再喝一口塘中又凉又甜的泉水。这一天，他们又来到这里歇脚，拿出麦粑粑①来吃一阵子，就到小水塘边喝水。两人正要捧水喝，见塘里不知道是谁擤了一个泡鼻涕，两人非常气愤地骂了一阵，姓杨的那个就到树底下乘凉去了，这个姓刘的因口中干渴，就蹲下去，将水塘里面的脏水全部擤了出去，想让它浸出水来再喝。可一见浸水的地方渗得很慢很慢，就用手往浸水的地方掏，掏得有膀子深的时候，突然手触到了一坨非常冰凉的滑东西，急忙捞出来一看，是坨鸭蛋般大小的白石头，表面非常光滑，放在手心里，像捧着一坨冰玉一样扎手，于是叫醒那个姓杨的来看。姓杨的看了一下说："一块烂石头，有哪样稀奇的，我们还是赶路要紧。"说着挑起松毛就走，姓刘的也没说什么，就把那坨白石头放在篮底下，转身再到水塘去喝水，塘里一滴水都没有，咽了口吐沫，挑起松毛追同伴去了。

　　姓刘的回到家里就把担子放在门外，进去喝够了水，出来搬松毛，见放白石头的竹篮下面汪着一摊水，急忙倒出来一看，见水是从那坨白石头的一个针尖大的孔里流出来的，感到很奇怪，就拿到茶铺②里让人们去瞧，大家看了后都觉得奇怪，有人提议把它敲开瞧瞧里面有哪样东西。于是，就有人拿来锤，用力一敲，"轰隆"一声巨响，一团白烟升起，把周围的人都吓了一跳。定眼一瞧，见升腾的白雾里有只非常洁白晶莹的白虾，随着白雾跳跃远去。村里有人闻此事后，都以为是得罪了天上的神仙，就在宝象河畔建起了一座寺庙，取名"万寿楼"，以求平安。

附　记

　　万寿楼位于昆明东郊小板桥东侧，始建年代不详，现存建筑据大梁落款为清光绪二十三年（1907）重建。万寿楼重建时四周环境优美，南邻古刹向旭庵，西有宝象河良田。登楼眺望，令人心旷神怡。

---

① 麦粑粑：方言，麦子面粉做的食物。
② 茶铺：农村喝茶、闲谈的地方。

照西娘娘的传说

讲述：彭文学 48 岁 农民 初中
记录：李瑞 43 岁 教师 高中
1988 年 5 月采录于官渡区矣六乡渔村

照西村①，原来没有村名。在很久以前，村里有一家姓张的两口子，五十多岁才生得一女。两口子把女孩视为掌上明珠，很是疼爱。想不到小女孩半岁时出现天花病后，完全变了个样子：石蚌②头，头皮在额头上耷拉着，浑身是癞疙瘩，难看极了。过了几年，旧皮一层一层地脱去，可长出来的新皮更难看。

她就像一个瘟神一样，小伙伴们不敢和她在一起玩，她一出门，人们就避开她，对她指指戳戳，人人喊她"丑女"。

张老夫妇看着自己的女儿长得很丑，心里又羞又气。想把她活活整死，但又不忍心下手。

随着年龄增长，丑女长得越来越难看，父母对她越来越冷漠，经常骂她和打她。丑女也知道自己生得丑陋，任凭父母怎样打骂她，她也不生气，默默无声，乖乖地帮家里做事。

一天早上，天空分外晴朗，丑女起来收扫了院子以后，就提着水桶去挑水。水塘在村子的东南面，路上要经过一座小石桥。她刚刚走到小石桥时，只见迎面来了一队人马，队伍前面是一个二十多岁的皇太子。太子长得威武英俊，一表人才。他骑一匹枣红大马，带着一些随从来民间游玩，这时正好经过这里。丑女看到后，感到自己相貌丑陋不便见人，急忙跑到石桥下面躲起来。太子的马来到桥头时，突然站着不走。太子扬鞭赶马，枣红大马嘶叫一声，立起前蹄腾起身来，但还是不前进一步。太子觉得很奇怪，心想，这匹枣红大马是日行千里、夜行八百的千里驹，今日怎么不过桥呢？是不是桥下有什么？他一边想，一边就跳下马到桥下去看。只见一团雾气从桥下升起，雾过之后，显现出一个俊俏的小女子。小女子像一朵粉团花，出落得粉

---

① 照西村：官渡区矣六乡的自然村。
② 石蚌：蛙类，个大，黑褐色，主要栖居于山箐河沟。

白娇嫩。太子心想：宫中宫娥彩女不计其数，可就没有一个能和这小女子相比，想不到在这僻乡小村，会有这样俊俏的小女子。于是太子就问道："小女子是哪里人？"丑女害羞地抬起头，转过身，用手指指自己的村子回答说："小奴是这个村的。"太子又追问道："你青春几何？可曾婚配？"丑女只感到一阵心酸，脸上露出一副痛苦相，低下头十分伤心地说："小奴今年十九岁，只因生得丑，没有人要。"太子听后有点奇怪地问："你如此俊俏，怎么会没人要？"丑女从她记事起，人人都说她生得丑，还从未听到过说她生得好看的人，怎么今天这位皇太子会说她生得好呢？她感到很诧异，羞愧地用手去摸那可恶棘手的癞疙瘩脸，不觉心中吃惊：怎么过去是棘手的癞巴脸，现在会变滑了呢？她自己也怀疑起来，急忙低头在水中一照，果然脸上的疙瘩、额上的耷拉皮不见了，再看看脚和手，皮肤变得细腻白嫩。心里一时激动万分，想不到今日遇着这位太子，自己会变得如此漂亮。她急忙连连鞠躬谢过太子。

　　正在这时，枣红大马看着河里的溪水，嘶叫了一声，摆了摆头，前蹄在地上踏了两下，不住地吹鼻子。丑女知道马口渴了，就拿舀水瓢下小河去，舀了一瓢水抬着上来喂马。这时，太阳有好高了，丑女脸庞的影子正好映在瓢里的水中。太子站在一旁，偏头看瓢里，只见瓢里的水中是美丽的凤凰。太子暗暗吃惊：这小女子不同凡人，我是龙，她是凤，"龙凤呈祥"，这不是天赐良缘吗？想到这里，太子就对她说："若你有心，我就娶你为妻。"听完太子的话，丑女一时激动得眼泪都流出来了。想不到自己连嫁都嫁不出去的人，今日会被太子看中，她害羞地连连谢过太子。太子见她满心欢喜的样子，就拿出自己身带的玉圈给丑女，并亲自给她戴上。丑女惭愧地摸摸身边，没有什么值钱的，只好把系在腰上的蓝布带解下来，很小心礼貌地回送给太子。交换了定情信物后，太子就对丑女说："再过十五天，正好是农历十五，我亲自来娶你。"太子又问明了丑女的姓名，看清了丑女家的房子后，骑上马走了。

　　丑女像根木桩似的立在桥头上，目送着太子带着随从向西走去，她呆了好一会儿才回过神来，急急忙忙地去挑水。

　　回到家里，她就把遇着太子的事高高兴兴地和爹妈说了一遍。她爹听后，脸上出现了一副痛苦相，没有说什么，只是远远地坐着抽旱烟。她妈听后，就嚼着嘴，瞪着眼睛指着丑女骂："嘿！你是想男人想疯了，我命苦才养着你，到这阵也无法。你还是乖乖地苦活计，不要白日做梦了！"丑女心想：明明现在自己也长得很好看了，可偏偏母亲还是说自己长得很丑。心中不服气，就跑到自己房里偷偷地对着镜子照：怪了，怎么太子走后，自己又返本还原，又是如此的丑陋呢？她一时又像被抽了脊梁骨一样，四肢无力，头重脚轻，软软地靠倒在床上。

  丑女生病了。到了晚上，她妈送饭来给她吃，她不吃；送水来叫她喝，她不喝。她身上烧得像块火炭。十多天过去了，丑女睡在床上，滴水不沾，粒米不进，只觉身上燥热，疼痛。她怨自己命苦，不哼不叫，咬着牙齿忍着。到了第十四天的晚上，身上的燥热和疼痛使丑女再也难以忍受下去了，她想到太子来娶亲的时间要到了，想到自己的命竟会是这般苦，不由得气从一处来，顾不得疼痛，狠狠地在床上打起滚来，她疼得昏过去了，迷迷糊糊地什么也不知道。等她慢慢地苏醒过来，只觉浑身轻松，头脑清醒。定眼一看，手上、身上、脚上的癞疙瘩皮滚脱在床上，只是脸上的癞疙瘩和额上的荨拉皮还残留着。

  她心里开始高兴起来，天刚微微亮，她就起来梳洗，收扫家里。里里外外收拾干净后，她又去挑水，第二挑水挑来了，她爹妈才起来。她见爹妈起来，就一边放下水桶，一边高兴地拿着钩担去到她妈面前，有点害羞地对她妈说："妈，今日太子来娶我了，咋个还不准备一下？"她妈听到话语，望望丑女如此信以为真，一脸的痴情，一时火冒三丈高，顺手夺过她手中的挑水钩担要狠狠地打她。就在她妈举起钩担时，钩担的钩钩恰巧钩着了她额头上的荨拉皮，被一整块地钩了下来。撕下荨拉皮后，丑女恰像一个从天上下凡到地上的仙女。她爹妈都吓呆了，根本不敢相信眼前这个仙女竟会是自己的丑女。

  正在他们惊愕的时候，村上的人突然跑到他们家催促道："你们赶快准备吧，现在皇太子来娶亲了。太子坐着轿子，身穿黄袍，陪伴娶亲的人吹吹打打，排了很长的队伍，他们已经进村来了！"

  丑女一家听到喜讯，一时不知所措。正在他们惊喜未定的时候，太子突然跨进门来，对丑女父母作揖道："拜见岳父大人，拜见岳母大人。"随后令手下人献上衣物礼品等物。

  丑女换上了太子带来的衣物后，更显得楚楚动人，不同凡俗。

  到了皇宫这天，太子就登基做了皇帝。皇上封她为"西宫娘娘"。又因阳光照在水瓢里，照出了丑女是一只凤凰，皇上就尊封她为"照西娘娘"。

一日皇上看到照西娘娘有点郁闷的样子，就关心地问她："爱妃是否有心事？"照西娘娘微微地抬起头，有点忧愁地回答说："皇上，我自进了宫后，穿不尽的绫罗绸缎，吃不完的山珍海味，您对我恩重如山。可我现在想，冬天快要到了，我们那里的人由于是'充军'来的，房子不准封山凹脊，屋顶只能盖响瓦[①]。寒风会吹到屋里，我父母和乡亲会受冻。另外，我们村子东南面的那条马尿河，由于河两旁长满树和刺，是孔雀栖息的地方，孔雀屎掉在河里，皇家的马过河，水淹到哪里，马脚杆就会烂到哪里。听说皇上已下令填这条河，我想，填了这条河，我们那里就连浇花的水也没有了。"皇上听后便笑着说："爱妃，这好办，你不必忧愁。"皇上说完后，就立即下了圣旨："准许他们那一带的房子封山凹脊，屋顶不盖响瓦。马尿河留娘娘三分的浇花水。"从此，附近平坝区的房子才开始封山凹脊，屋顶上的瓦才开始用泥浆抹固。从此寒风刮不进屋，百姓再不会受冻了。马尿河无论春、夏、秋、冬，都有一股溪水潺潺地流淌着，供人畜饮用和浇灌。

照西娘娘为百姓做了好事，为了纪念照西娘娘，就把这个村称为"照西村"，把村子东南面的小石桥叫做"照西桥"。

放光寺龙须马的传说

讲述：金国富 72 岁 农民 高小
记录：王志武 26 岁 干部 高中
1988 年 5 月采录于六甲乡金家村

从前，在金家村头，有一座古老的庙宇，名叫"放光寺"。

在很久以前，放光寺的住持师父从一个不知名的小村子买了一匹瘦小的马儿，因见它机灵可爱，觉得它一定会长成一匹剽悍的骏马。这样，住持就把这匹马交给一个小和尚饲养。这小和尚长得聪俊，人也勤快。每天吃过午饭，就牵着马到野草最茂盛的地方去放，他心里盼着马儿快快地长大，经常割些青嫩的草尖给马吃。晚上回家的时候，身上还背着一大捆青草，为的是让马吃好睡好，快快成长。

日子一天一天地过去了，这匹马不仅没有长成骏马，反而瘦筋干巴的，

[①] 响瓦：不用灰浆砌实的瓦顶。

旁人看了都摇头。

一晃五年过去了，那匹马越来越丑陋。白天小和尚把它洗得干干净净，可第二天早上又是一身马粪。

小和尚逐渐地也就懒散起来，那匹马一日一日，裹得一身马粪，要不是那两只眼睛在转动，简直不似匹活马。

小和尚每天都拉着马去吃草，而每天都碰到伙伴们的嘲笑，姑娘们看见了就捂着鼻子跑，他心里很难受。

有一天，放光寺来了一位施主，他东看看，西瞧瞧，在放光寺转了大半天，住持师父送他到寺门外，刚到大门口，施主惊讶地"啊"了一声。原来是小和尚牵马回来了，师父有些解嘲地说："施主，这马生来就这样。"

但那施主激动得不得了，问师父："这马卖不卖？"师父大感不解，那施主急上前几步又问："老师父，你这马要多少钱？"住持回答："施主，你要就牵走吧，这马在这儿也没用处。"那施主一听，连忙作揖，从身上解下钱袋，递给住持，还没有等住持反应过来，那施主早已牵过瘦马，拉到寺门前的水塘边，从地上揪了几把青草，将马拉下了水，使劲朝马身上擦洗，刹那间，马变得光闪光闪的，住持看得目瞪口呆。

施主洗完，把马牵上路心，那马竟披着一身金晃晃的鳞甲！

施主又在衣袋里摸了摸，摸出一把小刀，往马的鼻尖上一挑，这时马鼻上喷射出两根胡须来。原来这马是一匹龙须马！

那施主把刀一丢，右脚一起，骑在马背上，龙须马腾空而起，只听见"嗖"的一声，便消失在云雾中。

天子庙的传说

讲述：梁进德 16 岁 农民 初中
记录：李松萍 女 17 岁 学生
1987 年 11 月 5 日采录于官渡区矣六乡迴龙村

很久很久以前，昆明坝子是一片白茫茫的海，也就是现在的滇池，滇池海水一直延伸到跑子山。有一天，滇池里不知从何方来了一条蛟龙，整天在滇池里兴风作浪，伤害过往的船只和百姓。害得滇池一带的老百姓不得安宁，整天过着提心吊胆的日子。

一天,天子老爷到人间,乘着船到处观山游水,饱览着人间的美景。正玩得高兴,突然狂风大作,天昏地暗,小山似的大浪向船打来,天子老爷忙命人将定风珠拿来,刹那间,风平浪静,一切都好像没发生似的。

蛟龙看打不翻船,就大动肝火,使出最凶狠的一招,想用尾巴把天子老爷的船打翻。天子老爷就叫人把火金砖拿出来,蛟龙一看火金砖,便掉头向它的老巢逃去。天子老爷把火金砖对准蛟龙,只听"嗤"的一声,一团红彤彤的烈火就向蛟龙烧去,接着一声惨叫,便什么都没有了。

从此水就退到了现在的滇池里。人们便从山里搬到了坝子里的平地上安家盘田,过着安居乐业的生活。

后人为了纪念天子老爷的功德,就在马尿河中段建盖了"天子庙",来纪念天子老爷。

据说每年的农历九月十五日是天子老爷的生日,附近村里人到了这一天,都杀猪宰羊到天子庙祝贺天子老爷的生日。

宝象河（彝族撒梅人）

讲述:王芝 80岁 彝族撒梅人 农民 高小
记录:李光荣
1982年4月采录于官渡区阿拉乡阿拉村

官渡区境内的宝象河,发源于群峰密布、幽林深壑的哦乃奔(老爷山)山脚。河道从大板桥西下,横穿昆明坝子,然后注入滇池。自古以来,无数先民就生息在这条河的周围。

说起宝象河,在撒梅人当中流传着一段优美的传说。很早以前,天上有一头母猪好吃懒做,偷吃了神母的供果,被贬下大地。母猪怕世上的人取笑它,就躲进哦乃奔的菁河里。天神为了给它赎罪的机会,让它变成一条乌龙,住在哦乃奔山脚的一个山洞里,天天喷出一股泉水,使人们能够浇灌田地,安居乐业。母猪按天神的旨令,头两年还规规矩矩地照办。过了几年,母猪龙懒性发作,就悄悄跑出山洞,躺在一块大石板上晒太阳,晒够了又在刺蓬底下睡大觉。一睡下去,早已把天神的旨令忘得一干二净,它哪里还管你有没有水。有一次,一觉醒来已有一年多,树木干枯,秧苗早被晒死了。

母猪龙知道自己已经误事,急忙使出全身本领,一会儿,乌云滚滚,大雨倾盆而下，洪流顺着菁沟倾泻，海子[①]水位猛涨，海堤被冲垮，田地被淹没。滇们[②]现在流传的一段顺口溜就是当年海水漫堤时的写照："滇们滇古代，腊礼嗨包朵，啊基若基普，也饶壶臣尔。"（意为海边有条河埂，水位上升，海水已经漫埂，大家一齐打坝埂，因水太大堵不住，跑回家去把门顶。原来的顶门杠嫌细顶不住，用牛担才把门堵牢。水越来越大房屋淹没，黄鳝已在梁上理窝，锅盆被漂起来，鸡鸭在上面当船划。）

　　天神得知这懒猪作孽，就派一条白象去制伏它。白象来到哦乃奔，见到母猪龙在一丛大刺蓬底下呼噜呼噜地睡大觉，不费吹灰之力，就用一条链子拴住母猪的脖子，把它拖到了大板桥附近，拴在一根石桩上，让来往的人都看看这头懒母猪。一下子来了很多人，把母猪围在里面。有的人还吐口水在它身上，嘴里骂着"懒猪，懒猪"。母猪龙害羞极了，赶紧跳进旁边的一个水塘里。有个贪心的人看到石桩上的金链子，就想砍几扣发点财。母猪以为白象又来收拾它，往水塘深处一钻，链子被挣断了。母猪龙拖着链子，赶紧顺着河道跑到海子里。它在海子里转了一圈，见水最深的那里有一堵石坝，石坝旁边还有个洞，只是洞口有点小。母猪龙用力一拱，石坝被拱倒了，海子水一下子从坝口冲出去。母猪龙顺着水头，不一会儿就跑到了滇池里。在滇池里住了一段时间，因为打鱼的人太多，经常被渔夫拖进网里，几次都把渔网撕破才逃跑了。母猪龙打听到附近还有一个水深无底的阳宗海，就连夜跑到那里去了。从此母猪龙躲进海底深处，再也不敢出来。

　　白象知道母猪龙已经跑了，也不去追赶，自己转回山洞，从鼻子里喷出一股泉水，一年四季长流不息。后来，白象慢慢地变成了一座石头山，但这股泉水仍然不停地流着，人们都说这头白象是一头为民造福的宝象，就把出水的那座山称为象鼻山，把这条河叫做"宝象河"。为了纪念这头宝象，人们分别在宝象河的源头红沙坡旁边和河尾宝牛村盖了一座庙宇，取名为"宝象庵"。把母猪龙拱倒了的那堵坝称为大石坝。海子水从大石坝口全部淌光后，人们把这个海叫做干海子。

附 记

　　宝象河位于官渡区东郊。全长65公里，源头有三：主要一处在老爷山和嵩

[①] 海子：现在的阿拉村一带，古时是个湖泊，称为海子。出水口从白水塘经马料河注入滇池。
[②] 滇们：撒梅语，海子村名。

明县西南20公里的乌那西小龙潭,其二在大板桥北50公里的分水岭(二龙坝),其三在大板桥的黄龙潭,三水流至大板桥鸣音寺汇合,继而南流入滇池。流经的地区有板桥、阿拉、云溪、六甲、矣六、官渡六个乡镇。

雄鸡石（彝族撒梅人）

讲述：付荣春 78岁 农民
记录：李树仁 50岁 会计 高中
1980年2月采录于官渡区沙岸村

  吴郎山半中腰，有一所雄鸡寺，锁梅下寨与雄鸡寺紧相连，雄鸡寺是锁梅寨人们的庙会集中点，也是士绅们搜刮民脂民膏的地方。

  在雄鸡寺大殿接娘娘殿的天井里，有一块天生的雄鸡石，形象如雄鸡啼鸣，建寺时特意留作观玩，寺建成后，取名为"雄鸡寺"。

  一日，全锁梅寨的撒梅人，正集中在雄鸡寺内过五谷会。当天午夜，月光如水，雄鸡石忽然啼鸣，等人们围观时，雄鸡石出现一淌米洞，向外淌米，人们喜悦万分，搬来大缸接米，说来也怪，不管寺内人多人少，淌出来的米，刚刚够吃。

  当时，锁梅寨内有一个士绅，名叫龙庆，外号"黑心狼"，总想在淌米洞上做点文章。他左想右想，想了一个钻大淌米洞的所谓妙方。这天晚上，夜深人静，黑心狼来了，他左手持钻子，右手握锤，狠劲向淌米洞钻去，淌米洞逐渐扩大着，黑心狼手舞足蹈，欢喜得不得了，但定眼细看，怪事，原来一粒接一粒往下淌米的淌米洞，钻大后竟不淌米了。黑心狼摇头摇成货郎鼓，自言自语说道："怪事，怪事，真怪事，怎么不淌米了？"他双手抱住头细细想：哦，我明白了，石渣把淌米洞堵塞了。再抬头看看雄鸡石，比原来大多了，十倍、百倍、千倍……他想：好啊，鸡肚里有那么多米，我可以开龙庆米号了。耳边突然听到："蠢猪，鸡嘴壳硬，米难淌出米，鸡脖子软，好淌出来。""嗨嗨，你老兄真高明。"龙庆自言自语地说，左右一看，什么人也没有。呵，神仙来指点我了。忙双膝跪下，磕头像舂臼一样，嘴里不住地瞎叫："多谢神灵指点，多谢神灵指点，弟子拜谢了。"跪拜多时，他站起身来，神气十足，心想：神灵都来指点我了，我一定要把雄鸡头砍掉，让米喷出来。于是，悄悄溜进厨房，扛来一把劈柴的大斧子，用力向鸡头劈去，只见火星四溅,鸡头还是不动,直累得他满头大汗。嘻嘻,我真笨,马褂长衫,像绳子一样捆着自己,咋个使得出劲来?龙庆急忙脱去马褂长衫,重新抡起大斧,用尽吃奶力气,狠劲向鸡头砍去……

一声惨叫,龙庆在地上翻滚着,他躺在血泊里,渐渐地不动了……

明月的清辉,洒在他血迹斑斑的身上,夜风吹过他的身旁,悄悄把这故事带到远方……

彩凤吴郎石（彝族撒梅人）

讲述:付荣春
记录:李树仁
1980年2月采录于官渡区阿拉乡河岸村

在宝象河中段,河边有一座圆形小山包,方圆两华里左右,撒梅人把这座小山包叫做"吴郎山"。

吴郎山,东靠杨梅山,北望蜈蚣山,前临宝象河。有一条小溪,蜿蜒绕过吴郎山,流入宝象河中。吴郎山上松柏繁茂,郁郁苍苍,山半腰中,有一座雄鸡寺,山脚就是锁梅卡。

在吴郎山西侧,宝象河旁,有两块大条石,高数丈,人们叫它"彩凤吴郎石",也有人叫它"映心石"。

相传在很早以前,这里有一对情人,男的叫吴郎,女的叫彩凤,他们暗暗地相恋着。彩凤的父亲嫌贫爱富,硬逼着女儿嫁给县太爷的舅子尚天良,此人做事缺德,仗势欺人,无恶不作,人们都叫他"丧天良"。

一天,彩凤与吴郎相约趁黑夜远逃他乡。彩凤的父亲发觉了,急忙跑到县太爷那里告急,县太爷立刻叫丧天良带领兵勇骑马追赶。

次日,晨光初露,薄雾如烟。在杨梅山旁的荒野里,吴郎和彩凤奔跑着,后面的马蹄声越来越近,已经快要追到他们了。吴郎和采凤不顾一切,手拉手地返身站住,准备用山石拼杀。这时,丧天良射出了罪恶的毒箭,吴郎不幸中箭,倒在了血泊中。

丧天良跳下马,嬉皮笑脸地扑向前,想搂抱彩凤。彩凤捡起一块山石,用尽平生之力,砸向丧天良,只听得一声号叫,丧天良脑浆流出,倒地死了。

兵勇们围住彩凤,想把她抓住,带去县太爷那儿请功。彩凤从容地走近吴郎,撞死在一块山石旁。丧天良贼心不死,霎时变成铁钉刺,刺向彩凤和吴郎。彩凤和吴郎却变成两块巨石,挺立在铁钉刺的上方,马上,这里出现了一座大坟,那就是现在的吴郎山。

红泥沟（彝族撒梅人）

讲述：毕吉华 72岁 彝族撒梅人 农民
记录：李德先 48岁 彝族撒梅人 农民 初中
1980年2月采录于官渡区阿拉乡海子办事处新村

从前,在官渡区阿拉乡新村有一个地方,名叫劳木克日沙处（现在叫红泥沟）,那儿有一座山神小庙,这座小庙能给周围乡村的穷人解决困难。如果哪家有困难,就点上三炷香,用一张符纸,纸上写着：山神,山神,我家困难,请借银宝多少两,并写上归还的日期。写好后将香插在小庙里,将符纸烧掉,人就离开小庙,片刻后转来取,那你借的银宝,一点不少就在小庙里摆好了。这样周围乡村中的穷人都得到不少帮助,免遭高利贷的剥削。有一次,有一家富人推说是要给儿子办喜事,无钱开支,到小庙里去借三十两元宝,小庙里仍然借给了他。但这家富人去还银宝时,却拿了些假银宝还给庙里,小庙里没有收下他的假银宝。但从此以后,周围四乡有困难的人家不管哪家去借,都再也借不到了。人们知道这个富人还假银宝的事以后,都骂他是个烂良心的贪心人。

阮家村白龙娘娘

讲述：郝家斌 67岁 农民 初中
记录：李洪彪 37岁 干部 中专
1986年4月采录于官渡区金马镇阮家村

很久以前,阮家村叫做霸王庄,相传村中曾出过几个力气很大的人,房屋的灯笼柱轻轻一拨就起来,周围附近几十个小村的人都不敢来惹,所以称之霸王庄。

村里有一个姓阮的姑娘,长得十分漂亮。有一天,跟妈妈到很远的山上去砍柴,妈在前面走着,姑娘走在后面。半路上,突然天昏地暗,下了一场大暴雨,妈只顾躲雨,姑娘也忙着躲雨,一个顾不着一个。雨停后,妈发现姑娘不见了,赶忙顺着山路左呼右喊,一直找到山脚,却找不着女儿,从此女儿再也没回家来。为此事,妈妈非常苦恼,常常茶不思,饭不进,身体一天天憔悴。有一天,姑娘在晚上托了个梦来给妈,说:"我现在在白龙寺白龙潭,要接我可在农历三月初三。"妈妈由于思囡心切,几月后三月初三这天,带着小舅子真的去接她。来至白龙潭,姑娘在一个用绵纸糊好的格子门紧闭的亭阁里,变成一条小白龙,安然香甜地睡在一个簸箕里。小舅子好奇心强,轻轻踮起脚尖往里一看,惊得跌倒在地,连哭带喊,吵醒了白龙娘娘。一阵烟雾过去后,白龙娘娘不见了,从此白龙娘娘再也接不回来了。从那时起,雪沫子①就不打霸王庄。因为白龙娘娘是霸王庄的人,它在行雨降雪时特别照顾自己的后家村里人,使霸王庄年年风调雨顺,五谷丰登,霸王庄的人为了感谢白龙娘娘,就把村名改为"阮家村"。后来每年农历七月初七这一天,就要带着香纸供品到白龙潭祭龙。同时从那以后,阮家村的龙灯也开始耍起来了。

后山门的来历

讲述:李凤启 68岁 工人 高小
记录:徐之尧 57岁 农民 小学
1988年7月26日采录于官渡区羊肠大村

每一座寺院的后殿,都有一道后山门叫做小山门。这小山门也有一段故事,人们常说的弥勒寺佛偷供献"包脸贼心",就是说弥勒佛这个人,从外表上看来是一个很老实的人,实际上却是一个很会耍鬼把戏、搞鬼明堂的乖巧人。

弥勒佛和大佛老爷,同是一个师父的徒弟,都是师父的掌门得意门徒,他们两个的根基和佛法都不相上下。师父担心他们两个为争掌门人而发生争执,酿成大祸,便想了一个办法,对他二人说:"现在寺里有个莲台宝座,

---

① 雪沫子:冰雹。昆明地区夏秋季节时有冰雹灾害,当地人称雪沫子。

你们两个人，同时从大山门里出去，各人施展自己的佛法，云游到昆仑山，然后再趸回到寺里来，谁先到谁就是佛教的掌门人。"二人领了师父法旨，都不甘示弱，各人施展自己的本领，驾起祥云，沿着大路飞去。

走到半路，弥勒佛想，我何必跟着他从大路绕这么远，就抄小路返回寺里，来到大山门外，回头看看，大佛老爷远远落在后边，心中好不高兴："大老佛爷笨蛋，咱家领先！"一进大山门看见莲台宝座就在前边，急忙跳上去。乐得哈哈大笑，笑得嘴都合不拢。直到现在，所有寺庙的弥勒佛像都笑模笑样的。

再说大佛老爷汗流浃背，到寺前一看，弥勒佛那副骄傲像，已坐在莲台宝座上了。可后殿的大雄宝殿的莲台，才是掌教人坐的宝座，却是空着，大佛老爷要想从大山门进去，又怕弥勒佛取笑，便绕到后殿，可是后殿没有山门，如何进去呢？急中生智，便从后殿的侧面，刨开了一个洞，从小洞进去，坐上了大雄宝殿的莲台宝座，当了佛教的掌门人。这个小洞来不及堵上，干脆叫小沙弥装上一道小门，取名小山门。

洗布龙潭

讲述：赖清
记录：赖加林 42 岁 干部 初中
1988 年 6 月 10 日采录

金马寺小村头，有个洗布龙潭。潭深水清，它有一个美丽的故事。

传说很久很久以前，金马寺靠山临水，风景秀丽。但人们的日子并不好过。在离龙潭不远的地方，住着一家人，一个独姑娘守着一个瞎眼老母。从年头忙到年尾，除了吃个半饱外，就剩一身破衣裳。一天晚饭后，姑娘抬了盆衣服到潭边去洗。衣裳下水，她两手轻轻地揉洗，一不小心补丁处撕了一个洞。姑娘长叹一声，自言自语地说："天哪，你怎不长眼，劳动的无衣穿，闲着的穿绸缎。"话音刚落，姑娘发现手中的破衣服，变成了一匹又细又软的蓝布。她心中一喜，伸手捞布，谁知布越捞越长，不一会儿就捞了十多匹，但潭中的布匹还在出，急得她大声喊："够了，够了。"喊声刚完，布就断了。姑娘乘晚色把布扛回家，连夜给老母做了一套衣服，一部分分给邻居，剩下的拿到市中卖了。母女俩从此过上了好日子。"洗布龙潭"的名字由此而得。

　　后来，姑娘潭中得布的消息传到财主耳里，他忙召集全家到潭中洗衣求布。边洗边喊："天哪，你怎么瞎了眼睛，绸缎衣裳我穿得厌了，快送金衣裳。"说完他往水中一看，水中洗的衣裳变了，变成了块块烂破布。他正想发作，手突然又肿又痛，不一会儿流出了黄脓水。家人们见状，个个胆战心惊，忙拖起财主往家中跑。不久，财主就病死了。

动植物传说

鸡的传说（彝族撒梅人）

讲述：李春富 45 岁 彝族撒梅人 农民 初中
记录：张文祥 40 岁 工人 高中
1986 年 2 月采录于官渡区阿拉乡高桥村

很久很久以前，在高桥村头，有一大片郁郁葱葱的竹林，竹子的碰撞声像是一种清脆的弹拨乐，最美丽的小鸟都爱在竹林里做个小窝，安个家。就在这翠绿色的竹海边上，住着这么一家人，阿爸阿妈都死了，只剩下兄妹二人过日子。阿唯（撒梅话哥哥）从小跟阿爸学得一手好篾活，只要编织成竹篮、竹帽、竹筛……就挑到街上去卖。兄妹的日子过得还不错。

后来，阿唯娶了阿蜜（撒梅话嫂嫂），又生了一个白胖胖的小儿子。从此后，阿唯对妹妹的态度便逐渐变坏了。但阿蜜却和阿唯不同，她还像亲阿姐那样疼爱妹妹，鲜嫩的笋肉，用筷子夹了先给妹妹尝；新织的篾帽，先给妹妹戴；拾回来的竹叶，先给妹妹用……

有一天，雷雨交加。傍晚，阿唯进城卖篾具回来，买了几样好吃的东西，准备给宝贝儿子吃。小妹妹见了，十分眼馋，口水滑咯滑咯地直往下咽，但当着阿唯的面又不敢开口要，等阿唯去砍竹子时，便偷吃了一个麻花。一会儿，阿唯回家来发觉了，大发雷霆，用扛回来的竹竿，狠狠地毒打妹妹，打得她死去活来。妹妹伤心地哭了，边哭边急着喊："阿唯打！"阿蜜闻讯后，连忙从田里跑回家来解了围。妹妹想：阿唯对自己这般狠毒，活着还有什么意思呢？于是，便对阿唯说："我吃了你买的东西，没有啥还你，死后一定变家禽报答你！"此后，妹妹一连绝食六天，便真的死了，埋在那片竹林边的一个红土包上。

又过了一些日子，阿蜜想起小妹妹活着的时候，常常帮自己下地找猪草，在家洗锅做饭，洗屎布，领娃娃，死时又是那般可怜，便带着儿子到妹妹的坟包前抱头痛哭。忽然，从坟缝里钻出一只小鸡来，使劲望着她点头。阿蜜想起妹妹死前说的话，便急忙叫儿子喊"姑姑"。儿子一喊"姑姑"，小鸡便跑到他跟前不走了。于是，阿蜜便把它抱回了家。孩子叫它"咕咕（姑姑）"，别人也跟着这样叫了起来，因为她是绝食死的，所以人们又叫她"饥（鸡）"。鸡生蛋时，还连叫"哥哥打，哥哥打"。

老鸦、喜鹊和箐鸡（彝族撒梅人）

讲述：李美琴 女 71 岁 彝族撒梅人 农民
记录：李洪信
1988 年 6 月采录于官渡区阿拉乡大石坝村

从前撒梅山上有三只鸟，那就是老鸦、喜鹊和箐鸡。它们原先的样子和叫声跟现在不一样。

每年春暖花开时节，撒梅山上都要开一次规模盛大的群鸟赛歌会和比美会。但比赛结果撒梅山上的老鸦、喜鹊和箐鸡都比不赢其他山上来的宾客们。

有一次，老鸦、喜鹊和箐鸡在一起商量，老鸦说："比美时大家都好好换一套衣服，好好打扮打扮。"箐鸡说："有什么好打扮的，我们穷，没钱买新衣裳。"

喜鹊说："有了！我们大家的衣裳不都是白的吗？没钱买，我们可以在身上画呀！把衣服画美点，画好看了，这不就成了吗？"大家异口同声说："好，这个主意很好。"当天晚上就到老鸦家里去画，但谁先帮谁画呢？老鸦说："你们先帮我画吧，你们先帮我画好了，我再帮你们画。"于是老鸦和喜鹊便吵起来，而箐鸡呢，它坐在一边打坏主意，心想要是大家都画美了，那谁评第一名呢？想来想去，最后想出了一个很阴险的法子来，于是箐鸡便大声说："好啦好啦，别争了，反正谁先画后画都一样。不过谁帮谁画都要画好点，画美点，这样我们才能赢对手们。我们姊妹三个就数我年纪最小，还是让老鸦大姐先帮我画吧。"老鸦和喜鹊听了合情合理，于是研好了墨，老鸦拿起笔，便耐心而精细地为箐鸡小妹画起来。画呀画，画了又看，看看又画，喜鹊也在一旁提着意见，指点着，还时常停下来拿小镜子给箐鸡小妹看看，征求它的意见。画好后，喜鹊二姐把小镜子递给箐鸡小妹，说："好啦，拿去照照瞧瞧，满不满意。"箐鸡小妹照看后，感到很满意，很漂亮，便眯着小眼睛笑了，心想：这下子山里的百鸟之王怕也比不上我了，何况比个第一名，于是它就拿起笔来说："老鸦大姐，你辛苦了，你就休息休息吧，让我来给喜鹊二姐画。"于是老鸦到旁屋休息去了，小箐鸡为了不让同伴超过自己，于是马马虎虎大笔大笔地为喜鹊乱画起来，只倒了一些墨在喜鹊头上，然后大笔大笔涂抹开来，一直涂抹到大尾巴后面。喜鹊有点不放心，便从桌子上拿起小镜子照着看。一看大吃一惊，糟了，除了肚皮是白的，还有翅膀上也才剩了几片白毛，其余的全是黑色。小箐鸡还要拿起笔来继续画，喜鹊骂着叫着跳到旁边，撑开翅膀瞧瞧，黑里带着几片白的，还基本满意。这时老鸦从旁屋休息出来，一看说："啊，啊，怎么画成这个样子？"便发起火来。于是喜鹊就帮老鸦画起来，画呀画，越画越好看。这时小箐鸡在旁边看着生起妒来，喜鹊越画越有兴趣，这时箐鸡越看越觉得自己不如老鸦大姐，就说："喜鹊二姐，你也太累了，我来帮帮你。"于是端起那碗墨凑了过去，给喜鹊二姐蘸墨。喜鹊只专心地为老鸦画呀画，也不晓得小箐鸡的用意。当快要画完时，箐鸡趁喜鹊用笔头蘸墨之际，把墨一下子翻泼在老鸦身上，老鸦马上变成了一只全黑的鸟。气得老鸦连声直叫："啊！啊！"喜鹊呢？先是发火责备小箐鸡，后看到老鸦那个模样，忍不住便喳喳喳地笑起来。从此以后，箐鸡就美得现在这个模样，叫声也是"康康康"的。但比美也并没有比过人家。喜鹊也成了现在这个模样，叫声也是"喳喳喳"的。而老鸦本来画得比谁都好看，结果一下子便成了全身乌黑，直到现在，老鸦还是那么啊啊地叹气不止。

"叫工"鸟（彝族撒梅人）

讲述：毕桂兰 女 67岁 彝族撒梅人 农民
记录：周俊禄
1986年7月采录于官渡区阿拉乡大石坝村

从前，村子里有一户人家，刚给儿子娶了个媳妇。这个新媳妇为人倒也勤快，可就是有个贪吃的毛病。到了这年的栽秧季节，新媳妇的丈夫出外做工去了，家里栽秧的人手不够。新媳妇的老公公就去买了些肉回来，想请两个帮工来家帮忙栽秧。新媳妇知道后就对老公公说："爹，不必请外人帮忙了，把肉给我，让我去栽吧，这样，还可以省下几个帮工的钱。"老公公听她这么说，也就答应了下来。因怕她贪吃而误了栽秧，于是就把肉按田的多少分成块，烹熟后交给了新媳妇并叮嘱她，让她栽一块秧，吃一块肉。

新媳妇带着肉来到田里。起初她还是按照老公公的嘱咐，栽一块秧，吃一块肉。可是到了后来她要干的活计实在太多了，再加上平时就有贪吃的毛病，所以，她在不知不觉中就把肉吃完了。可一看，还剩很大一块田没有栽完。这时，天已经快黑了，她非常疲倦，又感到没有脸面回去向自己的公公、婆婆交代，在羞愧交加之中，新媳妇一时想不开，就寻了短见。

新媳妇死了以后，就变成了一只鸟儿，这就是"叫工"鸟。这种鸟稍大于谷雀，毛羽灰色，每逢栽秧季节，就会围着秧田旁边飞呀飞的，嘴里还一个劲地"叫工、叫工"，不停叫唤，意思好像在提醒人们，栽秧季节已到了，该上工了，千万别误了栽秧。

希波草（彝族子君人）

讲述：郭春泉
记录：毕家贵
1988年11月采录于官渡区矣六乡子君村

很久以前，子君地方秧苗长得很好，妇女们每天都到田里薅秧苗。

有一天，毕希波来到田里察看薅秧情况，他看到妇女们并没有薅秧，而是三三两两地坐在柳树下说闲话。希波问她们为哪样不薅秧，妇女们说："田里没有草，叫我们薅哪样？"于是希波就顺手摘了一把柳叶撒在谷田里，说道："你们今天无论怎样，都要把这些叶子拾完才能回家。"说完就走了。

妇女们眼看这一小点叶子，用不了多久就能拾完，于是又玩了一会儿，才慢慢地来拾。哪知拾到天黑都还没有拾完，她们只好点上灯笼来照着拾。一不小心，灯笼打翻了，灯油泼在田里，撒到未拾完的柳叶上，灯也灭了，她们看不见没法拾了，只好回家去了。

第二天，她们又再去拾柳叶。哪知到田里一看，见柳叶上面油亮光滑，柳叶再也拾不起来了，都生了根，串了藤。

人们天天薅，日日薅，直到现在都薅不完这些柳叶，人们便把这些柳叶叫做希波草。希波草的根像牙齿一样咬在泥土里，所以又叫牙齿草。

醒谷雀（彝族子君人）

讲述：郭春泉
记录：毕家贵
1988年采录于官渡区矣六乡子君村

在很久以前，子君地方栽种下去的秧苗始终不见长高，就像睡着了一样。毕希波经常出外，在回家的路上，经常听到他携带的铃铛的声音。

时间长了，毕希波所走过的路两边的秧苗长得特别快，人们才发觉有响器的声音，能使秧苗不睡觉，快快地生长。

于是，每天晚上人们便拿着木瓢，木盆之类的东西到田里去敲，发出"喀喀喀"的声音，时间长了，大家觉得疲劳，要庄稼不睡，连人也不能睡，大家便去找希波想办法。

希波见大家确实累了，就顺手摘了些小石榴撒在秧苗田里，念了些咒语，这些石榴便张开大嘴，"咕呱咕呱"大叫起来，谷苗被催醒了。从此，人们便把这些大叫的石榴叫醒谷雀。后人又把它们叫田鸡[①]。

稻谷的传说

讲述：陈国民 55岁 农民
记录：陈有琼 女 15岁 学生
1988年3月26日采录于官渡区小河乡高卷槽村

相传在很久很久以前，玉皇大帝派一只小狗把稻谷带到人间来。小狗游过一条天河，于是稻谷都掉到河里去了，只有尾巴上带了三粒谷种来到了人间。人们从小狗尾巴上取下这三粒种子，撒到了田里，然后精心培育。种子

---

① 田鸡：青蛙。

便传下了很多很多，一颗稻谷从根到尖都有。

地上的粮食多得吃不完，人们就随意糟蹋，浪费粮食。玉皇大帝听到这事后，便把这些稻谷一屁股坐下去，人们的粮食就再也没有了。

日子一天天过去了，一群群的鸟儿饿得叽叽喳喳地在树枝上直叫唤，它们张着嘴对着天上拼命地叫唤："留着尖、留着尖。"这叫声又被玉皇大帝听见了，就只好把稻谷都留着尖，从此，人们种的稻谷就只有尖了，直到现在，不论什么地方的稻谷，都只剩下尖上有谷粒了，再也没有从根到尖的事了。

麻雀的传说

讲述：李海 71岁 农民
记录：余媛秀 女 13岁 学生
1988年3月2日采录于官渡区小河乡小河村

麻雀是一种浑身长有小黑点、棕色羽毛的小鸟。麻雀为什么会长成这个样子呢？

相传在很久很久以前，有一个小村庄，村庄里住的都是穷苦人家。穷得吃了今天的饭，还不知道明天的粮在哪里。此外，还得每年给官府里交租上贡，让那些官儿们享受。

这一年，又要交租了，穷人们又得赶快准备租粮。村里有一个名叫穷哥的青年，他家里还有一个瞎眼的老母亲，他家比村里任何一家还要穷。

一天早晨，穷哥去担水，一路走一路自言自语："唉！又要交租了，这租粮到哪儿去找呀？这不是逼人命吗？"想不到他的话让一只神鸟听到了，这只鸟是奉玉帝的旨意到民间来体察民情的。它很同情这些穷苦的人们，也很想为人们做些事。它想：就是我回天宫向玉帝说明人间的疾苦，也是无济于事的，因为玉帝只顾天上的事，并不顾人间的疾苦。神鸟忽然想到了玉帝的谷仓，那谷仓里的谷子怎么也吃不完。因为里面有五穗"生谷穗"，谷子随时都在出。神鸟心想：我何不去偷几穗来留给人间，让人们能吃饱肚子呢？想到这里，神鸟便展开翅膀向天庭飞去。

神鸟直接飞到玉帝的谷仓门外，见管谷仓的天兵正在睡觉，便偷偷地飞进了粮仓里面，它见那五穗"生谷穗"在谷仓的墙角里闪闪发光，便急忙拿了两穗藏到羽毛下边,又偷偷地飞出谷仓,向人间飞去。到了人间,神鸟看见人们正在收割田里那些不成样子的庄稼。就把它带来的两穗"生谷穗"搓散,向人们的田里撒去。顿时,田里长出了许多颗粒饱满的黄澄澄的谷子。人们赶紧收割,却怎么也割不完。他们不但交完了各种租税,而且家中还积集了很多粮食,这下再也不会饿肚子了。

神鸟看到这喜人的情景,便高高兴兴地回天上去了。当它回到天庭时,玉帝便怒气冲冲地质问神鸟,为什么要把他的"生谷穗"偷去给人间?边问边打神鸟,打得神鸟浑身上下血迹斑斑。

原来,当神鸟偷"生谷穗"的时候,被白鸽看见了,白鸽就告诉了玉帝。所以神鸟飞回天庭时才会受到玉帝的责罚。玉帝又把神鸟贬到人间,接着又派天神下凡收回"生谷穗"。但是,"生谷穗"已被神鸟弄散撒了,收不起来了。玉帝不甘心,就命天神玩弄诡计,把谷子变成一年只生长一次,结一次谷粒的稻穗。

神鸟来到人间后,人们看到它浑身长满小黑点,羽毛又是棕色的,就像一粒粒小麻子,这是因为玉帝在天上打得神鸟满身是血,被风一吹干就变成了黑斑。从此以后,人们就给神鸟取名叫"麻雀"了。

猫的传说

讲述:段明 农民
记录:段京英 女 15 岁 学生
1988 年 4 月 17 日采录于官渡区小河乡团结村

从前人间没有猫,老鼠却很多,经常出来干坏事。但谁也没有办法除掉它们。

有一天,一个老员外的儿子结婚,新郎才学高深,新娘年轻美丽,他俩是天生的一对。正当他们拜天地的时候,老鼠跟出来变作新娘新郎。老员外很生气,只好去南海观音那里告状,观音说:"我知道了,我这里有三只宝猫,我送你一只除掉老鼠,但不到家一定不能打开。"老员外拿口袋把猫装起来就回家去了。可是到半路上,他忍不住打开口袋看看,刚打开,猫就跑出来向一座山上跑去。猫跑到山上就变成了老虎。老员外只好又去观音那里要猫,观音又送了他一只,叮嘱他不要再打开。老员外又说知道了,把猫装进口袋，往回家的路上走去。走到一座桥上，下面是一条大河。老员外想：打开口袋，你也逃不掉。于是他又打开口袋，猫一下子跑了出来，跳到河中，猫就变成了龙。老员外后悔不该打开，只好硬着头皮又去观音那里要猫，观音无可奈何地把猫拿给他说："消灭了老鼠就把猫送来还给我。"老员外这次没有打开口袋。把它拿回家里时，老鼠正在作怪，老员外气愤极了，把口袋打开，猫跑了出来，把老鼠咬得死的死，伤的伤，老鼠王要求和猫一起去玉皇大帝那儿评理。玉皇大帝听了老鼠王的话，就问猫为何要咬死老鼠，猫一一作了回答。玉皇大帝听后说："老鼠该死，猫做得很好。"然后对猫说："你今后咬老鼠，就往它的脖子咬。"

从此，猫咬老鼠就往脖子上咬，咬死了就把它吃掉。

猫和狗

讲述：李丽英
记录：李艳兰 女 14岁 学生
1988年4月12日采录于官渡区矣六乡矣六村

现在猫一看到狗就怕得不得了。

在很早以前，猫狗都是天上的天猫跟天狗。它们在天上还是好朋友呢。

有一次，它们在天空游玩，看到人世间家家都过着幸福的生活，它们很想到人间来，又怕犯了天法天规，于是它们很难过。

过了些时候，有一天，猫对狗说："你是不是想到人间去啊？"狗听它这么一说，就说："是不是你带我去啊？"猫说："是的。"于是猫带着狗来到了人间，在一家很有钱的人家住下了。

那家的主人天天都买一些肉给它们吃，每次狗都抢着吃，猫只能吃一小点。猫就记恨狗，就想把狗害死，自己才能多吃一点。于是有一天，猫对狗说："狗大哥，我们到河里洗个澡吧。"狗想是的，自从到人间来还没有洗过一次澡，于是它就跟着猫来到了河边。猫就说："狗大哥，你下去试试水有多深。"狗不知道它的用意，就说："好！"于是狗就下河去。河里的水很深，狗被淹得直呼喊，叫猫去搭救它，猫不但不救它，还哈哈地笑着说："现在就让你死在这条河里。"狗听到它这么一说，才知道它的用意，狗就问猫："你为什么要害我？"猫说："因为你天天多吃多占，现在你死了，我才可以多吃一点。"说完猫就高高兴兴地回去了。

但是狗却没有死。所以从这一天起,猫一见到狗就怕得要死,一见它就急忙跑了。

五谷的来历（彝族子君人）

讲述：毕金
记录：敬明昌
1987年12月采录于官渡区矣六乡大耳村

从前，地上的粮食只有一种：粟。人们开垦出来的也不分田和地，田就是地，地就是田。人们每年只播种一次，收割一次。粟的产量非常高：顶上结谷子，中间结包谷，根部结洋芋，茎秆就是甘蔗。那时候，人们的生活非常富裕，日子相当好过。男人只管种田，女人只管收获。春天，男人去翻地，播种，把粟种在地里。秋天，女人就去收割成熟的粟，并把各种粮食分开打晒，收仓。人们种一年，可以吃三年；或者连续种三年，可以吃九年。这样，人间和天上一样美，没有人想着成仙上天，天上的反而羡慕人间，想方设法到人间来巡游。人世间的妇女都在收获粟，天神就各处走走看看，心里非常高兴。人世间的妇女看到天上的神到地上参观游玩，心里十分喜悦自豪，觉得收获粟的生活十分幸福。她们日出而作，日落而息，各家各户田地里的粟很快就收获归仓了。但是其中有一家的婆娘却很懒惰，早上起得很迟，天不黑又去睡觉，这样，别人家的粟都收获完了，她家田地里的粟还有一大片。

这一天中午，天神来到她家田地边，看见她一个人孤零零地收割粟，就问："别人家都收完了，怎么你家还剩这么多？"懒婆娘就说："天神大帝，你害苦了我们世间的人，还来问我？你主宰万物生灵，一是一，二是二，怎么偏偏把粮食都生在一起？你看啊，谷子和洋芋，包谷和甘蔗，统统混淆在一起，要把它们分开得多麻烦啊，你这不是有意坑害我们世间人吗？"

天神回到天宫后就下了一道圣旨，遣五谷太子将粟分为五谷。从此，人世间的粮食就分开来种了，种瓜得瓜，种豆得豆，而且四季分明，节令管制，该种才种，该收就收，一年到头都有收有种，这样人世间就再也没有了消闲日子，所以人们最恨懒惰的婆娘。

十里茶

讲述：桂跃昆 68岁 干部 高小
记录：黎云富
1988年7月采录于金马镇

一次，云南总督送一钦差回京。行至凉亭时，二人正在话别，忽然一阵清风送来一阵茶香。钦差随口说道："这茶味很香哪，不知来自何方。上次总督大人呈进的昆明雪梨，皇上已下诏，封此梨产地为呈贡，不知这茶比那雪梨如何？""回大人，这是昆明的又一特产，十里茶，这凉亭十里铺一带盛产此茶，大人即可一饮。"说完，即命人取来十里茶，泡上龙潭水奉上。钦差一品，赞不绝口："好茶，好茶。"继而他又低声对总督道："当今皇上可是品茶能手啊。"总督大人即命："速采十里茶一担，送进京城，献给皇上。"

三天后，一担精制的十里茶备好。总督大人命大将杨天光押送进京。这杨天光是一个刚直之士，对权贵，甚至皇上均不甚看重。加上钦差的一路宣传："十里茶，香十里。"也是名声大噪。一路之上茶商不断，大家听到十里茶的大名，都想亲自尝尝。但贡品是封存有数的。于是普洱、滇绿、红茶等茶商都千方百计地接近杨天光，求其小施一点，一饱口福。杨天光竟擅自开封，让茶商们取一点。谁知这一开不要紧，每人一撮，竟把好端端的一担茶拿走了一半，看着空了的茶篓，茶商们都想让皇上品品自己的茶，于是各自都悄悄地将自己的茶捧一捧放进去。这样一来，一担十里茶变得五花八门。

杨天光将茶押送进京后，也未去参拜钦差，便直接把茶献上。皇上听说即命泡来，他大呷一口，又苦又涩，再看颜色，不红不绿的，他立即将杨天光召来询问。杨天光不明就里，伶牙俐齿，把个皇帝说得十分恼火。皇上将龙案一拍，立即传命，将此茶连根铲除，以保茶种纯正。

快马手持令牌飞奔到昆明，凉亭十里铺一带的茶树，一日之间被铲除干净，山光了，地荒了，云南总督犯下欺君大罪，和杨天光一起被押入天牢。直到此时，钦差才有所耳闻。当他问明原委后，便将云南总督赠予自己的十里茶请皇上品了一杯。"好茶，好茶，爱卿这是何品种？""圣上，这是十里茶啊！"钦差将杨天光路上所遇讲完后，皇上非常懊悔，于是他下诏免了云南总督和杨天光之罪,还将杨天光留朝听用,同时还下诏,谁还保留有十里茶种,另有重赏。

但是老百姓可没有听皇上的诏令,都说皇上朝令夕改,不可信。却将偷留下的茶种在园中种植繁殖,很多年以后,十里茶的故乡才恢复了元气,驰名中外。

一朵云牛鞭（彝族撒梅人）

讲述：王秀美 女 61岁 彝族撒梅人 农民
记录：敬明昌
1986年2月采录于官渡区板桥镇一朵云村

离一朵云村不到二公里地方有一个小村子,但从古到今,两个村子使牛耕田的方法区别很大。一朵云村的牛耕地时,主人只要拿一条鞭子从后面赶,牛就很乖地朝前走。但小村子的牛耕田时,必须有一个人在前面牵着鼻子,如果不牵,牛就不会耕地,无论怎么训牛,那牛都不会。

传说很久以前,有一个白胡子老倌从西边来,先到了这个小村子,村里的人做农活,正在田边吃晌午,见到这个白胡子老倌,也不问不理,只顾自己吃,白胡子老倌叹了口气,只好往前走。到了一朵云村,一朵云村的人做地里的活计,正在地边吃晌午,见到白胡子老倌,就很客气地邀请他一起吃,白胡子老倌就坐下来吃,并把一根做拐棍的棍子丢在一架牛的犁铧下,他吃饱了站起来说:"吃了你们的饭,没有银钱给你们,就把我的棍子送给你们赶牛吧,给你们省一个人力。"说完他就走了。使牛的人就用他丢下的棍子赶牛耕地,那牛也就很听话,从此一朵云村的牛耕田就不用人牵了,省了一个劳动力。

附 记

昆明地区的耕牛在耕田地时,一般使用两头牛,俗称"一架牛"。耕田时为了使两头牛协同动作,前面往往需要一个人牵引,耕作山地时更需如此。但有一些很熟练的牛可不用人牵引,这又往往取决于教练小牛耕作时的方法和经验,所以,昆明地区的耕牛有的地方要人牵,有的地方不需要人牵引。

云雀（彝族撒梅人）

讲述：飞崇义
记录：灌玉

传说古时候，撒梅人居住在昆明坝子里，滇池岸边。有一年，遭了一场兵灾，把撒梅人打散了，所以被叫做"散民"。撒梅人有一个部落，由青年英雄阿朵率领，奋勇作战，打退了敌军，回到滇池边。可是，祸不单行，盘龙江发了洪水，昆明坝子一片汪洋。哪里去安身呢？英雄阿朵有三支神箭，他对着大山射出第一支箭，一声霹雳，山开了，阿朵带领大伙上了山。山上只有树木和荆棘，他们住在山洞里，采野果和打野兽过日子。大伙当然不能这样熬下去，野兽打光了，吃的更困难，阿朵跟大伙商量，决定种庄稼。可是，百灵鸟儿告诉他们，山上本来有粮食，听说他们要上山，天公把粮食收上天，叫银河岸上的耕娘仙子耕种，耕娘仙子很能干，种出满天彩霞。

阿朵听了，很气愤，他要向天公讨回粮食子种，就对着银河射出第二支神箭。又是一声霹雳，天门开了，耕娘仙子在云头问："是谁放箭？"阿朵说："还我粮食种子，否则还要放箭。"并讲明天公不讲理，把人间的粮食抢上天。耕娘仙子爱慕阿朵是个英雄，同意退还粮种。她悄悄地把粮食带到人间，和阿朵商量种庄稼。可是山里缺水，怎么办呢？耕娘仙子告诉阿朵，山里的水在老爷岭，阿朵射出了第三支神箭。老爷岭打开了，白龙公主出山，跟阿朵说，谁射开老爷岭，她就嫁给谁；只要阿朵娶她，她就把水引出来。大伙为了过好日子，都劝阿朵跟白龙公主成亲。阿朵同意了，就跟白龙公主结成夫妻，白龙公主把水引出山，流出一条热水河。

耕娘仙子没有和阿朵成亲，她很伤心，但她不愿意离开人间，还是跟大伙一道种庄稼。天公知道了，叫她把种子收到天上，她不愿意。天公震怒，派凶神把她打成一只小鸟，永远不许回天庭。就是这样，她也不愿意回去，每年春天，她一声啼叫，直飞高空，飞到银河岸上衔了种子下来。所以地上的庄稼跟彩霞一样美。撒梅人把耕娘仙子变的小鸟称为"叫天子"，汉族同胞叫她"云雀"。

松树与棕树（彝族子君人）

讲述：毕世荣
记录：郭春泉
1988年11月采录于官渡区矣六乡大耳村

很早以前，在子君人中有一家哥俩。大哥阿咪若是前娘所生，为人憨厚老实；弟弟阿咪珠是后娘所生，为人狠毒奸诈。兄弟俩相依度日，家境很穷。大哥老实勤快，生活俭朴；弟弟奸馋贪懒，凶恶霸道。大哥阿咪若经常被弟弟阿咪珠拳打脚踢。

这一年入冬时节，哥哥约弟弟上山打柴。弟弟早想害死哥哥阿咪若。上山前，哥哥忙着准备打柴的扁担绳索，弟弟准备上山吃的晌午。

哥俩到了山上，阿咪珠说他肚子疼，找了一个背风处坐着，阿咪若怕他受凉，把自己的衣服脱给了他，自己一个人去砍柴。等阿咪若把柴砍够时，阿咪珠早把带来的晌午吃光。挑柴回家时阿咪若挑着一大挑，阿咪珠只挑两小捆。这样一连九天，弟弟怀着整人的心整治哥哥，到了第十天，阿咪若终于病倒在床上。但阿咪珠硬说哥哥装病，大吵大闹，逼着哥哥从床上起来上山砍柴。

这一天山上下起了大雪，北风呼啸，大哥到了山上就被冻死了，弟弟扬扬得意准备下山，但他万万没想到大雪封住了所有的路口，他只好在雪地里到处乱爬，天快黑时他听到一个喊声："朝这边来，这边才是你回家的路。"阿咪珠爬过去就摔下了山崖。

原来，山神和土地神早已察觉了阿咪珠的坏心肠，大哥冻死后，山神把他的尸体埋到了高高的山顶，土地神把弟弟僵硬的尸体扔下了山崖。冰雪融化后，埋葬哥哥的山顶长出来一棵苍翠挺拔的青松，扔下弟弟的山崖下却长出了一棵穿着几层厚厚棕皮的棕树。

子君人永世不忘憨厚老实、勤劳俭朴的大哥，就把青松叫做阿咪若，逢年过节家家户户都要到山上修几枝阿咪若插到花瓶中和挂在门框上，门前和堂屋里还要撒上青松毛，以表平安清静，四季常青。而那个狠毒奸诈的弟弟阿咪珠，子君人每年都要用刀子从它身上剥几层皮，表示对他的惩罚。

鸡的来历（苗族）

讲述：罗德祥 90岁 苗族 农民
记录：罗宗堂 49岁 苗族 农民 小学
1988年3月27日采录于官渡区小河乡李四冲村

很早以前，有一家苗族人，父子两个生活，妈早去世了。几年以后儿子大了，爹给儿子娶来一个媳妇。媳妇生得漂亮，心肠又好，织麻、纺线、织布、种地，样样都能干。过了一年，爹对儿子说："你现在该当家了，我也要接一个婆娘。"

果真没过多久，爹就把晚妈接回来了。这个晚妈好吃懒做，什么家务事都不做，还看不起儿媳妇。儿媳妇每天忙着干活计，但日子却一天天贫困起来，生活都过得不如人了。

有一天，媳妇去找猪草，去一个没去过的地方，对面有一座大岩子，岩脚下长满了荨麻，手脚碰着辣得疼痛，但这里长满了肥壮的猪草。媳妇忍着荨麻刺痛去摘猪草，这时听见岩脚旁有叽叽咕咕的叫声。她扒开草丛一看，有一窝蛋；又扒开另一草丛，又是一窝蛋。她不知道是什么鸟下的蛋，就躲起来看。看见了母鸟冠子小，公鸟冠子大而红，像把木梳，身上长红绿色的羽毛，很好看。媳妇背着猪草回家，不出声。以后几天，她去找猪草，又去石岩脚看，后来她就把这事告诉给公公和丈夫，父子两个就跟她去看，果然如此，爹对媳妇说："这是你的福分，我们把它拿去养。"于是，他们就把鸟捉回家，蛋也拿回来。儿子说："把鸟杀了，连蛋一起煮吃。"媳妇说："你的嘴痒了？拿来抱小鸟。"到了二十一天，小鸟孵出来了，二十二天窝里都出齐了，全家欢喜，把它们养大。第二年下蛋又抱，后来就繁殖成群。媳妇喂养好，一唤就来吃食。爹就夸儿媳好，渐渐疏远了晚妈。晚妈恨在心里，骂媳妇时就骂鸟。

养得多了，大了的公鸟到半夜就咕咕地叫起来，直叫到东方太阳出，每天叫的时间准，地方上都传遍了。大家很高兴，到他家来看，媳妇就一公一母地送人，传遍村村寨寨。后来人们为纪念这个年轻漂亮的媳妇，就把这种鸟取名叫"鸡"。

马尿河

讲述：施云芝
记录：施军
1988年3月采录官渡区矣六乡于照西村

在很久很久以前，马尿河两岸是一片葱绿的树木。那里的树长得又高又大，枝叶茂密，河里的水总是又满又清，清得可以看见水底的泥沙和游鱼。由于树木太密，招引了许多鸟儿来这儿落脚，这儿便成了鸟的天堂，时常都听到鸟叫的声音。后来，不知什么时候，从什么地方迁来了一大群孔雀，它们从此便在这儿安了家，成了这个林子的主人。由于孔雀太多，它们把粪便都拉到河里，河水的颜色就慢慢地变了。由原来清澈透明的变成了黑绿色的，就成了有毒的水了。人、畜都不能饮用。

有一天，一个书生模样的人骑马经过这里，走着走着，他的马儿口渴了，他就下马来把马牵到一个低凹的地方，让它喝点水。谁知，当他的马前蹄刚跨下去，水面刚好没过马蹄，那马就惊叫起来。他忙把马拉上来一看，马脚被水淹过的地方，肉全部腐烂了。他非常生气，心想：这水真可恨，害我脚力，误我路程，今后还不知要害多少人，应该把它贬走。忽又想到：我如果把它贬走了，照西娘娘①就没有浇花水了；就贬去它三千年吧，让它三千年后才许上涨一次。说完，默默地念了一些让人听不懂的咒语，便牵着马到附近的村子投宿换马去了。说也奇怪，自从这个书生走了以后，马尿河水便真的减退了，只有照西娘娘的三分浇花水像马尿似的流着。而"马尿河"的名字也就从此被人们沿用至今。

后来，由于人口增多了，许多荒地被开垦了，马尿河里的那一小股水不能满足灌溉，庄稼也因常常无水浇灌而被晒死。人们便聚拢起来，一起去寻找河水的源头，他们走啊走啊，最后走到了撒梅村，顺着水道，终于找到了它的源头，原来是在半山腰的一个龙潭之中。细细地一观看，才发现出水的洞口被一截枯树根堵住了。他们就去撒梅村找来了许多绳子，用绳子套住枯树根，套好后大家一起用力拉。一拉，水就像老牛翻身似的满了上来。刚

---

① 照西娘娘：请参看《照西娘娘的传说》。

想松松劲，歇一歇，手一松，绳子便落进了洞里，好几次都是如此，大家都很失望。他们休息了一会儿又来拉，这次不但没有把树根拉动，还把绳子掉了进去。大家都非常惊奇，心想：洞中一定有个神仙，可能是他嫌我们太贪心，拉了够用还不撒手，生气了。从此，一到缺水的时候，他们便又结伙到这儿来拉枯树根。

后来，由于人们对树木的砍伐，树林里的孔雀不能生存，不知什么时候全部都飞走了。这儿的树木就渐渐地变少了，这儿也就越来越变得荒芜了。

土特产传说

烧饵块的来历（彝族撒梅人）

讲述：飞崇义
记录：灌玉

有一天，撒梅人粗糠宝到昆明卖山货，一进大东门，就见满街汉族同胞愁眉苦脸站在大门边，有的还在哭泣。一打听，才知道昨晚知府衙门二堂失火，知府归咎百姓，四城门张贴布告，禁止百姓在家生火煮饭，三个月以后才准煮饭，这不要饿死人吗？

粗糠宝叫大家在门口支个炉子，烧米粑粑吃。撒梅人把粑粑叫饵块，粗糠宝叫大家都把粑粑叫饵块，知府听说百姓烧粑粑吃，派人来追究。粗糠宝回答说："知府只禁止在家生火煮饭，没有禁止在门口烧饵块吃。"知府也无可奈何。从此，昆明人喜欢在门口支个炉子烧粑粑吃，汉族同胞就把粑粑叫"饵块"了。

附 记

饵块是昆明地区大家喜爱的一种食品，制作方法是选上等大米蒸煮熟后放在石臼里，用脚舂碓把饭粒舂化，揉成椭圆形，压扁而成，饵块重约一公斤，切成片或丝后蒸、炒、烤食都行，别有一番风味。

脚舂碓是一个长6米，宽4米的木制十字架，重量约300公斤，要8个年轻力壮的小伙子合力而踩，舂饵块的声音几里外都能听见。现在这种脚舂碓已被淘汰，被电动饵块机所代替。

子君饵块（彝族子君人）

讲述：李清元 70岁 彝族子君人 农民
记录：毕家贵

相传在很久以前，大寨里有一个老乞丐，领着他的小儿子到处要饭。那时的庄稼人靠田而居，有的两三户住在一起，有的七八户住在一起。大多农户都起早贪黑，早饭到晌午，晚饭打更鼓，不碰到吃饭时候是要不到饭的。父子两个靠讨饭度日还是很艰难的。

老乞丐为了使儿子快乐点，经常讲故事给儿子听，并对儿子说："儿啊！我们讨一文，用一文，钱不生锈；讨一口，吃一口，饭不会馊。"嘴上虽说得乐观自在，但心里却暗暗为年关到来而担忧。因为每年过年前后都是大雪封山，难以行走。

有一天，老乞丐对儿子说："儿啊！我今年的身体不成了，眼看就要大雪封山了，我们现在辛苦点，多要些饭来存着，到实在出不去的时候才有吃的。"于是他们天天要好多饭来储存着。过了些日子，看看存的那些饭，上面长满了红毛绿毛，还有股难闻的气味。

有一次，他们把要来的剩饭，放在烂盆里用木棒舂烂，舂得很细腻。再用手一团一团揉好，按扁。儿子拍着手说："好看了，好看了，像块耳朵了。"一块、两块、三块，儿子一边数着，一边把它铺到烂草席上晒着。

过了几天，儿子看了那些东西对父亲说："爹！我们做的那些饵块开裂了。"老乞丐说："把它放到水里泡着吧。"

大雪封山了，过年那几天他们出不去要饭，就烤着柴火，肚子饿了，便把饵块从水里捞上来，在火上烘烤着吃，又软又香，非常好吃，父子俩高兴极了。

直到过完年冰雪融化了，他们的饵块也吃完了，才又去要饭。那些庄户人家问他们："你们这些时候都不来要饭，吃些什么东西？"老乞丐把饵块的事告诉了他们。于是每年过年前家家都舂饵块，一直吃到过年后。

民间工艺传说

荞山龙潭与阿乌（彝族子君人）

讲述：毕世荣
记录：郭春泉
1988年11月采录于官渡区矣六乡大耳村

"阿乌"是子君人的一种非常古老的乐器，用胶质黏土，手工捏制晾干而成。形状如一个大水饺，弓背留有一吹孔，中间有两个发音的小圆孔。

相传很久以前，子君人中有一个名叫荞山的放牛娃，在他三岁那年，老天爷不下雨，天干地裂，庄稼树木枯死，山脚下的龙潭被土官阿本比霸占。荞山的阿爹阿嬷[①]邀约大家到龙潭舀水喝，阿爹被土官阿本比吊死，阿嬷被淹死在龙潭里。荞山只有和年迈的阿波[②]相依为命，当了阿本比家的娃子[③]，为土官放牛放马，吃土官家的剩饭，睡土官家的牛厩，喝牛马喝剩的水。

荞山长到八岁，阿波更加老了，不能去放牛马了，阿本比撵走了阿波。小小的荞山心灵手巧，在山脚下找了个地方，邀约伙伴盖了个窝棚安顿阿波。他每天把省下的苦荞粑粑给阿波吃，自己采摘野果充饥，不到一年阿波就死去了。

荞山每天要到阿波的坟前，从怀里拿出阿波给他做的阿乌，吹一曲阿波

---

① 阿嬷：阿妈或母亲。
② 阿波：爷爷或外公。
③ 娃子：奴隶。

教他的"布啦哩^①"。荞山牢记着阿爹阿嫫和阿波的惨死,决心要为穷苦的子君人找到一眼甘甜的龙潭水。他每天在山脚下那块绿茵茵的地方挖呀挖,不知流了多少汗水,一连挖了几个月,挖成了一个大深潭,但潭里却没有一点水。荞山十分难过,一个人在深潭里哭,哭干了眼泪,哭哑了嗓子,他就拿出阿乌来吹,表达自己的悲愤心情。

阿乌凄凉的音调感动了滇池里金角老龙的心,他就派小白龙到荞山挖的深潭里居住。但是,当小白龙带着满天细雨到来时,荞山手捧着阿乌端坐在龙潭边,已经气绝身亡了。小白龙悲伤地流下了眼泪,泪水流到深潭里,变成了一潭清泉,从此潭里冒出了碗口粗的泉水。

人们为了纪念荞山,就把这个深潭起名叫"荞山龙潭"。小白龙为了给荞山报仇,一夜之间将土官阿本比家卷到滇池里。后来,只要天旱无雨,子君人就吹响阿乌,到荞山龙潭边去求雨,据说有求必应。

---

① 布啦哩:阿乌曲调。

风俗传说

撒梅人过端午节（彝族撒梅人）

采录：高登智

昆明撒梅人过端午节，一般是煮豆芽、吃蚕豆，喝菖蒲、雄黄配的药酒，挂菖蒲、艾蒿于门外，还用黑线拴男人左手和女人右手，用五彩线缠孩子手腕，一直到六月二十四日火把节，才将线剪断，丢进火里烧掉。这样做，据说可以避邪、除秽、驱毒虫，防止恶魔作怪，它带有撒梅人的民俗特征。

传说，在古代滇池固丘山一带住着很多撒梅人，他们和白彝自由民一起过着自由自在的生活。当时，有一个黑彝大奴隶主惹召，经常抓自由民供他驱使役用。有一年五月初五，惹召带着家丁闯进撒梅村寨抓人，撒梅王闻讯，带着一些人奋起反抗，终因寡不敌众而惨遭杀害。很多大人小孩也被用绳索绑去，男的拴左手，女的拴右手，小孩拴手腕，押解到固丘山一个黑洞子里。他逼他们白天干苦活，也不给吃饱；夜晚就囚禁在洞里，被毒蛇和蜈蚣、跳蚤、臭虫、虱子等毒虫叮咬，备受折磨。撒梅人不甘心受苦，便割了很多菖蒲和艾蒿回来，在洞里焚烧烟熏，驱走那些毒虫，还将菖蒲、雄黄配成药酒内服外用，用以解毒杀虫，治疗疥癣、恶疮和创伤。这些日子里，他们几次暴动，都被奴隶主镇压下去。

有个叫阿腊的小伙子，足智多谋，撒梅人便拥戴他领头举事。六月二十四日夜晚，撒梅人手执木棒、竹竿，埋伏在固丘山险要隘口，阿腊则从小路驱赶牛羊摸进奴隶主的城堡,然后点燃牛羊角上扎的火把,牛羊惊吓得拼命奔跑,跑到哪里,哪里火起,城堡顿时一片火海。惹召从梦中惊醒,猝不及防,就被冲进来的阿腊结束了性命,撒梅人捣毁奴隶主的巢穴后,接着救出被关押在黑洞里的人。于是,那些人都愤恨地将捆绑他们的绳子统统扔进火中烧掉,并举起火把,唱着调子,翩翩起舞,欢庆胜利。自那以后,撒梅人便有在端午节戴黑线和五彩线的习俗。

花场的传说（苗族）

讲述：罗德祥
记录：罗宗堂
1988年4月2日采录于官渡区小河乡李四冲村

很久以前,有一个名叫夺冷丙的苗族青年,他是个吹芦笙的好手,苗家村寨,凡有红白喜事都要请他去吹芦笙。夺冷丙芦笙舞跳得很花哨,早就名传四村八寨,几十里甚至上百里的地方都有人来请他去跳芦笙舞。夺冷丙家门前草坝被来来往往的人踩出一条大路,有时来请他的人多了,就常常吵嘴壳,因为谁家请到他就体面得多,没有请到他就觉得脸面无光,这倒把夺冷丙难得走哪家都不是。

有一年,天上的天神咯米无蚤登基不久,为了抬高自己的名望和地位,他准备办一个史无前例的花场。咯米无蚤召集天上的芦笙手来吹芦笙,耍花样比手脚,他要选一名有本事的芦笙手当花场主角。芦笙手们按时来到咯米无蚤的宫殿,经过七天七夜比赛,结果,没有一个芦笙手中咯米无蚤的意,咯米无蚤焦虑得坐卧不安,连续几天饭菜都没有下肚。

这个时候,咯米无蚤的女儿谷凑悄悄走出皇宫,带着几个侍女出来游山逛水。她们听到一阵又一阵激荡人心的芦笙从凡间传来,就到处窥视。忽然看见一棵粗壮茂盛的大树下,有一个青年芦笙手正教一帮后生吹芦笙跳舞。芦笙手忽而跳起优雅的舞步,忽而又倒立翻滚,谷凑一直看得眼睛麻溜溜的,她认准这是天上难找的芦笙手,父王一定能相中他。为了讨得父王的欢心,谷凑不顾违反天规,带着侍女们下凡来,在大树周围周旋了半天,打听到这位芦笙手叫夺冷丙后,就急匆匆上天了。

咯米无蚤听说凡间有个了不起的芦笙手,喜出望外,就叫谷凑到凡间来请夺冷丙。

谷凑带着侍女从天梯下到凡间,她们在村寨打访,经过三天三夜的周折,终于找到了夺冷丙家。

夺冷丙的妻子叫谷朵通,这时和自己的母亲坐在茅屋前绣花。谷凑问道:"你家夺冷丙在家吗?"谷朵通见她们人生面不熟,妖里妖气,一来就傲气地打听别人的男人,很不高兴地答道:"我家夺冷丙,白天上百里外帮人去了,夜间帮人家赶马到千里之外,他没有在家。"谷凑很惋惜地叹了一口气:"那么,他什么时候能回来呢?""他靠帮工活口,一年三百六十天,算不定哪天才回来。"谷朵通冷言冷语地答复,想方设法把她们打发走。但恰恰谷凑走也不是,坐也不是的时候,屋里嗯嗨地咳了一声。谷凑她们听到屋里有声响,对谷朵通说:"你哄我们,我们非得开门进去看。"她们嚷着,坐在屋里打草鞋的夺冷丙还来不及躲避,门就"咯吱"一声被推开了。谷凑看见夺冷丙,笑得嘴都张圆了,侍女们也笑得合不拢嘴。谷凑很得意地晃着轻佻的身子对夺冷丙说:"父王要在天上办个隆重的花场,委派我们下凡来请你去吹芦笙,请赶花场的男女老少看。"谷凑把办花场的时间告诉夺冷丙,高兴得忘了问夺冷丙要来不来,就急忙带着侍女们回天上去了。

夺冷丙要去给咯米无蚤吹芦笙,他不像往常那样高兴,整天沉默寡言,愁眉不展。谷朵通心里更难过,她一再劝夺冷丙不要去。可是,咯米无蚤的事谁敢不去呢?日程一天天紧迫,举办花场的时间只有三天了,夺冷丙难过地对谷朵通说:"看来无蚤的事不去是不行的,我去后,你经常打开柜子看,假如芦笙管不断滴水,吊须还新崭崭的,那么我保险能回来和你团聚。要是芦笙管干巴巴的,吊须褪色了,你就不必等我了。我走后,你把镜子对着上苍安放好,路途以至场上的情景你都看得一清二楚。"夺冷丙含着眼泪说完后,离开了谷朵通和丈母娘,登上通往天上的天梯。

夺冷丙走后,谷朵通和母亲天天盼着、念着。有一天,谷朵通心里非常难过,她揭开柜子一看,夺冷丙的芦笙管干得快要裂口了,吊须枯得发白。她把镜子对着苍天安放,看咯米无蚤举办的花场上人山人海,成千上万的人穿着花色不同的节日服装,会集在一座荒坡上。在挤满人的跳花场上,咯米无蚤的女儿,不要脸的谷凑神绰绰地打着一把伞遮住夺冷丙。谷朵通一见伤心地将镜子砸成碎碴碴,泪水像雨点一样往下落,她寒心地对母亲说:"妈呀,快拿花衣裳我穿上,让我去细细看,谷凑这条小母狗到处摇尾巴,太欺负人了!"母亲拿出新崭崭的花衣裳给谷朵通穿上,谷朵通离开家,走到上天的大路，登上了天梯，来到了咯米无蚤的花场上。

谷朵通看见谷凑像服侍自己的男人一样，用一把伞遮住夺冷丙，扭着一把苦蒿细的蛇腰，挤眉弄眼地逗弄夺冷丙。正在左右为难的时候，谷朵通大声喊道："不要脸的小母狗！"这一声喊像炸雷，把赶花场的人吓了一跳。谷朵通双手分开被吓呆的人走进去，一掌推开谷凑，吐了谷凑满脸唾沫。她不管是在天上闹事，还是在太岁头上动土，牵着夺冷丙的手就要离开花场。

咯米无蚤请到一位出色的芦笙手，凡间和天上的人都汇拢来赶花场，给咯米无蚤争了面子，花场上人山人海，热闹声传出百里远。咯米无蚤高兴得脸庞红彤彤，不知怎样才好。赶花场的人见他满脸笑容，就轮流敬他酒，不多时，咯米无蚤酒量到家了，一躺就是半天。等他醒来时，花场没有芦笙的声音，人们零零散散走了。咯米无蚤醉醺醺地爬起来，他听说夺冷丙的妻子谷朵通闯到花场上把夺冷丙挽走了，他一怒之下，抽出刀，霍地一下，把一个天官砍死了。为了把花场办得有始有终，他又派逛荡的谷凑带几个侍女再次下凡，再把夺冷丙请上天。

咯米无蚤在天上等得心急火燎，一天不见来，三天不见来，整整等了七天，谷凑才哭哭啼啼地带着侍女们回来。她向父王说："夺冷丙被谷朵通挽着，像一根篱笆桩死都不愿上苍天。"一拖再拖，赶花场的人就要散光了。咯米无蚤只好带几个侍女亲自到凡间来，他们来到夺冷丙家，谷朵通说："你那天上尽搞伤风败俗，拆散他人幸福的脏事。"咯米无蚤听到这些大吃一惊。

为了使谷朵通答应夺冷丙再到花场吹芦笙，咯米无蚤答应严加管理好花场，不允许花场上再出现不三不四的事情，如果谁破坏花场秩序，纠缠别人的婆娘和汉子，就严加惩处，不留情面。条件规定好，谷朵通就答应下来，叫夺冷丙跟着咯米无蚤上天。

常言说：狗到天边也改不了吃屎的性子。夺冷丙到了花场，拿起芦笙刚吹了三转，谷凑就打着伞遮住夺冷丙，得寸进尺地向夺冷丙挑逗。夺冷丙理也不理，只管吹芦笙。这时谷凑叽叽咕咕地打搅夺冷丙，逼他和谷朵通分家，与自己在天上成家。夺冷丙的芦笙几次被迫中断。

花场的这一切情景，没有混过谷朵通的眼睛，她不能容忍谷凑挑逗引诱自己的男人。于是，又换上一身崭新的衣裳来到花场。

死不要脸的谷凑扬扬得意，还在纠缠夺冷丙。谷朵通压不住火气，一步走上去将谷凑推倒，把伞撕成碎片片，几脚跟踝了，火辣辣地喊："谷凑，不要脸的小母狗，你到处摇尾巴，破坏别人夫妻关系。咯米无蚤说过，这样不要脸的事，要受到惩处的。"这一喊并没有吓着谷凑，她反而不知羞耻地顶撞说："啊，破坏你的幸福，你还敢把我吃掉！"

谷朵通不管她是咯米无蚤的女儿了，一把抓住谷凑，把她的花衣裳和裙子撕扯下来，拍着谷凑的裸身。谷凑像落汤鸡一样，跑到父王身边，抱头痛哭。

咯米无蚤大骂："谷朵通这只母鸡，又上我的天庭闹事，我不拧她的耳朵教训才怪呢！"咯米无蚤认定谷朵通犯上作乱，但是大打出手怕惹来麻烦。于是，他自己摇身一变，成了一头壮实的黄牛，跑到谷朵通跟前，用角向谷朵通顶去。机灵的谷朵通从腰间扯出一把长长的麻，朝牛头一套，就把牛角死死缠住，牛越扳动麻缠得越紧。这时谷朵通用力一拉，黄牛翻了几个骨碌，一抖身子现出了原形。咯米无蚤不高兴地说："你是谷朵通吗？"谷朵通答道："是啊，咯米无蚤，还想做哪样？"咯米无蚤听后，一声不响地溜走了。

咯米无蚤在人们面前丢尽了脸，这时围观的人说："咯米无蚤啊，坏事不是出在谷朵通身上，你不应把火烧在他人身上。"谷朵通也跑过来，斥责咯米无蚤说话不作数，对破坏花场、拆散他人夫妻的人不严加惩处。咯米无蚤感到再不顺民意，就会失去地位，落个身败名裂。因此，他当着大家的面，把谷凑叫来训斥："谷凑，你这个不要脸的东西，人家男才女貌，男的吹芦笙天上地下谁个不晓，女的穿裙子褶角比刀刃锋利。你啊，算什么东西！"

谷凑当即被雷打又着火烧，一时想不通，得了疯癫症，披头散发到处乱跑。她跑到夺冷丙面前，就说："为了把你身上的污点淘掉，请求你张开嘴。"夺冷丙没料到这疯姑娘的心肠十分狠毒，就张开嘴。谷凑一下子拔出夺冷丙的舌头，血淋淋地提着满山跑。夺冷丙因失去舌头倒地身亡。

人们闹闹哄哄溜向出事地点，谷朵通守着夺冷丙哭得死去活来，直哭得天昏地暗。最后她忍受不了这样的痛苦，就用芦笙照准自己的脑门心猛击，倒在夺冷丙身旁。

赶花场的人看到这种情景，就聚集起来，要为芦笙手打抱不平，为谷朵通伸张正义。成千上万的人呼喊着，拥向咯米无蚤的宫殿，向咯米无蚤提出要抵偿人命。咯米无蚤被阵阵人浪冲击着，为了保住自己的命，只好当众宣布:"惩罚谷凑到凡间买两口棺材,栽培一个花园,把夺冷丙夫妻埋在花园里,谷凑终生看守他们的坟墓。"

赶花街的人又提出来,凡间和天上应分开。要求咯米无蚤把花种分给凡间,允许凡间设花场。咯米无蚤感到凡间和天上混杂,不好管理收拾,招呼不好又要遭到人们的唾骂,就把花种分给人间,允许凡间设花场。

从此,天梯被拆掉了,天上和凡间互不往来,减少了许多麻烦。

凡间人把夺冷丙夫妻抬回凡间,把他们安葬在谷凑栽的花园里。过了三年,夺冷丙和谷朵通变成一对白蝴蝶,在花园里飞来飞去。谷凑后来死在狗屎坝上,腐烂后变成一只夜蛾子。

人们把花种栽培好,每到正月十五后,就开起馥郁飘香的花。为悼念夺冷丙和谷朵通,同时也是为了欢庆凡间人的胜利,每年这时候就要赶花场,痛痛快快地度过节日。

高鬏（苗族）

讲述：马德荣 苗族 农民
记录：罗宗堂
1988年4月采录于官渡区小河乡前石洞村

很久以前,一个大族同苗族打仗,打了好几年,苗族连续失利,人死得很多。大族实行三光政策,见到苗族不分男女老幼都杀光。苗族田地被占领,财物被抢光,在这危急时刻,只好选择逃向西南大山区,躲避大族的追杀。

苗族想要活命,想要带一些种子,但路上盘查的关卡很严,一旦查着就要杀头。大族的目的是把苗族撵走,困死。有一个灵巧的苗族妇女把一包包谷放在头上,用头发网好,打起盖箍来挽成一高鬏,逃脱了关卡的检查。从这一天起,所有的苗族妇女都挽起高鬏来,每人带一包包谷出来做种子。

苗族失去了自己美好的家园,辗转而逃,躲过了大族的追杀,最后终于逃入了贵州土司的辖区,后来又到了云南。妇女们为了纪念带来包谷子种,高鬏一直挽到现在,成为灵巧机智的象征。

松毛席的来历（彝族撒梅人）

讲述：张福彩
记录：李光荣
1980年2月采录于官渡区阿拉乡大麻苴村

撒梅人逢年过节，办理婚丧喜事，都要从山上摘回一些青松毛，屋内室外，门口路上，都要厚厚地铺上一层，在上面喝酒、吃饭、跳舞、耍闹，感到特别新鲜。他们为什么会有这样一种习惯，说起来还有一点来历呢。

在古老的年代里，撒梅人就生息在滇池沿岸。这里气候温和，土地肥沃，水草丰富，牛羊成群，他们在这块土地上辛勤耕作，每年都有好收成，不愁吃，不愁穿，过着无忧无虑的生活。

有一年秋天，牛羊特别壮，庄稼特别好，快要成熟的谷子被风一吹，就像一片金黄的海洋。这时，有一个外地的部落头人看到撒梅人这块宝地，垂涎三尺，想把撒梅人撵走，把土地霸占过来。

一天晚上，他把重兵悄悄地布置在山头，等天一亮就要围攻撒梅卡（撒梅语，卡意思为村）。撒梅人得知了这个消息，就把所有年轻力壮的男人们组织起来，等鸡一叫就反击。他们连夜出发，神不知鬼不觉地把入侵者团团围住。过了一个时辰，远处的公鸡喔喔喔地叫了起来，听到鸡叫声，不久龙腾虎跃，长矛、大刀、弩箭一齐向入侵者杀去。入侵者遭到突然袭击，还没有弄清发生了什么事，就已被打得血肉横飞，丢盔弃甲，最后被消灭在山林里。

山下的撒梅人得知前方已经打了胜仗，赶紧杀鸡宰羊，抬着酒肉去慰问勇士们。到了山头上，到处是一摊一摊的血迹，连摆酒席的地方都没有。这时，一位聪明的姑娘抬头看到绿茵茵的松林，一下子便有了主意。她让大家摘下松毛，在地上厚厚地铺上一层，这样，就能在上面喝酒吃饭了。酒足饭饱之后，大家吹起叶笛（树叶片），奏响口弦，欢乐地跳起了绕山舞。

从那时候起，撒梅人不管办什么婚丧喜事，都离不开青松毛。为了纪念公鸡给他们传了信号，又仿照公鸡的样子做了一些帽子（称鸡冠帽），给姑娘们戴上。这些习惯一直流传到现在。

斗牛会（苗族）

讲述：张文学
记录：张培德
1988年元月采录于官渡区小哨乡金钟山

每年苗族都要举行斗牛盛会。传说从前有一对恩爱夫妻，丈夫姓剑，人称剑老爷，妻子就叫剑老奶，这一对夫妻有两个儿子，大的取名叫郎星，小的叫郎球。

那时候，生活艰难，战争频繁，经常抓兵。有一年剑老爷被兵丁抓走，一去音讯全无。剑老奶就领郎星、郎球过日子，母子三人就这样过了好多年，还是没有剑老爷的消息。

又过了几年，郎星、郎球长大成人了，有一天，剑老奶被兵丁抓去当了仆妇。父母被抓走后，兄弟俩就相依为命过日子。后来郎星、郎球都讨了媳妇，生了孩子，日子一天比一天好过了。哥弟俩商量，现在我们都有孩子了，日子也一天天好过了，应到集市上买些牛羊来养着，踩点粪，帮助我们犁地，于是就骑马到集市上买牛去了。

来到集市上，怎么也不见有牛卖，街头街尾都找不到一头牛。只见兵丁拉着一位老妇人在街上走着卖，郎星说："今天来买牛，遍街没有一头牛卖，我俩不如就买回这老婆婆去领我们的孩子。"郎球说可以，就过去买了这位老仆妇。

走出街头，哥弟俩就各骑各的大马走在前头，这位老仆妇就跟在后面走。这位老妇女穿得又脏又烂，连一块好布都没有，走得很慢，跟不上郎星、郎球的大马。郎星对弟弟说："走慢点。既然要买回这位老婆婆去领孩子，就要走慢一点，让她跟得上我们。"哥弟俩放慢了脚步，和她保持一定的距离。走了好些路程了，这位老妇人就这样跟着哥弟俩走。来到过去剑老奶领她的两个儿子找猪食的地方，老妇人看了很久，回想往事，就唱起一首歌来："喔咿呀，喔咿呀，到了过去我领我的郎星、郎球在这儿找猪食，郎星、郎球在这儿玩牛打架的地方啦！"

这么一唱，郎球听到了歌声，心想：为什么这位老妇人还会唱苗家的歌，可是没跟大哥说。又走了一程，来到过去剑老奶领两个儿子洗麻线的地方,想到过去她的郎星、郎球在这儿用些小圆石子你拱我,我拱你玩牛打架,剑老奶在河边洗麻线,老婆婆又唱起来:"喔咿呀,喔咿喽,到了过去我领两个儿子郎星、郎球用石子在这儿玩牛打架,我在河边洗麻线,在这儿等我丈夫剑老爷的地方啦!"

哥弟俩都听得很清楚了,但不敢问这位老妇人。离家不远,郎星、郎球对老仆妇说:"快到家了,休息一会儿,吃点午饭,喂一下马再赶路。"哥弟俩下了马,把马拴好喂好,拿出午饭来,先拿老妇人的一块烂布皮来盛给她吃。郎星、郎球也吃了起来。吃完后,老妇人又想起过去的事,又唱了起来:"喔咿呀,喔咿喽,到我很熟悉的地方了,我过去领着郎星、郎球放牛、放羊、放猪在这儿,郎星、郎球就在这儿玩着闹着玩啊。"

这时哥弟俩听得更清楚了,就放下东西过来试探着问:"咦,你今天唱出来的这些歌,看起来你是我们苗族妇女吧?"老妇人说:"我是个苗族,好多年前我丈夫被抓走,我领我的两个儿子郎星、郎球在这里放牛放羊,所以我就用歌来唱我的往事。"哥弟俩听后同声说:"啊,郎星、郎球就是我俩,太好了,这回买到我们的亲生母亲了。"娘仨又高兴,又是悲伤。郎星说:"今天真是对不起娘呀,真对不起啊,我们哥俩在前面骑着马走,娘跟着走这么长的路程,让我老娘受苦了。"

郎星和郎球让娘骑着一匹马,拉着另一匹马赶路回家。到家以后,哥弟俩认真侍候老母,共同饲养牛马鸡猪畜禽,生活过得很好。有一天郎星对郎球说:"娘说过去我俩用小圆石在路上你拱我,我拱你做牛打架玩,现在我俩都养着大公牛,就各赶各的牛来打架。"

从那以后,哥俩每年要搞一次斗牛,看谁养的牲畜最好,纪念用石子打架的时代。就这样一代一代为纪念郎星、郎球一家离别又重逢,斗牛会成了苗家的传统盛会。

蒙心帕

讲述:熊翠仙 女 22岁 农民 初中
记录:敬明昌
1986年2月采录于官渡区关上镇

蒙心帕又叫花围腰,是昆明农村常系在腰里的一种装饰,特别是老年人最为常见。

传说很久以前，在一个村里住着一对十分恩爱的夫妻，男的叫阿牛，女的叫小翠。阿牛生得魁梧壮实，小翠生得聪明伶俐。阿牛天天到田里干活，小翠在家做家务，虽然日子过得清苦，但他们彼此互敬互爱。

有一年春天，阿牛正在田里挥锄挖田，一个骑马过路的秀才突然停下来问他："请问农夫，你一天挖几千几百锄？"

阿牛回答不上来，就说："哪个挖地还数着挖的？我不知道。"

秀才哈哈大笑着说："啊哈，我明白了，此乃愚人不作数也。"

阿牛平白无故遭人取笑，十分气恼，回家后就把这事对妻子小翠说了。小翠想了想，对着阿牛的耳朵说了几句悄悄话，阿牛顿时高兴起来。

第二天，阿牛仍然到田里去挖田，秀才骑马路过的时候，阿牛就喊住他："请问秀才，你的马一天跑了几千几百步？"

"这，这……岂有此理！"秀才回答不上来，就发起火来。

这时阿牛就模仿他昨天的样子说："啊哈，我明白了，此乃愚人不作数也。"

秀才翻身下马，询问阿牛如何想出这点子来对付他，阿牛如实说出了自己的妻子小翠。秀才不相信小翠这么聪明，同时想出了一个为难小翠的办法，对阿牛说："回去告诉你妻子，就说我要到你家做客，要她摆千只眼的桌子，煮一百碗饭，做九十九样菜，烧龙爪虎须汤，炒青蛙抱玉柱。"他从怀里掏出一锭银子递给阿牛，补充说："要是你妻子能按要求做出来，那就算我输，银子归你；要是做不出来，我就拉你去见官，没收你的田地。"说完他就上马哼哼哈哈地走了。

阿牛自觉倒霉背时，他说的这些东西哪里去找？就急急忙忙回家来给小翠说了。小翠笑眯眯地把银子收了，夸奖阿牛脑子机灵，赚了秀才的银子，并告诉阿牛明天不必再去挖田了，好好歇息一天。

第二天，秀才骑着马来到了小翠家。小翠施过礼后，便将一把筛子（千只眼桌子）摆到了秀才面前，用一只白碗盛来了一碗米饭（一白碗饭），端来了一碟凉韭菜（九十九样菜），捧出了一样盎海菜和芨芨烧的汤（龙爪虎须汤），又抬来了一盘青蚕豆瓣炒蒜薹（青蛙抱玉柱）。秀才目瞪口呆，一句话也说不出来，站起身往门外走。

阿牛高高兴兴地帮他把马牵过来。

秀才把一只脚踏马镫上，突然回身问小翠："我是上马还是下马？"

小翠正好走到门口，一只脚在门里，一只脚在门外站定了，反问秀才："我是进门还是出门？"

秀才气得两腮鼓起，坐在马背上仰面朝天慨叹："天盖地乎？地盖天乎？"

这秀才是个读书读得走火入魔的人，回家后就心生一条毒计，用七色笔在一块帕子上画了一个古怪的图案，然后祭天地、祀鬼神，使这帕子有了愚人魔法，变成了一块蒙心帕，并将它当做礼物送给了小翠。小翠不知道秀才施的毒计，反而觉得这块帕子很有趣，就在两只角上添了两条带子，当围腰系在了身上。自此，小翠就一天天变得愚笨起来，没过多久，就成了一个呆头呆脑的憨媳妇。

第二年春天，百花仙子从天上到人间来春游，路过小翠家门前，看到小翠漂亮但又呆傻的模样，很感惊奇，便唤出土地神来询问情由。土地神不敢怠慢，仔细摆了小翠的身世和不幸遭遇，百花仙子听了后对小翠十分同情，并决心惩恶扬善。她打发走土地神，然后把右手掌对准小翠，只见一道金光闪动，小翠身上腾起一股青烟，青烟过后，她胸前的蒙心帕变成了一块百花争艳的花围腰。小翠不但恢复了原来的样子，而且越发变得聪明漂亮起来。她学什么，一学就会；她做什么事，也一做就成。她的花围腰变成了妇女们最喜爱的款式，纷纷来向她讨教。那个秀才呢？百花仙子把他变成了一头蠢驴。不过蠢驴这话难听，所以后来的秀才们就有了"蠢才"这样一个绰号。

中国民间故事丛书

云南 昆明

官渡卷

故事

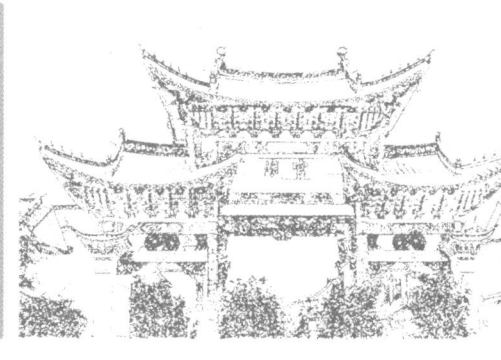

动 物 故 事

猫头鹰（彝族撒梅人）

讲述：飞崇义
记录：灌玉

从前，昆明撒梅山寨有两兄妹，哥哥叫比塔，妹妹叫阿菜，兄妹俩相依为命，住在山洞里。

比塔很能干，用一把长刀，三尺木橛开地。每年春天，烧山种荞，烧一片，种一片；农闲到林子里打猎和采集山果。

阿菜手巧，在地里种麻，年年都有好收成，会纺麻和编织麻布衣衫。

由于兄妹俩勤快能干，山洞里堆积了好几大堆的荞麦、山果、猎物和麻布，吃的穿的都有积余，日子逐渐好过了。

比塔哥哥待妹妹最好，每当月光明亮的夜晚，跟妹妹在山坡上唱歌跳舞；疲倦了，就在山洞里烧一堆火，给妹妹盖上兽皮，安排妹妹睡了，自己才抱上弩箭，靠在火塘边休息。妹妹很警醒，一听见响动，立即睁开眼睛，喊道："比塔哥哥，野兽出窝，装好弩箭，射当头的一个。"

比塔让妹妹喊醒了，望着洞外，嗖、嗖、嗖……连续放箭，百发百中，再凶猛的野兽，还没逼近洞口就倒了。妹妹阿菜，望望英勇的哥哥，又甜蜜地睡着了。

家里有财物，旁人眼红。一天，洞门口来了个美貌的女人，向兄妹讨吃的。阿菜妹妹心好，把这个女人接进洞，留下来，不久，比塔哥哥就跟这个美貌女人成亲了。阿菜很高兴，最尊敬嫂嫂。

过了几天，女人对比塔说："家里有余粮山货，你到外地去换一些东西回来。"比塔听了女人的话，就收拾出门了。

哥哥一走，嫂嫂就躺下来，光吃不做，靠阿菜妹妹独个儿干活。还说，她是一家之主，要妹妹服侍她。

比塔出门去跑了几趟，不仅换了一些货物，还赚了钱回来，日子更加好过，越干越高兴，也最听女人的话。有一天，女人对比塔说："这个家是你辛辛苦苦操持兴旺的，应该享福了，家里的事由妹妹去做。"比塔信了女人的话，认为自己辛苦一场，应该由妹妹侍候。从此，种地、打猎、纺麻、织布，都靠阿菜一人做，不分日夜，苦死累活，还要挨哥哥嫂嫂的打，而且每天只得一小块荞粑粑充饥。阿菜又苦又饿，就想逃出去另谋生路。比塔跟女人察觉了，用藤条捆住阿菜的脚，逼她在地里干活。

阿菜一边干活一边哭，一天，来了一头跌伤了的野牛，阿菜把自己的一小块荞粑粑给野牛吃了，又找些草药敷野牛的伤口。过了几天，野牛的伤好了，就咬断阿菜脚上的藤条，驮着她逃跑。比塔跟女人在后面追，跑到狮子岩，前面没有路，野牛刚好折头找路，比塔装好弩箭，一箭射穿牛鼻子，牛痛得身子一抖，阿菜滑下牛背，跌下了狮子岩。

比塔看见阿菜滚下岩了，抓住野牛，用藤条套住牛鼻子，要它代替妹妹干活。

阿菜跌下岩，变成一只猫头鹰，眼里闪着愤怒的光，飞回来抓光吃不做的女人。这女人知道猫头鹰是阿菜变的，要来抓她，慌忙就地一滚，变成一只老鼠，躲进了地洞里。原来，这女人是个老鼠精，晚上出来偷庄稼。

比塔明白了，后悔自己待妹妹不好，他牵着牛，重新到地里干活。

阿菜妹妹变成的猫头鹰，看见哥哥又勤快了，也感激野牛帮了她，所以，每天晚上，帮哥哥和辛勤的牛看守庄稼，一见老鼠就抓。

天鹅（彝族撒梅人）

讲述：飞崇义
记录：灌玉

谁能数清山坡上的草叶，就能数清撒梅山流传的故事。今天讲的天鹅的故事，就是从草叶里找到的。

天鹅原是一个姑娘,她阿嫫在滇池的青草丛中生下她,给她取名丝撒络,撒梅语就是绿色的叶。

丝撒络长到十六岁,头发是柳丝送她的,眼睛是小银鱼送她的,脸是香蜜桃送她的,嘴唇是玫瑰花送她的,手是玉兰笋送她的,脚是莲花瓣送她的,身材是嫩青竹送她的,歌声是百灵鸟送她的……四方的小伙子们说,她从头到脚都逗人爱。

也就在丝撒络十六岁这一年,阿爹阿嫫把她嫁到撒梅山寨,跟青年猎手阿朵成了亲。两口子恩恩爱爱,日子过得很甜蜜。

但是,由于小伙子们夸她美丽,说她"形影飘云绣衣轻",她就想用白云纺线,彩霞裁衣,要飞上天跟彩云比美。所以,她成天望着天上的白云,紧锁双眉,愁闷忧伤。阿朵总希望自己的妻子心里快乐,歌声甜美。有一天,他给妻子说:"阿妹,不要愁闷,你要天上的星星,我也给你摘下来。"丝撒络说:"我要一朵白云纺纱线。"阿朵是个勇敢的小伙子,平时出猎,过深涧,像一颗流星划长空,上陡岩,像山头飞起一只鹰。这一天,他带妻子登上高山云岩,要采下白云,让妻子高兴。他纵身一跃,飞进云朵里,可是白云轻飘飘,抓不住,也牵不牢,阿朵的身子晃悠悠地往下掉,掉进滇池里,再也回不来了。丝撒络伤心地哭起来,望着滇池呼喊:"阿朵……阿朵……"突然,白云里飞下一个满头银丝的老人,手里拿一把雪白的鹅毛团扇,对丝撒络说:"姑娘,你的心太高了,我是白云仙翁,帮助你飞到天上去。"说着,仙翁扇下一朵白云,裹住丝撒络的身子,又轻轻扇了几下,丝撒络觉得身子轻盈盈的,变成了一只白花花的鹅,飞上天空,大伙叫她天鹅。

有的人很羡慕,说天鹅生存在天上,居住在云彩里。其实,天鹅恋着家乡,生存在地上,居住在湖边的草丛,还经常到湖里寻她的丈夫,连声呼唤:"阿朵……阿朵!"

"等等,哥哥"鸟(彝族撒梅人)

讲述:毕桂兰 女 67岁 彝族撒梅人 农民
记录:田志宏 女 27岁 学生 大专
1986年7月采录于官渡区阿拉乡大石坝村

在昆明市官渡区阿拉、板桥一带,人们常常可见到一种羽毛灰黑,嘴又黄又尖的小鸟，它就叫做"等等，哥哥"鸟。

相传很久很久以前，在阿拉乡一带住着一家人，丈夫每天外出干活，妻子非常贤惠、善良。过了不久，妻子生下一个胖儿子。不幸的是，儿子刚刚出世，母亲就去世了，丈夫只好给孩子找了一个后妈。

那后妈来了以后，没过多久，也生下了自己的儿子。不知不觉地过了十多年，两个儿子相继长成大人了。按照规矩，遗产一般由长子继承，这可成了晚妈的一块心病了。她心里盘算着：怎样才能使自己的亲儿子继承家产呢？她想了几天几夜，终于想出了一个妙计。

她把两个儿子叫到面前，对他们说："我家在远处有两个山头，你们两人到那里去种树，一人种一个山头，谁的树先种活，谁就先回家，如果种不活就不要再回家了。"

两个儿子点头答应了。到了晚上，晚妈准备了两袋松子，趁家人都睡熟了，她把一袋松子放在锅里炒熟，再装好。

第二天早晨，晚妈把两袋松子分别交给两个儿子。炒过的一袋交给了大儿子，新鲜的一袋交给了小儿子，然后叮嘱了几句，就打发他们上路了。

一路上，小鸟在枝头唱着婉转动听的歌，一阵微风过后，路边的小花也向他们点头含笑，大树郁郁葱葱，空气也格外清新。兄弟俩观赏着景色，心情非常愉快，不一会儿，就到了山脚。

他们坐在山脚下，觉得肚子有些饿了，带出的干粮也已经吃完了。于是，哥哥就打开口袋抓松子吃，弟弟看到了，也要了一些来吃。一吃，觉得这松子味怪香的，就打开自己的口袋抓着吃："咦，味道怎么没哥哥的香？"他知道哥哥忠厚老实，就对哥哥撒起娇来，非要交换不可，哥哥没办法，只好答应了。

两人背着松子上山了，找到了各自的山头开始下种。日子不长，哥哥下的种已开始发芽，小苗已蹿出了土。弟弟的种子仍没有动静，他天天浇水，就是不见发芽。

哥哥的小苗已长成小树了，弟弟的种子还没有发芽。

哥哥该回家了，弟弟却留在山头不能走。弟弟悲伤极了，整天坐在石头上叫："等等，哥哥……等等，哥哥……"

弟弟死了，变成了一只小鸟，整天蹲在树上不停地叫"等等，哥哥"，人们就把这种鸟叫做"等等，哥哥"鸟。

直到今天，当你走进阿拉村一带，听到这种鸟在后边叫，会产生错觉，还以为真有人在喊"等等，哥哥"呢。

老鼠说猫（彝族子君人）

讲述：李世连 78岁 彝族子君人 农民
记录：郭春泉
1988年11月采录于官渡区矣六乡大耳村

很早的时候，有一窝老鼠，吃穷了寨子西边的洪大户家，就搬到寨子东边的康大户家来。才半年时间，康大户家粮围子就浅下去半截，衣服柜子箱子被咬得七洞八眼。康大户没法子，就买回来一只猫，老鼠们的日子就难过起来了。

有一天，老鼠被猫逼到洞里，就叽叽喳喳商量对付猫的办法。鼠爷说："我和鼠奶都老了，对付猫的办法你们去想。"鼠子鼠孙围在一起，一个说："找只笼子把猫装在里面。"大家就说："太好了，把猫关在笼子里，我们就不用躲在洞里饿肚子了，它在笼子里不管怎么吼叫，也不会把我们吓昏过去。"一只大老鼠摇摇头说："上哪儿去找笼子呢？找着了又怎样把猫关进去呢？"大家一听就胆战心惊，议论着搬到别家去。可是别的人家也是养了猫，一定得想法子把猫降伏。这时一只挺聪明的小老鼠说："把康大户家的门铃偷来，挂到猫脖子上去，它一动身子，铃就发出响声，我们就跑回洞里。"大家听了十分高兴，可是怎样把铃挂到猫脖子上去呢？一只母老鼠看大家垂头丧气的样子，就说："我们一起大喊大叫把猫吓跑！"于是老鼠们就一个个清嗓子，吱吱大叫起来。

这一来，猫循声找到了老鼠们的藏身处，在洞外"喵呜"一叫，老鼠们顿时全身骨头像散了架一样，一个个忙从叉洞里逃。

狐狸和野兔（彝族子君人）

讲述：郭增 85岁 彝族子君人 农民 高小
记录：郭春泉
1988年11月采录于官渡区矣六乡大耳村

从前在獭迷珠地方住着一群狐狸，在格格苴叉的山坡上住着一窝兔子。

一天，野兔觅食归来后，在山坡上晒太阳。这时一只还没有觅到食的狐狸跑来，这可把野兔吓了一跳。狐狸客气地向野兔问了一声好。野兔格外小心，知道狐狸要找它的麻烦，眼睛一转，笑嘻嘻地说："狐狸大哥，觅饱早食了？你看我还空着肚子呢！"狐狸早看穿了野兔的心思，顺口答："是呀，是呀，吃饱了无事可做，到处转转。"野兔猜到了狐狸的诡计，转转红眼珠说："狐狸大哥，我真羡慕你机敏勇武，从来不会饿肚子，哪像我们这懦弱老实的，经常挨饿。"狐狸听了兔子的话，一时心高气傲起来，说："是呀，兔子兄弟，这世上就是大欺小、强压弱、恶称霸，这些道理和本事都是从我师傅那儿学来的。"狐狸边说边露出一副凶相来。野兔心惊肉跳，心里忽生一计，忙问："你师傅是谁？"狐狸答："九狸①呀。"野兔忙翻身跳起来说："啊呀呀，九狸是你师傅，它可是我的老朋友，现在还在我家里做客，要不我去把它喊出来，你们师徒拜见一下？"狐狸心想：这个小东西死到临头还油嘴滑舌，就说："你去喊吧，我在门口等着。"野兔一蹦老高，一下子钻进自己的洞穴。

狐狸在洞口等啊等，始终不见野兔出来，直到太阳偏西，野兔才从远处的一个洞口伸出头来，向狐狸喊："狐狸大哥，你肚子饿瘪了吧，还傻等什么呀？我睡了一个好觉，谢谢你为我看门，现在我醒了，你快去找吃的吧。"狐狸饿得四肢无力，问："你从这个洞口进去，怎么从那个洞口出来？"野兔答："你还不知道吗？我们野兔有三个窟呀！"

狐狸离开洞口，心里很悲哀，它边走边想：都说我们狐狸狡猾，看来世上比我们狡猾的还有呀！

白鱼与钉螺（彝族子君人）

讲述：张荣
记录：郭春泉
1988年11月采录于官渡区矣六乡子君村

白鱼的眼为什么是红的？很早以前在海里白鱼游水是最快最出色的，没有哪一个能和它相比。一天，白鱼在傲慢地游玩时，恰好碰到了钉螺，白鱼用讥讽的口气说："钉螺兄弟，好久都没有碰到你了，不知你游水的本领学

---

① 九狸：一种大个灰毛狐狸，主要生长在滇池边，现已绝。

会了没有?"钉螺和气地答道:"白鱼大哥,难道你又糊涂了,我家祖传都没有游水的本领。你看我们生得那么笨,水底下爬行都依靠着这个硬壳才行呢。"白鱼又说:"来、来、来!钉螺兄弟,我俩今天来比赛游水。"钉螺笑着答道:"白鱼大哥,不要说比赛游水,就是你游一个时辰的路程,我们钉螺祖辈都爬不完。"好说歹说白鱼始终不肯罢休,非得要和钉螺比赛游水。钉螺被逼得无法,它灵机一动,只有应允比赛。原来前面慢慢地驶来一条大船,钉螺从水底浮起叮到大船的舱壁上。白鱼看到钉螺的这一举动也被弄糊涂了。钉螺叮在大船上,白鱼跟着船慢慢地游着。海上起了风,船越驶越快,白鱼使出了全身的力气也没法跟上。钉螺就在船帮上呼喊:"白鱼大哥,加油呀!"就这样,白鱼为了跟上大船,眼珠子也挣出血来了,从此以后,白鱼的眼睛变成了红的。

虾公公与草龙鱼(彝族子君人)

讲述:张荣
记录:郭春泉
1988年11月采录于官渡区矣六乡子君村

在很早以前,黑河中有一位虾公公[①]。河中不管是什么鱼儿,不论大小,都很敬重虾公公,还拜虾公公为师。虾公公已经年过百岁,能知天文懂地理,但为人谦虚,心地善良。跟黑河中众多家族不一样,草龙鱼[②]不但不敬虾公公,而且还白眼相看,它吹嘘说自己的知识要比虾公公多几百倍,本领要比谁都高强。虾公公听后只是摇摇头,哈哈一笑,不把这些吹嘘和夸张的话放在心上。

一天,草龙鱼去找虾公公打赌,它在虾公公面前夸了一个海口说:"我一年之后身体长得有大鲤鱼的十倍大,比黑鱼大二十倍。"虾公公只淡淡一笑答道:"草龙鱼呀,你们祖辈传到你这代都是这么大点,你们世世代代都是这个样子,海口夸得太大了。"虾公公敲着自己的腰杆又说:"你看,你草龙鱼长不大,才把我的腰给气弓的。"

---

① 虾公公:滇池的淡水虾。
② 草龙鱼:生长在滇池河汊中的一种小鱼,身长一寸左右。

狗与人（苗族）

讲述：罗德祥
记录：罗宗堂
1988年3月28日采录于官渡区小河乡李四冲村

很早以前，狗和人一起吃饭，平等相待。后来地上的粮食不够吃，主要是没有好的种子，人就叫狗上天去拿好的种子。天很高，上不去，狗就到处寻找上天的路。狗朝东方找，终于发现了一把上天的梯子。狗顺着梯子到了天上，天神说："你来做什么？"狗说："世间人叫我来拿种子。"天神问："拿什么种子？"狗说："我记不得了。"天神很气愤，以为狗私自上天玩耍，还编谎话骗他，就随便抓了两把种子套在狗尾巴上，把狗从天上撵下来，同时撤走了天梯。从此，地上的人再也上不了天。

狗把种子从天上带到地下，人们集队隆重地欢迎它，高高兴兴地把天上的种子从狗尾巴上取下来，种到地里。种了一年，地里长出的粮食像狗尾巴一样，产量低，收成少。狗带来的种子原来是小米和习谷。这样，地上的粮食反而越来越少，人们就骂狗："叫你到天上去拿种子，产量高的你不拿，拿这种小米习谷，种出的粮食连人都不够吃，从今以后不准你和人一起吃饭，去吃人屙的屎。"从此，狗每天只得一勺饭吃，吃不饱就去找屎吃了。

打野猫（苗族）

讲述：朱文兴 45岁 苗族 农民
记录：罗宗堂
1988年9月27日采录于官渡区小河乡后石洞村

很早以前，公鸡和母鸡带着一窝小鸡过生活。有一天上午，公鸡外出劳动去了，母鸡做好早饭，把小鸡喂好，提着饭篮去给公鸡送饭。

母鸡走到半路上，遇见一只野猫，野猫问："母鸡，你要到哪里去呀？"母鸡说："我要去给公鸡送饭。"野猫说："你看时间还早嘛，我的头痒得很，你给我抠一下头，好不好？"

母鸡一看时间还早,就放下提篮,给野猫抠抓头。抠着抓着,连母鸡的头也痒起来了,就让野猫也给自己抠抓一下。

野猫就故意给母鸡抠抓头。突然,野猫娇气地叫道:"哟,母鸡,你的嘴比我的小呀!"母鸡说:"不见得。"野猫说:"你不信,我们两个比一下。"野猫就把头伸到母鸡嘴旁。母鸡把口张开,转来转去,总是含不下野猫的头。野猫说:"现在该你啦!"母鸡把头伸到野猫嘴边,被野猫一口咬住不放,拖着进了深山老林。

公鸡在地里劳动,中午过了老半天,肚子很饿,却不见母鸡送饭来。"喔喔,怎么母鸡还不来呀?"公鸡喊了半天,也没有听见母鸡的回声,只好扛起锄头回家吃饭。回到家中,公鸡问小鸡:"你们妈妈呢?"小鸡张着黄色的嘴回答:"不是给你送饭去了吗?""啊?"公鸡心里难过起来,顺着母鸡的脚印去找,在树林里发现了母鸡残留的尸体和野猫的脚印。公鸡说:"好吧,我一定要为小鸡妈妈报仇!"

公鸡来到大森林边上,大声地呼唤:"喔喔,快来呀!"一会儿,森林中走出了五个朋友来。"公鸡,是你在呼唤我们吗?出了什么事?"五个朋友问。

公鸡含着眼泪,向五个朋友控诉了野猫吃掉母鸡的罪恶。五个朋友听了后,气得直发抖,纷纷嚷着要为公鸡去报仇。五个朋友是棒头、野藤子、刺、麻栗果和牛屎。棒头:"你们在这儿等着,我去一棒头把野猫打死!"

野藤子说:"我去把它捆起来。"

刺说:"我去锥死它。"

麻栗果说:"我去炸死它。"

牛屎说:"我让野猫从我身上走过,滑倒跌死它。"

公鸡说:"光凭一个人的力量是整不死野猫的,我们要联合团结起来,才能够把野猫打死。"这六个朋友一起找到野猫家,进门一看,恰恰野猫不在家。大家按公鸡的布置,埋伏起来。刺埋伏在床边上;麻栗果埋伏在火塘边;野藤子在门后边;牛屎巴在门槛脚;棒头一歪上了门楣上;公鸡躲在后门处。

一会儿野猫背水回来,放下水桶想坐到床上喘一口气,刚一坐下就被刺扎了屁股,疼得它"哟"的一声,跑到火塘边去摸屁股。这时,麻栗果一个翻身滚进火中,"嘣"的一声炸开了,炸瞎了野猫的眼睛,野猫吓得往后门跑,就被野藤子缠在后门上,跑不出去。野猫正奋力挣扎,公鸡在后门外大叫:"喔喔,野猫在这儿,快来抓野猫呀!"边喊边拍翅膀,拍得周围"哗啦啦"响，野猫也不知道来了多少对头，后门又出不去，只好返身往前门跑，跑到门边正好踩在牛屎身上，一跤滑倒在地。

这时棒头猛力从门楣上跳了下来，正好砸在野猫脑袋上。野猫死了，大家为母鸡把仇报了。

老鹰和母鸡（苗族）

讲述：朱佳奎 41 岁 苗族 农民 小学
记录：朱金花 女 14 岁 苗族 学生
1988 年 6 月 5 日采录于官渡区小河乡李四冲村

很早以前，老鹰和母鸡是好朋友。老鹰每天帮着母鸡捉虫子喂小鸡，老鹰有一颗宝石，那颗宝石很容易捉到小虫。

有一天，老鹰对母鸡说："我要到很远很远的地方去旅行，你把我这颗宝石留下捉小虫，喂你的孩子们。"说完老鹰就飞走了。母鸡拿那颗宝石给它的孩子们玩，不小心就把宝石弄丢了。

过了几天，老鹰回来了，感到肚子很饿，便对母鸡说："母鸡朋友，你快拿宝石来，我实在太饿了。"母鸡回答："等我找一找。"过了好几天，母鸡还没有找到宝石。母鸡无法，就把宝石丢了的事告诉了老鹰。老鹰听了非常气愤，就对母鸡说："你弄丢了宝石，别怪我不客气了。"说完便向小鸡扑去。

从此以后，老鹰就吃起了小鸡。当人们倒垃圾时，母鸡就带领小鸡去寻找老鹰的那颗宝石。老鹰叼小鸡的故事也流传至今。

熏蚊子

讲述：黎嘉義 85 岁 农民 私塾
记录：黎云富
1988 年 7 月 16 日采录于官渡区金马镇凉亭村

从前，凉亭村叫做凤凰山庄，村后有一架凤凰山。

山下的一棵怪柳树下，有一个黑黑的山洞，据说里面住着一只蚊王，蚊王吃人吮血，罪恶深重。后来山上来了一群凤凰，才制住了它，它就只能长年累月地躲在阴冷黑暗的山洞里。

谁知山庄里竟出了一个好吃懒做的坏小子，他不顾爹娘的好心劝告，成天总爱东家讨顿饭，西家骗碗粥；这家的鸡今日被他偷吃了，那家的猫明日被他剥了皮，整日游手好闲，寻花问柳，挑逗良家姑娘，人人都骂他是"懒龙"。

一日，为了讨好山庄庄主小女儿牡丹的欢心，他上山把凤凰蛋偷来给牡丹小姐玩。牡丹小姐肩不能挑，手不能提，捉弄无赖倒蛮有手段，她骚骚地对懒龙说："唔，人们都说你懒，我看你挺好的，这凤凰蛋真好，你要是能给我做一顶凤冠，我就让你抱一下。"

于是，懒龙打起了坏主意，用他娘织布的线做成扣子，用他爹烟锅里的油做成毒药，悄悄地爬上山顶。支好了扣子，撒下了带有毒药的食物。

第二天，一只大凤凰悠闲地梳理着自己的羽毛，看到地上的食物，以为好心的人们又送来了美味佳肴。便呼朋引伴，唤来了众凤凰。

一只性急的小凤凰先啄了几块食物下肚。大家高兴地舞蹈一番，突然大凤凰的脚被扣子绊住了，甩了几下，谁知越甩扣得越紧，这时小凤凰一声惨叫，便倒地死了。

懒龙一下子从树后蹿了出来，饿狼般地扑向小凤凰，继而又紧紧地抓住正在挣扎的大凤凰，惊飞了其余的凤凰。他紧紧地抱着凤凰向山下走去。他不敢进村子，怕惹怒爹娘，怕触怒众人。在半山腰，他残忍地拔光大凤凰的羽毛，剥下凤凰的衣。凤凰们受不了懒龙的残忍，就衔着小凤凰的尸体，托着无毛的大凤凰飞走了。

懒龙得意地将凤凰毛编成一顶帽子，找到了牡丹。骚骚的牡丹被惊呆了，她没有想到，懒龙竟真的拔来了凤毛，送来凤冠。她吓软了，懒龙乘机抱住了她。

牡丹怀孕后无脸见人，就在山卜那棵怪柳树上吊死了。懒龙糟蹋了牡丹也自知罪孽深重，躲进了怪柳树下的山洞。懒龙刚钻进山洞，里面便传来了蚊王阴冷刺骨的声音，懒龙浑身吓出鸡皮疙瘩。蚊王一口咬住懒龙的血管，懒龙就死了。蚊王飞出洞外，召集了被凤凰击败的残兵余勇，又繁殖了它的万千后代。

蚊王傲慢地向庄主宣布："送人来吧，给我在洞口盖一间供蚊房，每天送一个人来，不然叫你全村不得安宁。"

铺天盖地的蚊群，一晚吞噬一个人，几位壮小伙为了保护爹娘弟妹，去和蚊王拼杀，但最终成了蚊王的美味，剩下一堆白骨，具具骷髅。

转眼，轮到懒龙的爹娘抽一人前往"供蚊房"喂蚊子去了，老两口想着自己不争气的儿子给全庄人带来的不幸，老泪纵横，两人都争着早赴黄泉，为孽子弥补罪恶。

争来争去，谁也说不服谁。最后老两口决定一起前往"供蚊房"算了。俩人吃过晚饭，在祖宗灵前拜祭一番，咒一阵自己的不孝之子。便互相搀扶着，向蚊声轰鸣的怪柳树下走去。

懒龙的娘有一个习惯，每晚总喜欢笼一个地火烤一阵睡觉，于是颤巍巍地抱起一捆干蒿枝，懒龙的爹点燃一个火把，搀扶着走进"供蚊房"。

他们慢慢地将火点着，一点一点加着蒿枝，火苗跃动，浓烟升腾。一个时辰过去了，嗡嗡乱叫的蚊子并没向他们进攻。两个时辰过去了，仍不见蚊王的踪影，老两口揉揉被烟熏得泪水直流的双眼，只见一层层、一片片、一团团的蚊子在火烟中乱窜着、呻吟着，有的甚至向房外飞去，有的干脆跌跌撞撞地掉进火里。老两口终于明白了，这蚊子怕熏，他们跑出房外，又抱来几捆蒿枝，把火添得更旺了。

天亮了，老两口从"供蚊房"里走了出来，全庄的人惊呆了，他们俩居然活着。庄主叫人抱来干蒿枝烧了"供蚊房"，浓烟直往怪柳树下的洞里灌去，蚊王仓皇地跑了。原来火烟熏软了它的利嘴，熏瞎了它们的眼睛。

每晚，人们在自己家中都笼上一个地火，加上干蒿枝和潮蒿枝熏一阵，把残存的蚊子熏跑，然后便舒舒服服、放放心心地进入梦乡。

直到现在，凉亭村的老一代，偶尔还要笼上一塘地火熏一阵，嘴里咕噜咕噜地拜祭一回，才回去睡觉。

鬼狐精怪故事

孙继鲁的故事（彝族撒梅人）

讲述：鲁正 75岁 彝族撒梅人 农民
记录：黎云富
1988年8月25日采录于官渡区青龙村

那时的鲁家是一个大家族，在一个风调雨顺的好年代，拥有兄弟八人的鲁聪家又添了一个可爱的男孩，取名鲁继鲁。孩子转眼两岁，恰遇天旱不下雨。山上没有了菌，包谷不能下种，水田张开了大嘴，庄稼人熬日如年。有一天，鲁聪的媳妇把鲁继鲁背在花箩里进城了。到了拓东城，她找到经常跟她买柴的一个富户孙家。这孙家虽家财万贯，妻妾多人，无奈孙老板却没有子嗣，曾多次托她帮抱养一个男孩，以尽孝道。现在迫于生计，她只得咬咬牙，将自己的亲骨肉送给孙老板。

孙老板是个开通人，看着鲁继鲁那可爱的小模样，叫人取来一石米和干鱼腐皮、宣威火腿，送给鲁聪的妻子，说："这鲁继鲁是我们两家好的开始，我看这名字改一改，改作孙继鲁吧，我孙家绝不会亏待他的，逢年过节，我们多走动走动，莫见外了。"

就这样，孙继鲁从青龙村到了繁华的拓东城。转眼五年过去了，孙老板请来了私塾先生开始训示："人之初，性本善……"但是他却怎么也记不住，急得私塾先生直跺脚，孙老板也无可奈何。这时，拓东城内又闹起了瘟疫，孙老板怕他染病，赶紧连私塾先生一起，将他送到青龙村去避上一阵。再说青龙村，四面环山，风光秀丽，鲁聪家的房子西北方向，有一条神秘并带几分原始色彩的板栗菁。孙继鲁从一回来,不知怎的,对板栗菁竟有一种深深的爱恋之情,有事无事他总喜欢跑到菁边,甚至跑到一般人都觉得有些害怕的菁底去玩耍。

私塾先生忽然发现孙继鲁变了。他的记性是那样的好,和在城里时判若两人,不论多长的诗词,过目能诵,听过不忘,一个月不到,老先生的"四书"、"五经"都差不多被他背熟了。连他有时想不起的诗句,孙继鲁反倒给他提示,攥得老先生汗流浃背,那字写得也绝顶的好,连老先生也自觉逊色。但他发现孙继鲁的脸色不如在城里那般红润,显得有些白里发黄了。

这一天,他把孙继鲁叫到跟前问道:"继鲁哪,先生对你好不好?""好!"孙继鲁答得很干脆,使得先生面露喜色,"那你该不该对先生讲实话?""该。""好,我问你,在城里我三天教不会你写一个字,怎么在这里你一听就会?""这……""说呀!""这……""唉,自古师命不能违,你说吧,不要怕。""先生,除了你,还有一个人在教我。""是谁,他在哪儿?""是一个、一个姐姐,她在哪儿,我、我也不知道,她每晚都来,我和她在一起很好玩,凡是你教的我早就知道了。""她是怎么教你的?""我们、我们把嘴凑在一起吹一颗珠子,含上一会儿,我就什么都知道了。""什么样的珠子?""是一颗会发光的珠子。""难怪你的脸色这样黄。""先生,我……""别急、别急,我告诉你,那珠叫慧明珠,今晚她再来和你玩,你就把那珠子咽下去,那样,你就可以飞黄腾达了。""真的?""当然喽。""可那珠子是姐姐的,我怎么能要别人的东西呢?""唉,你怕什么,只要你以后不忘记她就行了。"

月上九尺,孙继鲁正在灯前凝眉苦思,窗框被轻轻地叩响了,一个少女侧身从门外闪进屋子,她唇似樱桃,双眼秋波动人,孙继鲁叫一声"姐姐"便拥住了她。两人在一起真是少年纯情,无忧无虑,话投机,意相融,打闹戏耍,累了,两人便倒在床上双双而卧歇一阵,她紧紧搂住孙继鲁说:"阿弟,我们玩珠珠吧。"当嘴唇和嘴唇紧紧相贴,舌头便交流着纯情男女的激情热流,珠子在彼此的嘴里游来滑去。

雄鸡一唱,惊醒了孙继鲁,他松开怀中的姐姐,突然想起先生的话,一急,竟真的把含在嘴里的珠子咽下了肚。姐姐是每晚都把珠子留在他嘴里,天亮才还她的。"姐姐,珠子,我咽下去了。""珠子!"姐姐好不着急,然而她很快便平静了,"我早知道会这样的,我跟母亲千年修炼,才炼成这珠子,我知道它很宝贵,但是为了你,我……算了,就是你要我的命我也能献上，我就实话相告吧，我本是一只狐狸，这珠子是能帮助你的，但愿不是别人教你这样做的。"说到这儿，她的眼圈红了，声音也哽咽了："我等你十年，十年后你成了大器，要是还记得我，就到板栗菁来看我。十年，你记住了，晚了，就不行了。""姐姐，我记住了，我一定来，一定的，你等着，等着我。"姐姐走了，她一步三回头。

第二天孙老板派人把孙继鲁和先生接回城里，听着他吟诵的诗书，孙老板好不高兴，孙继鲁从此声名大振。

拓东城的总督专门将孙继鲁召去，叫他当众表演了自己的惊人记忆。他叫人在城内的主要街道上做了专门布置：家家门上贴满楹联，时间一到，叫孙继鲁骑马从金马碧鸡坊出发，快速骑至状元楼。孙继鲁下得马来，依次将各家门上的楹联背给总督听，经文官记下其所背楹联，逐一和门上的核对，竟一字不差。总督大喜，连称："奇才、奇才。"于是把他收为义子，送进京城参加大考。

孙继鲁轻而易举地考得全国状元，官封翰林学士。

时光匆匆，转眼间草绿了九次，孙继鲁年已十六。夜里，他常常梦见自己儿时的姐姐，辗转反侧，夜不能寐。

当草绿第十次的时候，他病倒了。整日想，夜里胡话不断，经太医多方医治均不见好转。这一天，当月上九天，他忽然想起姐姐曾经说过的话："十年来看我，晚了就不行了。"他总算下了回去的决心。说来也怪。决心一定，病竟好了。

尘土飞扬，威仪显赫，队伍庞大，历时一日，他跨进了拓东城，干爹好不激动，为他接风洗尘。一耽误，十天过去了，等应酬完毕，他才慢条斯理地更衣换服，取道凉亭，经十里铺，小偏桥来到青龙村。他看过生身父母，拖着尚未恢复的病体，一人走进了板栗菁。他走走寻寻，瞧瞧停停，怎么就没有了姐姐的倩影？

"姐姐！姐姐！"他放声直呼，"姐姐，我来迟了，你在哪儿？姐姐……"突然，他的目光停在一棵苦刺树下，不知是什么小动物，看来也死有多日，蛆虫蠕动，苍蝇嗡嗡，一股刺鼻的气味叫人恶心。他想掉头不看，头却掉不开，他心中一阵翻腾，抑制不住，"哇"的一声，竟连连呕吐起来，"慧明珠"随着呕吐，竟滚进那蛆群之中。他刚想用一树枝把它拨出来，忽地，蛆不见了，活脱脱的一只小狐狸站了起来。

孙继鲁呆了，小狐狸看着他好久好久，眼里噙满了泪水。他伸手想抚它一下,小狐狸后退着,后退着,一下子转头钻进了绿绿的灌木丛。

孙继鲁无可奈何地回到了京城,不知怎的,他的文才,他的聪慧,他的书法,他的名气竟一跌千丈,有时甚至连自己过去写的诗文对联都读不出来,更莫说吟诗作对了。

过了些日子,不知从哪里流传出一首歌谣:

错错错,继鲁不守诺,
惜惜惜,继鲁想姐姐。
奉劝世人莫忘形,
腾达莫忘儿时情。
一朝忘情又薄义,
老天必然要报应。

生活故事

青苔（彝族撒梅人）

讲述：毕桂兰
记录：周俊禄
1986年7月采录于官渡区阿拉乡大石坝村

从前，记不清是哪个村子了，村里住着一个死了妻子的农民。这个农民为人很是忠厚老实，身边只有一个儿子，已经能够帮他干一些田里的活计了。父子俩相依为命，勤勤恳恳地种地，辛辛苦苦地干活，日子倒也过得不错。不久，经媒婆的说合，这个农民与外村的一个寡妇结了婚。这个寡妇的身边也带着一个儿子，于是他们成了兄弟。这个农民的儿子非常厚道，自从做了哥哥以后，处处护着这个弟弟。白天，俩兄弟跟着他们的爹爹一起下地干活，妈妈则留在家里缝衣、做饭，倒也很是勤快。按理来说，这个新组成的家庭，日子应该比过去更好过，可事实并非如此。

原来，老实农民为他儿子娶的这个后妈，人虽然勤快，可就是心眼儿不太好。她对自己的亲生儿子总是偏心眼儿，她常生方想法为自己的儿子找借口，不让自己的儿子下地干活，把好吃的东西偷偷地留给自己的儿子，还给自己的亲儿子缝新衣服。而对丈夫前妻的儿子，她却总是千方百计地让他干又重又累的活计，经常让他吃残汤剩饭，而且只给他穿自己儿子穿旧、穿烂的衣服。对于老实的丈夫呢，她又经常花言巧语地欺骗他，让他蒙在鼓里。可是，日子一久，丈夫渐渐发觉，两个儿子中，一个是经常不干活，可是穿得很好；而另一个儿子常常干又苦又累的活计，穿得却又总是破烂不堪，而且还一天天消瘦下去。丈夫于是就把媳妇数落了一顿，并说她的儿子太懒了，让她管教管教。媳妇嘴上说着好话，可心里却打上了坏主意。

到了冬天，天气非常冷，两个儿子都穿上了母亲为他们做的新棉衣，跟着父亲出去干活。兄弟穿得倒是非常暖和，干了一会儿活，就气喘吁吁，汗流满面了。老实的父亲看在眼里，心里很是高兴，心里夸奖这个媳妇果然把儿子管得不错，现在干起活来也很出力。可是哥哥穿的棉衣却非但不暖和，而且还越来越冷，冷得只能缩着脖子打哆嗦，活也不能干了。父亲看见了亲生儿子的这副模样，心里一个劲地埋怨自己的儿子不争气、偷懒。再干了一会儿，父亲抬头一看，发现自己的亲生儿子不见了，只剩下做兄弟的一个人在干活。他满肚子火气地回到家里去找，一看，可把他气坏了，只见亲生儿子正围着火塘烤火。于是他就抽了一根木条去打儿子，这一打，把新棉衣打炸了一个口子，从口子里掉出了一些绿色的棉花。他奇怪地拿起来一看，这哪里是棉花，分明是些晒干的青苔！这一下，他全明白了。

他大怒之下，把媳妇赶出家门。

贪财的老大（彝族撒梅人）

讲述：李有 60岁 彝族撒梅人 农民
记录：李燕华 女 32岁 彝族撒梅人 干部 大专
1988年7月12日采录于官渡区阿拉村

很早以前，昆明东郊的一个撒梅村庄里住着两兄弟，大哥名叫阿高，弟弟名叫阿喇。

兄弟俩从小失去父母，生活很艰苦。家里除了父母留下的一间茅草房，两把砍刀和一口破烂的小铁锅而外，什么也没有。兄弟俩只好上山找野菜，挖树根度日。岁月一年一年流逝，兄弟俩的日子还是和往常一样，没有什么好转。有一天，兄弟俩肚子饿得咕咕叫，实在无办法，只好在家门口烤太阳。这时有一位白发苍苍的老头从门前经过，便对兄弟俩说："这么大的一块地方，你俩与其等着饿死，不如到山上挖点地种庄稼呀！"经过这位老人这么一说，兄弟俩懒洋洋地抬起头来，认为这陌生老人说得有道理。

第二天一早，兄弟俩分别挂着砍刀来到东边的一座山林，在山脚的偏坡上砍倒一些小树木，用火一烧，成了一块火烧地。从这以后，兄弟俩种上包谷，没过多长时间，包谷成熟了。兄弟俩辛苦了几天，就全部掰回去了，把一间房子堆得满满的。这样，他们的生活就好过多了。

老大看到有了好收成，就瞧不起弟弟，提出分家。弟弟无可奈何，只好同意了。老大把才收回来的包谷全部独占，还把弟弟赶上山去，还说不许他种原来开挖出来的那块地。弟弟含着眼泪，上山去了。弟弟又在一块偏坡上砍树挖地，从早上干到天黑，在地边搭了一间草棚住下来。在他的精心耕作下，当年又有了好收成。

有一天，弟弟干活累了，就在旁边的一块大石头上躺下休息，慢慢就睡着了。忽然，隐隐约约听见什么人在说话。睁开眼睛一看，什么人也不见。在周围找了几转，也不见一个人影，转回来又在那块石头上坐下，又听见说话了。低头仔细一看，原来是那块石头说的。石头说："小兄弟，我是龙王太子，天天看你辛辛苦苦的，知道你是一个勤劳诚实的好小子，所以乐意为你帮点忙。这块石头底下有些金银财宝，你进去拿吧。"说完，石头旁边出现了一个洞口，弟弟钻进去，一样拿了几块就出来了。第二天砍柴回来，他的草棚就不见了，在草棚的位置上，出现了一所很漂亮的房子。从此，弟弟的日子好过多了。隔了不长时间，还讨了一个贤惠美丽的媳妇，小两口过着美满的生活。

时间一久，弟弟这些情况传到老大的耳朵里，他很想看看是不是真的。一天，老大来到弟弟家，说道："兄弟呀，早就听说你得了好房子，还娶了好媳妇，今天特意向你贺喜来了。"老大进到屋里，东看看，西瞧瞧，呆呆地愣住了。过了半天才醒悟过来，问道："兄弟呀，你这么多东西是从哪里来的？"弟弟把经过一五一十地告诉了大哥。

晚上，天上的星星眨着眼，地上的虫子不停地叫。老大悄悄地来到那块石头旁睡下，耳朵竖起听有没有动静。过了一会儿，听见石头说话了，问道："小伙子，你有什么困难，怎么深更半夜来到这里？"老大赶紧回答："我是孤儿，家里很穷，所以来山上找点柴火到街上卖，筹点盐巴钱。"龙王太子又说："可怜的孤儿，我给你点金银财宝，你自己去拿吧。"话音刚落，旁边出现了一个洞，老大进去一看，有一大堆金子，一大堆银子。贪财的老大拿出原先就准备好的口袋，满满地装了一袋，然后脱下一件衣裳，包了一大包,正想出去,左找右找找不到出口,原来时间耽误长了,洞口就关闭了,老大也就闷死在里面。

从此以后,弟弟和媳妇辛勤耕作,日子越来越好过了。

兄弟俩(彝族撒梅人)

讲述:张崇美 女 66岁 彝族撒梅人 农民
记录:李维贤 16岁 彝族撒梅人 学生 初中
1986年4月采录于官渡区阿拉乡普照村

从前,在阿依卡有一对兄弟,哥哥叫阿富,弟弟叫阿平。他们家有一间瓦房、一间草房和两块地,养了一头水牛、一条黄狗。父母去世后,兄弟俩互相关心,相依为命。

过了几年,阿富从外地娶了个媳妇,这个新来的嫂子既贪财,又狠心,才进门几个月就看不起小叔,认为他拦脚绊手,常使白眼给他看。哥哥也变得自私起来了,常把残汤剩饭拿来给弟弟吃。不久,阿富和阿平分家了。阿富分得了一块肥地、一头水牛和一间瓦房,弟弟阿平只分得了一块瘦地、一条黄狗和一小间茅草房。哥嫂得了瓦房、好地和大水牛,好不欢喜。阿平在破茅草房里,和黄狗住在一起。

春天到了,哥嫂由于不好好饲养水牛,水牛枯瘦如柴。弟弟的狗由于主人精心照料,长得很壮。弟弟每天去挖地,只能挖一点点,心里想:我一天挖这么一点点,哪天才能挖完呢?不如做一架小木犁,让黄狗去犁地吧。黄狗犁地很卖力,两三天工夫,就把地犁完了。哥哥呢,架起了水牛,才犁了几转就犁不动了,阿富认为一头水牛还不如弟弟的一条黄狗,太气人了,就用细木棍打水牛;水牛站着还是不动,便用锄头把打,最后活活地把水牛打死了。阿富见牛死了,心里想:糟了,这么多田谁来挖呢?没有办法,只有厚着脸走去向弟弟借黄狗,好心的弟弟把黄狗借给了哥哥。可是到了地里,黄狗怎么也不肯犁田,哥哥恼羞成怒,把黄狗也打死了,顺手把它一丢,挂在树杈上。

过了几天,弟弟去向哥哥要狗,哥哥说黄狗不肯犁田,已把它打死了,挂在地旁边的树杈上。弟弟听了,就哭着来到树下,见黄狗真的挂在树杈上,他一边哭一边摇树,最后哭晕了过去。不知过了多久,一阵风轻轻地把他吹醒了，抬头一看，树杈上的黄狗不见了，低头一看，身旁有一堆银子，就用衣服包着银子回家去。刚到家门口，就让哥哥看见了，问："阿平，你包着的是什么？"阿平说："银子！""怎么来的？"阿平又把真情告诉了哥哥，阿富立刻跑回家去，拿了两只麻袋，跑到大树底下，用力一摇，上面掉下几块大石头，把贪心哥哥的脑袋砸碎了，躺在地上，再也没有起来。

十个哑巴打老虎（彝族子君人）

讲述：李世连
记录：郭春泉
1988年11月采录于官渡区矣六乡大耳村

很古的时候，子君地方非常崇尚老虎，从官府到百姓，家家户户都挂虎画，烧虎香，上虎供，人人爱虎敬虎。

有一年，不知从什么地方来了一群真老虎，结果是万民遭殃。过往客商十有九亡，农人的牛羊和上山玩耍的小孩常被虎吃掉，闹得人人谈虎色变，过日子心惊胆战，太阳不落山就家家关门闭户。于是官府找来各村寨的大小头人共商除虎办法，贴出了一个告示，规定所有人家即刻烧毁虎画，不准再烧虎香，上虎供，画虎者一律不许再画虎，违令者斩。

令行三月，虎灾依然如故。官府又贴出一告示，强征所有猎户上山捕虎。这一来猎户们吓得一个个逃之夭夭。官府无奈再贴出一告示，谁能除虎赏金千两。

官府内有一个小头目非常眼馋这笔赏金，就想出一个鬼点子。三天之后，这个小头目带了兵丁从各村寨抓来了十个强悍精干的哑巴，发给每人一把钢叉和一把短剑，又用一根长铁链把十个哑巴锁在一起，送到山上老虎经常出没的地方，锁到一棵大树底下，十个哑巴有口难言，只能围树打转。

两天之后，十个哑巴团结奋力，终于把凶恶的老虎打死了，虎灾消除了。那个小头目领了赏金不知去向。官府可怜十个哑巴，办了一桌酒席招待他们，十个哑巴瞪眼无言，吃下酒席。

着卜卯赤彩喔 ①（苗族）

讲述：朱树清 77岁 苗族 农民
记录：罗宗堂
1988年9月27日采录于官渡区小河乡后石洞村

从前，有户人家，母亲只生了召凯一个儿子。十多年后，召凯长成一个勤劳勇敢的年轻小伙子。母亲给召凯讨来一个美丽的媳妇，名叫卯赤彩喔。卯赤彩喔漂亮能干，每天纺线织布，做各种各样的家务，一家人过着欢乐幸福的生活。

有三只老虎是三兄弟，它们看上了卯赤彩喔的美丽勤劳，就打主意把她抢去做它们的妻子。因此，三只老虎每天晚上都到召凯家的房前屋后来，窥视观察卯赤彩喔的动静，而召凯一家却什么也不知道。

卯赤彩喔怀孕后不想东西吃，召凯就背弩箭上山去打野鸡、山兔子，寻找野果，来给媳妇吃，去了三天没有回来。

卯赤彩喔心想吃五月大桃，想出去走走，就一个人拿了水桶去背水。走到半路上，发现有三个五月大桃放在水桶里，卯赤彩喔没有发现三只老虎跟着她，把三个桃子放进水桶。她心里惊奇：阿年②，我想吃桃子，怎么就有三个桃子放在我水桶里？真是太好了，等到了水边我就吃了这些桃子。就朝前走去打水。到了水边突然有三只老虎跳出来，抱住卯赤彩喔把她抢走了。

召凯妈发现儿媳背水没有回家，就出去找，边找边喊，喊声震动山谷，也没有听见儿媳妇回声。第三天，召凯回来了，和妈一起去找卯赤彩喔，他找到背水的地方，发现水桶扔在一边路上有密密麻麻虎脚印，就知道自己媳妇被虎抢走了。

召凯决心要把卯赤彩喔从老虎手里救出来。为此，他必须到摘克乌练宝剑。召凯告别父母到摘克乌去了，去了十七年，终于练成宝剑，学了本领回到家来。召凯问妈："你格同意拿你一笼裙子给我射箭？"妈说："我养凯

---

① 着卜卯赤彩喔：苗语。着：虎。卜：抢。卯赤彩喔：美丽漂亮的小姐或媳妇。
② 阿年：大吃一惊的意思。

一个儿，妈同意。"召凯把裙子挂在树上，上好弩绳，一箭射中裙子，断作两截。召凯又说："妈，我还要拉一头母牛试试看。"妈说："我养凯一个儿，我舍得。"召凯就去拉一头母牛拴在门前树上，一箭射中母牛，断作三截。十七年的苦练成功了，召凯有了真本领。

这一天，召凯要去救卯赤彩喔，临行前对妈说："妈，我想吃习谷粑粑。"召凯妈就去做好了习谷粑粑。召凯吃了一个，剩下的装在口袋里，路上作干粮。

三只老虎抢走卯赤彩喔，穿过高山黑森林，住山洞，笼火烤，吃野果兽肉。卯赤彩喔生下召凯的一个儿子，被三只老虎抢着吃了。召凯问路寻踪，终于找到了卯赤彩喔的住处。

这一天，卯赤彩喔到树林里来找野果充饥，召凯就跟在她后面走。召凯摘一片树叶吹，卯赤彩喔也摘一片叶子吹给召凯听，叶子发出"资利被①，利被"的声音。卯赤彩喔进了一个岩洞，召凯跟在后面，遍地是虎脚印。召凯又摘一片叶子吹，但卯赤彩喔不回叶声，搬一架织布机在岩洞口织布。

召凯悄悄爬到岩子上面的一个小岩洞里躲起来，把弩箭绳拉起来试好。卯赤彩喔就在这个小岩洞的下面织布，召凯在上面吐一泡口水，落在她织布机的麻线上，卯赤彩喔说："今天大天晴，什么有怪物屙下来的屎？"召凯又扫叶子落下布架上。卯赤彩喔抬头看见召凯在岩子上面，就说："你下来吧，它们不在家。"召凯说："爬得上来，下不去。"卯赤彩喔说："凯你不能怪我，旁边有一条岩缝路下来。"召凯说："我走遍天下，只为寻找你。"

卯赤彩喔做晌午给召凯吃，并说："凯，你回去吧，它们老虎哥三个凶恶得很，会吃了你。"召凯说："你是我的媳妇，我要杀死老虎，把你领回去。"

晚上，卯赤彩喔拿了麻秆去小岩洞抖铺给召凯睡觉。召凯睡到半夜，三虎就回来了，问："怎么有一股生人臭气？"卯赤彩喔说："今天我碰破了脚，是我流血的气味。"过一下二虎回来了，问："怎么有一股生人臭气？"卯赤彩喔说："我碰破了脚。"又过一下大虎回来了，说："我们虎兄弟三人出门三天，你碰破了脚会有生人臭气吗？"大虎叫二虎去小岩洞去看看，二虎推让大虎去看。三虎说："两个哥哥不去，我老三去。"

三虎爬上去，脚踩麻秆碎响，召凯说："三虎你腰长断作三截，腰短断

---

① 资利被：木叶声，你在何处，什么地方，情况怎样。

作两截。"说着抽出宝剑，寒光闪闪。三虎被吓得从石缝滚下来。大虎大叫一声，向小岩洞猛扑上去。召凯说："大虎你腰长断作三截，腰短断作两截。"一挥宝剑，大虎立即断作三截。二虎对召凯说："你是卯赤彩喔的前夫，我俩难得相遇，你下来我们结为哥弟。"边说边向小岩洞爬去，脚踩麻秆碎响，召凯说："三虎你腰长断作三截，腰短断作两截。"二虎飞扑上去，被召凯砍作三截。三虎乘机飞扑上去，召凯来不及说话，挥剑将它砍作两截。

召凯砍死了三只老虎，除了大害，从小岩洞下来，要领着卯赤彩喔回家。卯赤彩喔流泪说："凯，我走不了，你去我房间看看。"召凯看见三只小虎崽在房间里，便举剑要砍。卯赤彩喔拦住说："你已经害了它们的父亲，现在又杀它们，怎么可以。"召凯说："现在不杀它们，将来大了又害别人。"卯赤彩喔哭着说："是我生下它们，我是它们的母亲。"召凯转身到洞门口，喊说："卯赤彩喔你出来看，对面水塘里有两只鸳鸯，就像那时我俩新婚，夫妻互敬互爱。"卯赤彩喔出来看，召凯返身朝后砍，砍死三只小虎崽。卯赤彩喔抱着虎崽哭了一天一夜，第二天对召凯说："拿上我的麻布线架，背上我的织布机，我要跟你回家。"

召凯和卯赤彩喔翻山越岭，饿了就挖野毛薯吃，渴了捧箐沟水喝，一直走了十七天。

快到家门口，召凯拿起芦笙就吹。召凯是芦笙歌舞能手，边吹边跳，飞快向前走。卯赤彩喔在后面喊："召凯等我，召凯等我。"召凯爹听见芦笙响，听是召凯吹的芦笙歌，忙下楼梯迎接。召凯妈听见，从屋里出来迎接。一家人团圆，芦笙歌又起，一家人又跳芦笙舞。

蒜姑的故事（苗族）

讲述：马得荣
记录：罗宗堂
1988年7月10日采录于官渡区小河乡前石洞村

从前有个蒜妈，生了六个儿子和一个姑娘，姑娘取名叫蒜姑。蒜妈觉得蒜姑是个多余的人，生了她，家里又多了张吃饭嘴，对她感到厌烦。

一天晚上，蒜妈家里打粑粑做晚饭吃，三岁的蒜姑要吃粑粑，妈嫌她会吃不会做，就把蒜姑抱到门外去。蒜姑害怕，放声大哭，哭声震动山林山恋，有一个波卡①，听到了循声走来，看到蒜姑坐在门外，眼睛都哭肿了，实在可怜。波卡想把她抱走，又怕有人追来，将指头咬破，滴几滴血在地上迷人，就把蒜姑抱走了。

过了一阵，妈打完粑粑，听不到姑娘的哭声，急忙开门，蒜姑不见了，只见地上有几滴血，不知蒜姑往哪里去了。

波卡把蒜姑抱进山林，住在岩洞里，每天给蒜姑喂奶、喂肉；蒜姑衣服破了，波卡就找些布来给蒜姑做衣服。一天又一天，一年又一年，蒜姑长到十八岁，脸儿美得像牡丹花，唱起歌来脆得赛过画眉鸟。

花山节那一天，蒜姑收拾打扮，走出岩洞门，去花场赶热闹。小伙子们见了她，就像蜜蜂见了花朵，纷纷围着蒜姑转，邀请蒜姑和他们唱歌、说笑。有两个小伙子看到蒜姑长得十分美丽，走近蒜姑身边，客客气气地请求："好妹妹，请唱支歌给我们听。"蒜姑回答："我不住汉人寨子中，也不住苗族寨子里，天天住在山沟沟头，风来风吹，雨来雨淋，水来水冲，哪有闲心唱歌说笑话？"

两个小伙子紧紧拉住姑娘的手，诚心诚意请姑娘唱歌，蒜姑被感动得心软了，放开银铃般的声音，纵情歌唱："金梳银梳秀又巧，蒜姑从小到山间睡去了；铜梳铁梳秀又尖，蒜姑从小住在山林间。"歌声婉转悠扬，小伙子听得入了神。蒜姑刚唱完，小伙子们个个连连拍手称赞唱得好，一个小伙子又说："好妹妹，你的歌太好听了，再唱一支给我们听吧！"蒜姑谢绝，小伙子们苦苦要求，你一句，我一句，不觉谈到天黑，才各自回家。

谁知那两个小伙子是蒜姑的哥哥，他们回到家中，把见到蒜姑的情景向蒜妈说了一遍。蒜妈听了，怀疑他们见到的可能是自家丢失的蒜姑，决定和儿子去看看。

第二天一早，蒜妈和儿子去到花场，蒜姑也来了。蒜姑见一个老妈妈滴溜溜转动两眼盯着看自己，心里十分生气。两个小伙子去请她唱歌，她坚决不唱。兄弟俩见她不肯唱，就叫他妈妈躲起来，再去请蒜姑唱歌。

蒜妈躲进树丛里，蒜姑又唱起了动人的歌："金梳银梳秀又巧，蒜姑从小上山睡去了；铜梳铁梳秀又尖，蒜姑从小就去住深山。"

蒜姑长得像蒜妈，看她的长相，听了她的歌声，蒜妈认定她是自己丢失的女儿。没等到她唱完，就一纵步从树林中跳出来，抓住蒜姑的手，哭着

---

① 波卡：苗语，意为野人。

说:"蒜姑呀,蒜姑,我的女儿呀,这些年你住哪里去了,妈妈想你呀!"蒜姑一听,连连摆手:"你认错人了,哪个是你蒜姑?"

蒜妈不由分说,叫两个儿子和她拉起蒜姑就走。蒜姑不肯去,又哭又闹,死活不愿走。他们母子三人,生拉活扯硬把蒜姑拉回家。

蒜姑被关进房间里,天天想念波卡,夜夜哭泣。等了一天又一天,又盼又哭,哭得死去活来。

蒜姑在家的日子长了,慢慢习惯了家庭生活,渐渐就不哭了。蒜妈心疼女儿,把她从房间里放出来,蒜姑向妈妈讲述波卡抱她养她的经过,然后说:"我要去看波卡奶奶,是她把我养大的。"

蒜姑带着蒜妈来到山洞里,波卡不见了,只见石匣中盛着波卡留给她的乳汁、猪肉、米饭,再一看,发现波卡已经死了。蒜姑一头扑到波卡的身上,哭得山鸣谷应,百鸟哀鸣!蒜妈看到这个情景,心里很难过,后悔当初把蒜姑当做多余的人。从此以后,就把她当做身上的肉一样,不分男女同样对待。

本分人和狡猾人(苗族)

讲述:李树英
记录:罗宗琼 女 14岁 苗族 学生
1988年7月10日采录于官渡区小河乡前石洞村

一个本分人和一个狡猾人到山上去打猎,他们捉到了一只獐子。獐子身上有麝,那个狡猾人就想独自享有獐子。晚上,他们走到一个岩洞内投宿,拾了一些柴在洞内生起火来。狡猾人叫本分人睡在洞外,他自己在洞内睡,火塘在两人的中间。狡猾人对本分人说:"你要是被火烤热了,就向外面退,冷了你就移进来。"

那个本分人因跑了一天路,觉得很累,躺下便呼呼大睡了。狡猾人见他睡着了,就起来把火移向本分人身边,本分人被火烤得耐不住了,就往外移。就这样,狡猾人不断地把火向本分人这边移,本分人也就不断向外移动。

岩洞的最外面是一个深谷,那本分人退着退着,退到了深谷边,便掉了下去。幸好深谷的石壁上有一棵大树,那本分人就掉到了大树权上。

大树下面还有一个岩洞，洞内有一只老虎，这时来了一只山狸猫向洞内的老虎报告："大王，有个财主的婆娘病了，请端公①来念经也不见好。其实，她那病是她家井里的那条龙害的，只要把那口井打扫干净，烧香敬一敬，病就会好了，可是她家不知道。"

山狸猫的话，让本分人听到了，他就把这话牢记在心。

过了一会儿，一只豹子走向老虎报告："有个地方不出水，那里的人要走三天，才能到一条河里背水吃。其实，那里的石岩下就有水，只要把石岩挖开，水就可以流出来，可是，那里的人不知道。"

豹子的话又给本分人听到了，他也把这话记在心里。

过了一会儿，又来了一只鹿向老虎报告："大王，有一棵大树倒在大路上，树内有一颗无价的宝珠，可惜过路的人一个也不知道。"

鹿的话又被本分人听到了，他再把这话牢记心里。

到了天亮，那本分人从树上爬下来，然后先来到财主家。问道："是不是你家婆娘生病了？"财主说："是的，你如果有办法把她治好，你要什么我都可以给你。"

本分人就把山狸猫报告老虎的话对财主讲了。第二天，财主婆娘的病就好了。财主送了许多金银给那个本分人。

本分人离开了财主家，又到了不会出水的地方。遇到两个姑娘刚好背水回来，他走过去向其中一个姑娘说道："我口太干了，请你给我一碗水喝。"那姑娘就给了他一碗水，那本分人喝了一碗，又要第二碗、第三碗。那姑娘便说道："你这人真是，我们这水是从很远的地方背来的，一次才能背这么一桶回来，你怎么要了一碗又一碗的，也不知道我们背水的艰难。"本分人说："你们不用到远处去背水啦，我有办法让你们这里出水。"两个背水的姑娘说："如果你有办法让我们这里流出水来，我们一定会报答你的。"本分人跟着两个姑娘来到她们的寨子，走到岩石旁，本分人把耳朵贴在石壁上听了听，听到岩石下面潺潺的流水声，就把岩石弄开，果然有一股清泉从岩石下喷出来，寨里人又送了许多金银给他。

本分人离开寨子，走到大路上，果然看到一棵大树倒在路上，便找来工具，把大树弄开，果然从里面拿到了一颗无价宝珠，然后高高兴兴地回去了。

---

① 端公：男性作法事者。女性称师娘。

狡猾人独享了那只獐子，他以为本分人已经跌死了，谁知他发了大财。便去问他发财的经过。本分人把发财的经过一五一十告诉了狡猾人。狡猾人眼珠一动，便要本分人仍然同他一起到洞里去投宿。本分人不知道他要干什么，只好跟着去了。

这次，他让本分人睡在洞内，他睡洞外，仍然点燃了一塘火。两人睡着睡着，狡猾人便渐渐向洞外移去，然后"扑通"一声滚下石岩，也同样落在了那棵树的树杈上。

没多久，狡猾人就听到一只山狸猫来对洞中的老虎报告说："大王，我前次向您说的那个财主婆娘的病已经好了，我向您说的话大概被外人听到了。"随后豹子和鹿也先后来向老虎报告了同样的事情。

老虎发怒了，要找偷听的人算账。它走出洞口，抬头一看，见树杈上坐着一个人，便不问青红皂白，跳起来一口咬去。

那狡猾人一心想发财，却没料到成了老虎的口中之物。

豆腐当腊肉（苗族）

讲述：罗志贵
记录：罗宗堂
1988年1月27日采录于官渡区小河乡李四冲村

有一家苗族人，有两个漂亮的姑娘，父亲舍不得她们嫁出去，就招了两个姑爷。两个姑爷同岳父岳母一起过日子，天天从早到晚参加生产劳动。大姑爷能说会道，岳父就渐渐喜欢大姑爷，每天每顿饭都煮腊肉给他吃。二姑爷笨嘴笨舌，岳父就看不起，每天每顿煮豆腐给他吃。二姑爷心里非常痛苦。

有一天，岳父召集了寨子里的人，带上猎狗上山打猎。猎狗进深山撵麂，猎人堵路口打麂。岳父说二姑爷不成器，让他看哨，指引猎人就行了。

二姑爷进了山箐里，选好一个看哨的地点，坐在树下休息。他看见前面一棵大树上蚂蚁密密麻麻地往上爬，密密麻麻地往下爬，这时猎狗从树林里撵出麂子。他坐在大树下就叫喊："上去了，上去了！"猎人们就一个个翻山越岭，冲上山顶；他又叫喊："下来了，下来了！"猎人们又往山下追去。

猎人们被二姑爷指引着跑下深山，又引上山顶，忙累了半天，什么也没有捕到。岳父就跑到二姑爷面前来，看他喊叫的情况。岳父说："你红不见白不见地喊叫什么？"二姑爷指着树上密密麻麻上下爬动的蚂蚁说："在家你老人家把豆腐当腊肉给我吃，来到山上我把蚂蚁当麂子给你攆。"岳父听了这话，知道自己做错了事。从此，岳父待两个姑爷一样好。

鱼王庙

讲述：吴应祥
记录：吴兴华
1988年采录于官渡区阿拉乡

有一天，一个人从路上经过，发现路边猎人布下的扣子（一种捕捉野物用的工具）上吊着一只又肥又大的野鸡。他走过去就把野鸡解下来，准备带回家去。但又一想，我把野鸡拿走了，布扣子的人不是白辛苦了？恰好自己背箩里背着鱼，于是有了交换的主意，他把鱼拴在扣子上，带着野鸡走了。

布扣子的人来查看扣子时，奇怪这高山上的扣子怎么会扣到一条鱼呢？无论怎么想也想不通，越想越奇怪，他不敢把鱼取回家，把这件事告诉了村里的人，大家都认为这是一件不吉利的事。后来，村里的一个师娘说这是鱼王遭难了，大家要想办法救，不然老天会降祸给大家的。

大家请师娘出主意，解救鱼王。师娘说必须在山上支扣子的地方建盖小庙，焚香超度鱼王。于是，即日捐功德，募了钱银，在山上建盖了一座小庙，取名"鱼王庙"。后来，远近几十里的人都来这里焚香、祈祷，求鱼王升天，保佑人们无病无灾。这山上一天天热闹起来。

这样过了很多年，有一天一个老人从这里经过，发现这里的热闹场面，一打听，知道是由于得罪了鱼王，在山上建盖了鱼王庙，老人听了后，只得摇头叹气。

后来，老人提笔在墙上写了几句话："清早路上过，扣上野鸡套。傍晚猎人来，鲜鱼蹦蹦跳。人们愚无知，建盖鱼王庙。世间无鬼神，全是人工造。"

原来这老人就是多年前路过此地，用鲜鱼换野鸡的人。

荠菜

讲述：李世兰 女 73岁 农民
记录：余汝军 15岁 学生
1988年3月采录于官渡区小河乡

从前，有一家兄弟二人住在一个小山村里，他们的父母早亡。哥哥老实忠厚，弟弟却是一个贪吃贪睡不爱干活的人。每天早上哥哥打柴回家了他才起床，中午和哥哥去打柴时，他又去树下睡觉，可是到吃饭时，他又只吃好的。

一天中午，哥俩去打柴之前煮了一只鸡，因为弟弟爱偷懒，哥哥说："我们俩，谁先打够柴，谁就先回家。"

到了山上，弟弟还是跑到一棵大树下去睡觉，可是今天他怎么也睡不着，心里打着鬼主意。他看见哥哥打好的柴，就把哥哥的柴悄悄抱来，挑着便回家去了。

弟弟到家，放下柴担就往灶屋跑，这时鸡早熟了，弟弟把鸡拿出来，心想：让哥吃鸡头、鸡脚和鸡翅吧！他把鸡身拿起来就吃。鸡身已经吃完，但还没有吃够，他又想：把鸡汤让哥喝吧！于是，他把整只鸡全部吃完了。等哥哥打柴回到家，只剩下了一点鸡汤了，哥哥一赌气把鸡汤全泼在了门外的旷地上。

哥哥因为气愤没有上山打柴，过了几天，家里没有吃的，他就出门去，想上山打柴维持生活。可刚走出门，就看见被鸡汤浇过的地方长出一些绿茵茵的植物来。他想：既然是鸡汤浇出来的，一定可以吃，就把那些植物拔了回家去煮吃。煮熟时发出的阵阵香气很好闻，有一股鸡肉香味。

正巧，吕洞宾游玩经过这儿，突然闻到股香味，就降下云头，变成一个老人，走到这弟兄俩家里，问他家煮的是什么。哥哥不知怎么回答，他也不知道是什么菜，就把经过告诉了吕洞宾。吕洞宾就说："既然是鸡汤浇出来的菜，就叫它鸡菜吧！"后来人们传着传着就说成荠菜了。吕洞宾吃荠菜后，给了哥哥许多银子，哥哥从此就过上了幸福的日子。

吕洞宾走时带了许多荠菜籽，他想种了自己吃，可是在路上遇到了一场大风，把他怀里带着的菜籽全吹跑了，落得满山遍野都是，从此，到处都长有荠菜了。

大石头

讲述：卢明 56岁 农民
记录：卢忠花 女 14岁 学生
1988年3月采录于官渡区小河乡迴流村

从前，有一个村子里住着一家哥弟二人，爹妈都很早离开了人间。不久，哥哥娶了个很凶恶的妻子，才过了几天，嫂子就看不惯弟弟，要哥哥跟弟弟分开。

可怜的弟弟没有办法，只好跟他们分开了。哥嫂很贪心，只分一块地给他，因为那块地里有一块特别大的石头。房子也只分了小半间给弟弟。但是，弟弟很勤劳，天天下地干活。他有一领很破烂的蓑衣，每天下地干活都要把它带去，就放在那块大石头上，天天如此。有一天弟弟又下地干活了，仍然带上那领蓑衣，还是把它放在大石头上。忽然，他听到谁在叫他的名字，他向四周看看，没有什么人，他非常惊奇。忽然又听到一声，这时才听清，是从地里那块石头上发出来的。大石头开口了："你天天把蓑衣放在我身上，把我压得受不了啦！看你这么勤劳，你回去缝一条口袋来，我给你些银子，回家过日子去吧！"弟弟非常惊讶，就好像做梦一样，大半天才弄清楚是怎么回事。他高高兴兴地回家缝了一条口袋来到地里，大石头忽然张开嘴，弟弟用口袋接着，不一会儿，果然吐出了一些白花花的银子。弟弟喜出望外，到了家里把银子倒入柜子里。银子的响声把隔壁的哥嫂惊动了，哥嫂赶快跑到弟弟家，问他哪儿来的这么多银子。憨厚老实的弟弟只好把前后经过说了一遍，哥哥即起了贪财之心，跟弟弟说好话，把地换给他，弟弟听了他的甜言蜜语，无奈，只好跟他们换了。

哥哥说服了弟弟便高高兴兴回到家中，他妻子连夜缝了一领又大又重的蓑衣。第二天，哥哥跟弟弟一样下地干活，也把蓑衣放在大石头上，他不时地回头看看大石头有没有动静，等到天黑了，大石头还是没开口，他有点厌烦了。第二天也是如此。到了第三天，大石头真耐不住了，就同样叫他回去缝一条口袋来，要给他点银子回去过生活。哥哥便迫不及待地跑回家，叫妻子把早已准备好的一条很大的口袋拿来，到了地里，不一会儿口袋就装满了银子，但大石头嘴里还含着一锭银子。贪财的哥哥就用手去拿，这下可把大石头惹恼了，把嘴一合，哥哥的手被夹住了。

哥哥疼得大叫，但无法脱手。这时，他才感到后悔，不该贪心，不该跟弟弟换地，更不该虐待弟弟，但是已经来不及了。天渐渐黑了，妻子来寻丈夫，还以为他拿不动，来帮他拿。她来到地里一看，也愣住了，看到这个情景她非常伤心，后悔自己太贪心，不该这样做。再一看那些银子，全变成了石头，自己的丈夫又成了这样。从此，她只好天天送饭到地里给丈夫吃，生活越来越困难了。憨厚老实的弟弟看到这情景，只好又去跟他们拢起来，天天下地干活，嫂子对他也变好了。从此，大石头再也不出银子了。后来又过了一年，大石头看哥哥对弟弟变诚心了，就饶恕了他。

怕出汗的故事

讲述：洪臣信 73 岁 农民 小学
记录：龚开智 60 岁 农民 高中
1985 年 3 月采录于官渡区叶家村

有一天，财神爷赵公明，带上他的钢鞭，骑着他的老虎，驾起祥云，如闪电一般到海埂玩耍。按下云头来到地面，一看五百里滇池波平如镜，红男绿女游人如云。在海埂走了一圈，把个财神爷乐得哈哈大笑。心想我何不在这里住上一些时候，享受一下这人间美景。从此，他就在一所小庙里住下来。

为时不久，当地人听说海埂来了一位财神爷，并在那里安了家。从此远近闻名，有来拜望他的，有来求他的，有来请他的。他总是慷慨好客，来者不拒，有求必应。时间一长，人越来越多，使这位财神爷应接不暇。

在这些来人当中，有一家小两口，男的叫李四，女的叫花姑。小两口是一对懒虫，终日闲游浪荡，一点事也不做，爱吃好的、穿好的，玩玩耍耍，只图个逍遥自在，从不为过日子打算。

好心的大娘和女伴们对花姑说："花姑呀，你灶下的烧柴没有啦，你准备拿什么煮饭呀，快跟我们去砍柴吧。"花姑连听也不耐烦听，斜着眼睛望望李四，李四好像没听见一样。好心邻居来劝李四："李四呀，你田里的草长得比庄稼还旺，稻谷也枯了，赶快去浇水施肥除草吧，要不然秋后你吃什么呢？"李四摇摇头，连理也懒得理。村里的人对小两口的生活担忧，可是谁也帮不了他们的忙，谁说的话他们也不听。家里有出无进，终于吃完卖完，无法生活下去了。

一天，他俩来到小庙，给财神爷敬了香，磕了很多的头，跪在地下说："财神爷呀，请你救救我们夫妻吧，快要饿死啦，给我们发一笔财吧。"财神爷说："你年纪轻轻的，有脚有手的，怎么会饿死呢？你们一定是男的不种田，女的不织布，当然要饿死。"李四说："因为我们怕出汗，一出汗就要病，不是心慌意乱，就是少精无神，腰酸腿痛的，心跳得难受。"财神爷生气地说："你这叫什么病，是懒病！只要咬咬牙，多出些汗，多干些活，一切都会好的。"小两口齐声说："求求你，替我们想个办法吧，我们不是懒，而是病。您老人家开个恩，给我们发笔财吧！"财神爷说："我只能帮助勤劳的人发财，你们还是去求别人吧。"就把他们俩赶了出来。

过了两天，李四和花姑又来了，原来他们拜了很多庙，求了很多神，都毫不灵验。跑三家不如守一家，现铁不打还炼什么钢，有着财神爷不求，还去拜泥菩萨？于是又来求财神爷，一定要请他想一个不劳动不出汗而又不饿肚子的办法。这一回，无论财神爷怎么说他俩也不走，赶也赶不开。小两口死乞白赖在小庙住下，还抢财神爷的供果吃。

财神爷实在被他们缠得无办法，只好答应他们说："好吧，但是你们不要后悔。"小两口异口同声说："我们绝不后悔。"财神爷说："那好，我送给你们两件衣服，你们一到家就穿上，一切就会如你们的心愿。"说完，拿出两件绸面灰色皮袍交给他俩。李四和花姑高兴极了，连连叩头称谢，拿着回家去了。

他俩到了家关上门，迫不及待地穿上皮袍。突然一下子衣服缩小了，他们的身子也缩小了，全身长出了灰色短毛，变成了两只老鼠，你望望我，我望望你，什么话也说不出来。平时他们最喜爱的猫，如今只要一听到它的声音，就吓得抖起来，双双只得躲到洞里去了。肚子饿时，晚上出来偷点粮食吃，有时偷不到，就找一点残羹剩饭充饥。他们的生活全变了，双双出来，双双回洞，不需要劳动，更不用出汗，但有时想偷点粮食进洞，也还是要淌点臭汗。白天不敢出来躲在洞里，又黑又气闷，从前什么也不怕，这一下他们不但要怕猫，也怕人，出来只要一有响动就得躲，日子一长，实在过不下去，懊悔极了。

想来想去，还是要去找财神爷，脱掉他们的老鼠皮，还他们的人身。有一天晚上，他俩来到小庙，一看财神爷的门，顶得铁铁的，没有一个空隙让他俩钻得进去，小庙一切照旧，门上只多了一副对联，上写着："只有几文钱，他也求，你也求，给谁是好；不做半点事，朝来拜，夕来拜，叫我为难。"这副对联，他俩念了又念，就好像是专为他俩写的，又好像不是。他俩不管这些，拜了又拜，请财神爷开门，让他们进去。喊了很久很久，里面一点声音也没有，头皮都撞破了，里面也无回声。

他们就从门槛底下打了一个洞，钻了进去，一看里面什么也没有，原来财神爷已经搬家了，他俩再也见不到财神爷了，也永远变不成人了。

鸡㙡

讲述：李洪英
记录：李树仁
1988 年 6 月 19 日采录于官渡区河岸村

鸡㙡，食用菌之王，味道鲜甜，宴席上的佳品。加工成鸡㙡油，其味纯香，麻油、芝麻油等调味油类，叹所莫及。

提起鸡㙡，相传还有一个动人的故事。很早以前，在宝象河畔，有一个小村庄，坐西向东，村前蛤蟆山，乱石林立，灌木丛生。站在门口一看，恰似一只伏卧的蛤蟆，因而得名。在蛤蟆山的岩石下，有一塘清泉水，老人们以山命水，叫蛤蟆龙潭。村后挑筋山，山高林密，雄伟壮观。据说原来山顶有只狐狸，经常危害村上的人畜，被捉住后，挑断四只脚筋，放回原处，冻饿而死，为告诫后人莫做亏心事，故取名挑筋山。

南临睢猪山的丘陵地带，村里各家多以放牧为主。蛤蟆龙潭清泉，自东向北，弯弯曲曲流入宝象河中。

村中有户穷苦人家，父母早逝，姐弟俩相依为命。长大后，姐姐嫁到邻村，生有一子，取名长生；弟弟已娶了媳妇，撑持门户。

姐姐由于长年劳累过度，三十岁出头，就病魔缠身。弟弟、弟媳千方百计，过来帮姐姐家耕种，帮姐姐抓药，侍候姐姐娃儿。

长生十八岁那年，母亲多方医治无效，病故了。

穷人家的孩子懂事早，母亲死后，人财两空，两家都拖垮了，长生忙着做完自家的活计，又经常到舅舅家做农活。

有一天，长生和舅舅说好，第二天去睢猪山犁地，就在舅舅家住下，天一黑，早早就去睡了。

晚上，舅舅对舅母讲："长生来我们家做活，又苦又累，没有吃过什么好的，真是心疼。"舅母也有同感，听后觉得对不起长生，但是家里已确实没有什么好吃的。想了想就说："我们还有一只领儿的老母鸡，快丢儿了，不如明天宰了，拿土锅炖给他吃，你看咯要得？"舅舅点头答应了。

长生蒙眬中，望见妈妈抚摸着自己哭诉说："乖儿子，明天你千万莫吃鸡肉，那鸡是妈妈变来报答你舅舅家的，你千万要记好。"长生惊醒，满身大汗，一摸，自己还睡在舅舅家床上。回想梦中之事，好不悲伤。

第二天一早，长生和舅舅用牛车拉着犁耙到睢猪山犁地去了。到吃饭时，舅母送来早饭，长生又饿又渴，解了牛后就来吃早饭。到地头一看，舅母送来一只囫囵鸡，用土锅炖熟，还有一甑子米饭。长生想起昨晚妈妈诉说之事，不觉一惊，止不住泪水像断线的珠子，一串串直落地下。

这时，舅母正端来一大碗米饭，催长生趁热快吃。看到长生落泪，愣住了。

舅舅和舅母你看看我，我看看你，都以为怠慢了长生，使他如此伤心落泪，但都没有啊！真是不知其解，只好一起去问他。

起初，长生不肯说实话，只说肚子不饿。舅舅一想，不对啊，地犁了一大块，哪有不饿的；再一追问，长生只好把昨晚梦里的事告诉了他们。

舅舅、舅母听后，泪如泉涌，想到姐姐在世时，为了拉扯大自己，为了这个家，拼命地干大男人也难干的活，吃的是猪狗食，干的是牛马活，没过上一天好日子，死后还变只鸡来报答这个家，真是悲痛欲绝，三人抱头痛哭。

谁也无心吃饭了，长生把碗里的饭倒进土锅里，连土锅抬到地头，舅舅、舅母挖了一个坑，把土锅放进坑里，埋掉了。

第二年，埋土锅的地方长出一窝菌，就是现在的鸡㙡菌。

问路

讲述：陈林 65岁 农民 初小
记录：黎云富
1988年6月9日采录于官渡区金马镇凉亭村

一天，烈日似火，一位老农正在驿道三岔路旁挖地。

一位年轻女子骑一匹雪白的骏马疾驰而过，消失在东边的岔道上。老农看了一眼，继续挖地。

不一会儿，又一阵马蹄声响，老农抬头观望，原来是一位俊脸公子骑一匹红马飞奔而来。到了三岔路口，他勒住马头，对老农说："嗨，刚才一骑马女子往哪条路走了？"老农低下头，心中好不气恼：这年轻人，枉有一张好看的脸蛋，却是无教无德之辈，竟这么不会说话。"嗨，问你哪！"公子甩了下马鞭。老头慢慢地抬起头来说："见过，她还问我路呢！""她往哪条路走了？你快说！""莫急，她说她到有礼林客栈去了，有人问就告诉一声。""有礼林客栈怎么走？""不远，喏，顺西边这条路，大约走十里有个野人箐，过了野人箐便是硬嘴坡，爬完硬嘴坡，有礼林客栈也就到了。""驾！"老农话没说完，又听一个响鞭，一声吆喝，俊脸公子就纵马向西驰去。

太阳西移，天气有些凉了。老农卷一支草烟在地头咂了起来。

又一阵马蹄声响，先前的公子策马又来到岔路口，他满脸汗水，满身灰尘。只见他老远就翻身下马，急步来到老农面前，单腿跪地，施一大礼后道："请老伯恕罪，刚才是小生错了。请问老伯，可曾看见一位骑白马的女子从这儿经过？""啊，免了免了，你也真是，早叫两声老伯，不就省得过野人箐，爬硬嘴坡了。"公子一脸的惭愧。"喏，她往东边这股道走了，快去追吧！""多谢老伯！"

鸡饥盗稻童筒打

讲述：陈忠涛 64岁 农民 高中
记录：杨国洪 25岁 干部 高中
1988年5月21日采录于官渡区小板桥镇

从前，有一个村子里，场上晒着谷子，场边上有几只鸡去偷吃，被守场的两个儿童发现了，便拿着竹筒去把鸡打跑了。有一位教书先生从此路过看见了，灵机一动，用同音字想出了一个上联来："鸡饥盗稻童筒打。"于是，就对外放言征求下联，规定也用同音字对下联，几年过去了，一直没有人能对出。

有一天，一个农民在亲戚家睡午觉，因他猛烈咳嗽，声音吓跑了房梁上的一只老鼠，他灵机一动，想起那个长期无人能对的上联，他也用同音字对出下联："鼠暑凉梁客咳惊。"

机智人物故事

燕子

讲述：苏进氏 女 80岁
记录：顾兰珍 女 37岁 初中
1988年3月6日采录于官渡区小河乡

传说燕子是一对恩爱夫妻，因不能住在家里，死后才变成燕子长期住在家里的。

很久以前，有一个才学很高的秀才，娶了一个美貌的妻子。新婚之夜，全家安顿好了前来贺喜的客人。一对新人也进入洞房休息。新郎把害羞的新娘哄上床，自己也随着上了床。正在这时，从楼顶上一个洞里，飞来一把雪亮的刀，眼看就要刺在新娘的头上，新郎用身体挡住了那把刀，结果新娘保住了，新郎就这样不明不白地死去了。新娘当场被吓得昏死在床上。一个白胡子老倌[①]把新娘救醒，叫她不要哭叫，要想法找到行刺人，才能够使婚姻美满。说完老人就不见了，新娘根据老人的指点，陪伴丈夫度过了"新婚之夜"。

第二天，新娘早早起床，扫完地，向公婆请了安，回到新房，丈夫仍像睡着了一般，新娘把刀放在衣袖里，就开始为所有的客人端来洗脸水，并不时和房里的丈夫"说话"，暗中查看那把刀的主人。只听楼上的一个男人说："哎，老兄，你昨晚闹了一夜，看没看见新郎新娘的什么秘密？"又听

[①] 白胡子老倌：指仙人。

另一个说:"什么也没看见,还把我那把心爱的刀掉到洞房里去了。"新娘一听,擦干眼泪,立即跑出房门,很客气地说:"听婆母说,两位公子昨天晚上,不知是哪一位的宝刀掉在我的新房里。"其中一位就说:"是我的,表嫂,请您把它还我。"并投来一个诡秘的眼光,新娘说:"既然是公子的宝物,那一定有刀壳。"那位公子说:"有,有,在这儿。"说完把刀壳拿出来,新娘把那带血的刀插在刀壳里,一把揪住那公子,叫道:"公公、婆婆快来。"接着就把这刀如何杀害了丈夫以及经过一一说了。在场的人都很气愤,要求以牙还牙,但那位公子却说:"我早已看上表嫂的美貌了,我愿和你结为夫妻,奉养二老。"新娘子指着丈夫说:"我生是他家的人,死是他家的鬼,我们活着不能在一起,死了也要在一起。"说着,拿起剪刀,就往喉咙刺去,倒下死了。

全家哭叫着,把这双冤死的夫妻埋在对面的山坡上。刚埋好,就看见从坟里飞出一对小鸟,一直飞到家里。从此,它们就在家里住下。人们因为知道它们的来历,谁也不撵它们。只要有人用棍棒指着它们,它们就叫"捕丁、捕丁"。意思是有人又要伤害它们了,快把他捕起来。平时就叫"癞痢、癞痢"①,意思是告诉人们,如果伤害了它们,就会叫那些坏人生癞痢。

---

① 癞痢:是一种很难医治的传染性皮肤病。

中国民间故事丛书

云南 昆明

官渡卷

笑話

姑爷

讲述：李贵
记录：杨国洪
1988年5月21日采录于官渡区小板桥镇云溪村

从前，有一家的姑爷到老外母家帮忙栽秧。吃早饭时，见老外母从酢罐①里捞腌肉，捞出来又把它放进去，看看桌上的菜，一点肉也没有，心中实在不爽。吃过饭后，老外母叫他去拔秧，姑爷憋着气来到秧田里，看着田里捆好的秧苗，灵机一动有了主意。就下到秧田里，用草把田里的小秧一撮撮地捆了起来。不一会儿，老外母来挑秧，下到田里去拎秧，用力一拎，咋个拎不动？仔细一看，见秧苗还没有拔起来，老外母心中窝火地问姑爷道："你喥会拔秧，咋个拔都不拔，就把它捆起来？"姑爷满脸笑容地答道："秧归旧凹，肉归酢罐。"老外母一听，没有话说了。

有一年春节，姑爷跟着媳妇到老外母家去过节。吃饭时，见饭桌上的菜不好，心里很憋气，但又不好开口说。恰巧这时有一只大红公鸡在桌面前跳，就借机说道："你莫干跳干跳的，小心晚上我把你宰了吃掉。"老外母听后，知道姑爷话中有话，到晚上就赶忙把那只鸡杀了，煨给姑爷吃。

第二天，老外母为了招待好姑爷，一大早就到街上买了一斤鱼。到吃饭时，姑爷上桌一看，见是一碗小鱼，就用筷子夹起一条鱼来说道："你喥认得丑②，咋个才那么一小小点？"老外母一听，没有法子，只得又急忙到街子上买了条鲤鱼来，煮给姑爷吃。

大憨包的故事

讲述：赵美香 女 36岁 个体户 小学
记录：敬明昌
1985年2月采录于官渡区关上

从前，有一户富裕殷实人家，养了一个儿子，长到十八岁，父母就张

---

① 酢罐：一种腌制咸菜的陶器。
② 丑：方言，读 cèng，意为害羞。

罗着给他提亲说媳妇。村子里凡是有姑娘的人家，差不多都请媒人去提过亲，可是没有哪一家愿意把姑娘嫁给他。这倒不是因为他家穷，其实他家很富裕；也不是因为他人生得丑，其实他人生得很俊俏的，而是嫌弃他人生得憨。又因为他是一个独儿子，村里的人都叫他"大憨包"。大憨包什么事情也不会做，每天还要他母亲帮他穿衣裳裤子，三顿饭也要他母亲端到面前，敲敲他的头，告诉他"吃饭了"，他才会吃。周围村子里的人都晓得大憨包的事情，那时候盛世太平，没有人愿意把自己的女儿嫁给大憨包。姑娘们谁也不愿意找个憨姑爷，这样，到了三十岁，大憨包还没有说上媳妇。

做父母的很着急，就请媒人到很远的一个地方为大憨包说下一门亲事。媒人回话说："女方对家庭和财产都很满意，但不知男方人品怎样，要新郎亲自去一趟，女方父母相看后再订。"

大憨包的父母听后十分欣喜，也十分忧虑。喜的是终于有人看上了他家，祖传香火和家产资财有了继承；忧的是憨包儿子去相亲，要是露了真情被对方看破，就会鸡飞蛋打空欢喜。其实，这家老两口在村里都是能说会道、精明过人的能人，当晚就教儿子相亲的各种礼节，并拿出一匹布，交给儿子作为相亲的见面礼，告诉他见到女方家的人要如何如何……

第二天，大憨包就骑上一匹马，带上父母交给他的那匹布，到女方家去相亲。他到了女方家的门口，开门出来迎接他的是女方的母亲。大憨包一见到女方的母亲，开口就说："老岳母，小婿给您请安了。"接着就把那匹布送到女方母亲手中，又说："区区薄礼，还望你老笑纳。"

女方母亲一看对方人才英俊，先就满心欢喜；再看他一举一动很有礼节，说出来的话又斯文又礼貌，一想，这样的好人家，即使倒贴银子，也愿意把姑娘给他！可是才一见面就先收了人家彩礼，心里十分过意不去。掂了掂手里的那匹布，想客套几句，就说："这布……"

大憨包马上抢口回答："这布不是自己织的布，是买来的布，一个铜板厚的布，滴水不漏的布，磨不烂穿不破的布……"说到这里，他就忘记了父母头天晚上教他的话，张着嘴呆呆地看女方母亲。

女方母亲一下子被哽噎住，但心想人家斯文人爱面子，喜欢夸口。再说这世上的聪明人，哪个不是能说会道的？这一匹平平常常的布，人家一下子就说得天花乱坠，不是个见识广、饱学多才的，哪个说得出？她忙赔个笑脸，去帮他牵马，告诉他把马牵到马厩去，就说："这马……"

大憨包马上抢口回答:"这马不是自己的马,是买来的马,一个铜板厚的马,滴水不漏的马,磨不烂穿不破的马……"

女方母亲一听,差点憋不过气来。再夸口也得有点须根,这马怎么能是一个铜板厚,滴水不漏,还磨不烂穿不坏?这是马么?她哭笑不得,气得一跺脚,大吼一声:"你说个屁……"

大憨包马上抢口回答:"这个屁不是自己的屁,是买来的屁,一个铜板厚的屁,滴水不漏的屁……"

女方母亲还没等他说完,就把手上那匹布砸还他身上,十分惊恐地回到家里,又牢牢地顶上了门。她认为遇到一个疯子,就拍打着自己的心口叫魂:"……"

耳朵在这里

讲述:彭意 农民
记录:彭凤书 61岁 教师
1988年5月25日整理于官渡区龙泉镇岗头村

从前有个老和尚看破红尘,真心戒口吃素,整日除念经外都是闭目打坐,修身养性。他有一徒儿惠聪,常和村童们游戏玩耍。

时值夏天,老和尚叫惠聪到集市上买竹竿穿蚊帐。这惠聪到寺外又与村童们玩耍,赢到了一吊钱,这时他才想起赶集的事,但买什么东西一下子想不起来,于是边走边想,误把"竹竿穿蚊帐"记成"猪肝掺肥肠"。他又想,对了!这是师父要大开五荤。

当时卖肉的是把猪的各个部位割开来卖。于是他走到屠户猪案桌,满脸堆笑地说:"买一吊钱的猪肝掺肥肠。"当屠户转身去割猪肝、肥肠时,他见猪案桌上有两只猪耳朵,他想这正合师父做下酒菜,于是趁屠户转身,伸手把猪耳朵抓过来,藏在自己衣袋里。屠户把猪肝、肥肠用麻线拴好递给他,他高高兴兴地回来了。

当师父见到惠聪送上猪肝、肥肠时,忙闭目合掌道:"阿弥陀佛,善哉,善哉!"接着愤怒地说,"我叫你买竹竿来穿蚊帐,你怎么买些猪肝肥肠回来!耳朵呢?"这时惠聪得意地把自己衣袋里藏着的猪耳朵拿出来递给师父说:"耳朵在这里。"

狗与青蛙

讲述：张朝福
记录：黎云富
1988年6月7日采录于官渡区金马镇凉亭村

一只青蛙躲在一个土洞里，成天鼓噪："我懂，我懂。"一只大花狗，因为被猫从天上骗下来，不但没有像猫一样成天蹲在饭桌上，吃香尝腥舔油的待遇，反而被罚了看门，吃屎，心中正闷闷不乐。听到青蛙的叫声，甚是心烦，对着洞口叫道："你懂什么！"青蛙得意地答道："我上懂天文，下通地理。"话没说完，一只小虫子飞进狗的鼻子，花狗随即打了一个大大的喷嚏，唾沫星乱飞，正好飞进土洞，青蛙立即大叫："下雨了，下雨了，我懂，我懂。"花狗被它弄得好不气恼，掉转屁股，对着洞里就是一个狗屁。青蛙立即又叫道："打雷了，打雷了，好响的雷声啊，我懂，我懂。"

花狗发火了，掉转头对着洞口叫道："你连我的屁都听不出来，还好意思成天鼓噪，我懂，我懂。"

青蛙反击道："你才狗屁不通呢，我上懂天文，下知地理，刚才明明是打雷下雨，你看不见听不出就原谅你了，还不快滚开，少在这儿啰唆。"说完又放开嗓子叫道："我懂，我懂。"

大花狗非常懊丧，无可奈何地离开了洞口。

背后，青蛙那欢快、满足的叫声更响了："我懂，我懂。"

后记
王刚

官渡区居住着汉、彝（撒梅、子君）、苗、回等民族，各民族间流传着很多优秀的民间故事，这些传说均以民间口头讲述方式，沿历史纵向代代相传，至今尚未发现有系统的文学记载或系统的传承世家，仅在地方志书的逸闻轶事中略有记述。

官渡区民间口述文学，体裁广泛，内容丰富多彩。充满着丰富的幻想、烂漫的色彩。它透过人物、山川风物主题的选择，反映了人们对历史、社会和生活的朴素认识。

1987年6月，根据国家文化部、国家民委、中国民间文艺家协会"关于编辑出版《中国民间故事、歌谣、谚语集成》的通知"精神，官渡区成立了民间文学集成办公室。采集人员深入全区乡村，开展民间文学资料的普查、搜集和记录整理工作，搜集到467篇共50万字的民间故事资料。1993年整理编辑成《官渡区民间文学集成故事卷》，所收故事150篇，内容分为神话、传说、寓言、笑话。这些故事虽情节各异，立意却是一致的，即贬恶扬善，讴歌劳动人民勤劳勇敢、善良淳朴的美德，反映各族人民的生产、生活和本民族的起源和历史。

20世纪90年代编纂的《官渡区民间文学集成故事卷》，为此次编纂《中国民间故事丛书·云南昆明·官渡卷》奠定了坚实的基础，除了对原有篇目进行筛选，又收录了近几年来新搜集到的一些民间传说故事，并按编辑民间文学的规范要求，对体例进行了调整，同时又保留了原讲述者的特点，对全书作了全面校改修订。该书的成书过程，体现了编辑工作的承继性和严谨性，凝聚着编辑人员的心血和汗水。

  本书收录的范围主要有：第一，全区地域内的各民族从古至今口头流传的民间故事；第二，与邻县（区）接壤交叉地区流传的民间故事；第三，与内容有关的附录、附记。本书注重科学性、文学性和资料性，全书收录的一百多篇故事，全部是各族先民勤劳智慧的结晶，是中华民族悠久历史和灿烂文化的一部分。这些珍贵的历史文化遗产为人类学、民族学、民俗学以及地理、气象等学科提供了宝贵的资料，同时为民族文学的传承提供了科学证明。

  官渡区民间文学集成办公室编审人员的前期工作，为《中国民间故事丛书·云南昆明·官渡卷》的编辑作出了贡献，昆明民间文艺家协会组织专家对书稿进行了编审，在分类和规范性方面作了调整，形成了最后的文稿，在此亦深表感谢。

  因时间和编者专业理论知识水平有限，书中错误和不足之处在所难免，敬请读者、学者、专家批评指正。

2011 年 11 月

图书在版编目（CIP）数据

中国民间故事丛书·云南昆明·官渡卷/罗杨总主编.—北京：知识产权出版社，2017.1
ISBN 978-7-5130-4052-5

Ⅰ.①中… Ⅱ.①罗… Ⅲ.①民间故事—作品集—昆明市 Ⅳ.① I277.3

中国版本图书馆 CIP 数据核字（2016）第 031674 号

责任编辑：孙　昕	装帧设计：研美设计
文字编辑：关艳如	责任出版：刘译文

中国民间故事丛书·云南昆明·官渡卷

中国民间文艺家协会　组织编写

总主编　罗　杨

本卷主编　王　刚

出版发行：知识产权出版社有限责任公司	网　　址：http://www.ipph.cn
社　　址：北京市海淀区西外太平庄 55 号	邮　　编：100081
责编电话：010-82000860 转 8111	责编邮箱：sunxinmlxq@126.com
发行电话：010-82000860 转 8101/8102	发行传真：010-82000893/82005070/82000270
印　　刷：北京科信印刷有限公司	经　　销：各大网上书店、新华书店及相关专业书店
开　　本：720mm×1000mm　1/16	印　　张：14.25
版　　次：2017 年 1 月第 1 版	印　　次：2017 年 1 月第 1 次印刷
字　　数：241 千字	定　　价：38.00 元
ISBN 978-7-5130-4052-5	

出版权专有　侵权必究

如有印装质量问题，本社负责调换。